지은이 옥한흠

제자훈련에 인생을 건 광인(狂人) 옥한흠. 그는 선교 단체의 전유물이던 제자훈련을 개혁주의 교회론에 입각하여 창의적으로 재해석하고 지역 교회에 적용한 교회 중심 제자훈련의 선구자다.

1978년 사랑의교회를 개척한 후, 줄곧 '한 사람' 목회철학으로 예수 그리스도를 닮은 평신도 지도자를 양성하는 데 사력을 다했다. 사랑의교회는 지역 교회에 제자훈련을 접목해 풍성한 열매를 거둔 첫 사례가 되었으며, 국내외 수많은 교회가 본받는 모델 교회로 자리매김했다. 1986년에 시작한 〈평신도를 깨운다 제자훈련 지도자 세미나〉(Called to Awaken the Laity, CAL세미나)는 제자훈련을 목회의 본질로 끌어안고 씨름하는 수많은 목회자에게 이론과 현장을 동시에 제공하는 탁월한 세미나로 인정받고 있다.

철저한 자기 절제가 빚어낸 그의 설교는 듣는 이의 영혼에 강한 울림을 주는 육화된 하나님의 말씀으로 나타났다. 50대 초반에 발병하여 72세의 일기로 생을 마감할 때까지 그를 괴롭힌 육체의 질병은 그로 하여금 더욱 더 하나님 말씀에 천착하도록 이끌었다. 삶의 현장을 파고드는 다양한 이슈의 주제 설교와 더불어 성경 말씀을 심도 있게 다룬 강해 설교 시리즈를 통해 성도들에게 하나님 말씀을 이해하는 지평을 넓혀준 그는, 실로 우리 시대의 탁월한 성경 해석자요 강해 설교가였다.

설교 강단에서뿐만 아니라 삶의 자리에서도 신실하고자 애썼던 그는 한목협(한국기독교목회자협의회)과 교갱협(교회갱신을위한목회자협의회)을 통해 한국교회의 일치와 갱신에도 앞장섰다. 그리하여 보수 복음주의 진영은 물론 진보 진영으로부터도 존경받는, 보기 드문 목회자였다.

1938년 경남 거제에서 태어났으며 성균관대학교와 총신대학원을 졸업했다. 미국의 캘빈신학교(Th. M.)와 웨스트민스터신학교에서 공부했으며, 동(同) 신학교에서 평신도 지도자 훈련에 관한 논문으로 학위(D. Min.)를 취득했다. 제자훈련 사역으로 한국교회에 끼친 공로를 인정받아 웨스트민스터신학교에서 수여하는 명예신학박사 학위(D. D.)를 받았다. 2010년 9월 2일, 주님과 동행한 72년간의 은혜의 발걸음을 뒤로하고 하나님의 너른 품에 안겼다.

교회 중심의 제자훈련 교과서인 《평신도를 깨운다》를 비롯해 《길》, 《안아주심》, 《고통에는 뜻이 있다》, 성경 강해 시리즈인 《로마서 1, 2, 3》, 《요한이 전한 복음 1, 2, 3》 등 수많은 스테디셀러를 남겼으며, 그의 인생을 다룬 책으로는 《열정 40년》, 《광인》 등이 있다.

옥한흠 전집 주제 09

예수 믿는 가정 무엇이 다른가
전쟁을 모르는 세대를 위하여

│ **일러두기** │

본문의 성경은 《성경전서 개역개정판》을 주로 사용하였습니다.
이 책은 고(故) 옥한흠 목사의 설교를 바탕으로 구성한 것입니다.
설교 영상/오디오 자료는 QR코드를 참고하십시오.

예수 믿는 가정 무엇이 다른가

옥한흠 지음

국제제자훈련원

들어가며

.

위기관리라는 말이 있다. 예상을 했든 하지 못했든 간에 기존 질서를 변질, 혹은 파괴할 가능성이 있는 사태를 놓고 그 위험을 어떻게 하면 최소화할 수 있느냐 하는 문제를 다루는 데 사용하는 말로 알고 있다. 그렇다면 가정이야말로 무엇보다도 최우선에 놓아야 할 위기관리의 대상이 아닌가! 그만큼 우리가 몸담고 있는 가정의 운명이 매우 심각한 국면에 처해 있는 것이다.

가정이 위기를 맞게 되는 요인은 너무 복잡해서 한마디로 요약하기 어려우나 변화를 막을 수 있는 능력이 모자라기 때문에 더 큰 피해를 보는 것은 부인할 수 없는 사실이다. 안으로는 가정의 구성원인 가족 개개인의 사상, 가치관, 현실감각이 매일 달라지고 있다. 밖으로는 가정의 터전이라 할 수 있는 사회 환경이 걷잡을 수 없는 속도로 바뀌고 있다. 그래서 그 변화의 속도에 맞추어 대처하거나 적응할 만한 능력을 제대로 갖추지 못한 가정은 마치 거센 파도에 산산조각이 나는 나룻배처럼 깨어지고 있다.

미래학자들이 예언하듯 언젠가는 우리가 알고 있는 가정이라는 전통적인 개념마저 뿌리 뽑혀 버릴지 모른다. 성경을 보면 말세에 나타날 가정의 변모를 직설적으로 예언한 내용은 없지만, 우리의 상상을 초월한 이변들이 얼마든지 일어날 수 있다는 가능성은 충분히 암시하고 있다. 우리가 사는 세대를 일컬어 말세의 고통하는 때라고 부른다. 사람들은 자기만을 사랑하는 극단적인 이기주의자가 되고 부모를 거역하는 일을 예사로 하고 서로 간의 고마운 정을 모르며 한 번 틀어지면 그 원통함을 잘 풀려고 하지 않는다. 성격이 사나워지며 조급해지고 거만해지는 것이 현대사회를 사는 사람들의 특성이다(딤후 3:1-4). 만약 가족 중에 남편이나 아내가 이렇게 된다면 그 가정은 화목하고 행복한 삶의 요람이 되기는 어려울 것이다.

이런 위기의식을 반영이라도 하듯 가정에 대한 책들이 홍수처럼 쏟아져 나오고, 문제 있는 부부 사이를 치료하기 위한 상담실이 여기저기서 문을 열고 있다. 그리고 천대를 받는 노인들을 위한 새로운 관심이 조금씩 엿보이고 있다. 이것은 가정의 위기를 예방하거나 관리하기 위해서 꼭 있어야 할 바람직한 일일 것이다.

그러나 아무리 문제의 가지가 복잡하게 뻗어 있다고 할지라도 그 뿌리는 한곳으로 모여 있기 마련이다. 변화에 대처하지 못하는 무능력의 뿌리가 무엇인가? 그것은 하나님의 말씀을 경시하거나 거역하는 현대인의 오만불손한 태도에 있다. 남녀를 창조하시고 제일 처음 결혼 주례를 해 주신 하나님의 말씀은 가정의 건강과 행복을 위한 영구불변의 진리임에도 불구하고 사람들은 성경이 기록된 연대만큼 오래되고 낡은 고대 속담처럼 취급해 버린다. 그 결과 오늘의 서구 사회를 보라. 가정이 얼마나 황폐화되어 버렸는가! 우리나라에도 서서히 비슷한 조짐이 나타나고 있다.

우리의 가정을 구원하는 길은 하나님의 말씀 앞으로 돌아와 모든 식구가 그 말씀에 순복하는 것밖에 없다. 나는 목회 경험을 통하여 말씀에 순종하기만 하면 가정에서 빚어지는 갖가지 비극들이 치유되는 것을 자주 보았다. 하나님의 말씀은 지금도 부모와 자식 사이, 남편과 아내 사이, 형제 사이를 화목하게 하고 그 상처를 치료하는 데 놀라운 능력을 가지고 있다.

본서에서는 가정의 건강과 행복을 위해 어떤 점에서 말씀에 복종해야 하는가를 살펴볼 것이다. 하나님을 경외하는 자의 가정은 어느 모로 보나 안 믿는 자의 가정과 다르다. 하나님의 가정은 병들어 썩어 가는 현대 가정의 방부제 역할을 할 수 있을 것이다.

1991. 1
옥한흠

차례

I

화목을 위한
가정의 대화

성경에서 강조하고 있는 것은 마음을 주고받는 대화를 말하는 것입니다.
사랑의 표현을 나누는 대화, 깊은 관심을 나타내는 대화,
무거운 짐을 함께 나누어 지는 대화를 말합니다.

잠언 17:1
마른 떡 한 조각만 있고도 화목하는 것이
제육이 집에 가득하고도 다투는 것보다 나으니라

화목을 위한
가정의 대화

우리 모두는 우리의 가정이 행복하기를 원합니다. 특히 그리스도인의 가정은 불신자의 가정보다도 더 행복해야 합니다. 또 그 차원이 깊어야 합니다. 그래야만 그 가정을 통해서 하나님의 이름이 존귀함을 받고 그 가정을 통해서 하나님의 나라가 더욱더 확장될 수 있기 때문입니다.

가정의 행복을 위해서는 여러 가지 조건이 필요합니다. 여기에서는 그 가운데서 특별히 화목이라는 조건에 대해서 살펴보려고 합니다. 화목은 온 가족이 한마음이 될 때 느껴지는 평온을 뜻하는 말입니다.

아담을 창조하신 하나님은 그가 혼자 있는 것을 좋지 않게 보셨습니다. 그래서 함께 모여 사는 공동체를 만드셨습니다. 그것이 가정입니다. 부부인 두 사람이 중심이 되어 가족을 이루는 것이 가정입니다. 가정이 이러한 특수성을 가지고 있기 때문에 화목은 그 가족의 행복을 가늠하는 열쇠가 됩니다. 만일 가족들의 마음이 뿔뿔이 흩어져서 모래알처럼 되었다면 그 가정은 이미 가정으로서의 기능이 마비된 것이나 다름없습니다. 그런 가정은 절대 행복할 수 없습니다. 가정의 행복을 위해서 화목이 얼마나 중요한 것인지는 아무리 설명해도 부족합니다. 그러므로 하나님은 솔로몬을 통해서 우리에게 귀한 말씀을 들려주고 계십니다.

마른 떡 한 조각만 있고도 화목하는 것이 제육이 집에 가득하고도
다투는 것보다 나으니라_잠 17:1

여기서 마른 떡 한 조각은 매우 가난한 집을 상징합니다. 반대로 제육이 가득한 것은 부유한 집을 나타낸다고 볼 수 있습니다. 제육은 고기를 말합니다. 구약시대의 제사에는 소나 양을 잡아 제물로 드렸습니다. 제사를 지낸 다음에 그 가정의 식구들이 그것을 나누어 먹는 것이 그 당시 관습이었습니다. 잠언 17장 1절은 상반되는 처지의 두 가정, 즉 가난한 집과 부유한 집이 서로 대조를 이루고 있는 말씀입니다.

가정의 행복을 위해서는 재산이 있어야 한다는 것이 일반적인 통념입니다. 대다수의 사람이 행복의 여러 가지 조건 중에서 재물을 행복의 조건에 포함시킵니다. 이런 일반적인 생각을 우리가 잘못되었다고 판단할 수는 없습니다. 왜냐하면 가난이 행복의 조건이 될 수는 없기 때문입니다. 그렇습니다. 사실 가난만큼 우리 어깨에 무거운 짐도 드물 것입니다.

성경에는 여러 형태의 가정이 나옵니다. 그중에서 마른 떡 한 조각만 남아 있는 아주 가난한 가정이 있습니다. 바로 구약에 나오는 사르밧에 사는 과부의 가정입니다. 당시 이스라엘에는 4년 동안이나 기근이 계속되었습니다. 사르밧 과부는 가난에 지칠 대로 지친 상태였습니다. 어느 날 엘리야 선지자가 작은 마을인 사르밧에 찾아왔습니다. 그때 그 과부의 집에는 한 줌의 밀가루와 몇 방울의 기름만 남아 있었

습니다. 그것이 전 재산이었습니다. 아들과 함께 살고 있는 이 과부는 그것을 아끼기 위해서 얼마나 굶었는지 모릅니다. 아끼고 아끼다가 이제 마지막 식량만 남았습니다. 아들에게 "우리는 이것을 마지막으로 구워 먹고 이제 죽는 수밖에 없구나" 하고 말한 뒤 음식을 만들기 위해 나뭇가지를 줍고 있을 때 엘리야 선지자가 찾아왔습니다(왕상 17:8-12 참조). 이런 위기 상황에서 어떤 사람도 행복을 느낄 수 없을 것입니다.

가정이 더욱 행복하려면 가난한 것보다는 부한 쪽이 훨씬 낫습니다. 아무리 믿음이 좋아서 '재물과 상관없이 날마다 기쁜 생활을 할 수 있다' 하는 사람도 가난보다는 부한 것이 더 행복할 수 있다는 이 일반적인 진리를 부정할 수는 없을 것입니다. 그런데 세상은 참 아이러니합니다. 재산이 많은 가정치고 화목한 예가 드물다는 것입니다. 그 반면 가난한 가정에서 미담이 많이 들려옵니다. 비록 가난하지만 용기를 잃지 않고 아름답게 살아가는 가족들의 모습이 보는 이웃의 마음을 흐뭇하게 합니다. 왜 이런 반대 현상이 일어나는 것입니까?

본문 말씀은 마치 이 사실을 기정사실로 하여 우리에게 무엇인가를 가르쳐 주려는 듯한 인상을 풍기고 있습니다. 마치 솔로몬이 우리에게 다음과 같이 말하는 듯합니다. "가난한 집안에는 재산 대신 화목이 있고 부잣집에는 화목 대신 돈이 있다. 이 둘 가운데서 어느 편을 택하는 것이 지혜롭겠는가? 만약에 그대가 행복을 원한다면 돈은 없지만 화목한 집안을 택하라. 이것이 지혜이니라"라고 말입니다.

그러나 이 말씀을 극단적으로 해석하면 곤란합니다. 이 말씀은 화목의 중요성을 가르쳐 주기 위해 양자를 놓고 비교하는 데에 불과합니다. 부잣집은 화목하지 않고 가난한 집이라야 화목하다는 해석을 해서는 안 됩니다. 이런 일방적인 방향으로 말씀을 끌고 가면 우리 스스로가 잘못된 함정에 빠지기가 쉽습니다. 일반적으로 볼 때 가난한 집안이 화목한 예가 훨씬 많다는 것뿐입니다. 부잣집이 화목한 아름다운 예를 얼마든지 볼 수 있습니다. 그렇기는 하지만 재산이 많은 집안에서 다툼이 많고 화목하지 않은 경우가 더 많다는 사실만은 부정할 수가 없습니다.

본문 말씀인 잠언 17장 1절 말씀 배후에는 참으로 귀한 진리가 담겨 있습니다. 그 교훈을 대략 세 가지로 말씀드리겠습니다. 첫째는 화목은 돈으로 살 수 없는 재산이라는 것, 둘째는 다른 것을 희생하는 한이 있더라도 화목을 사라는 것, 셋째는 화목이 없는 가정은 절대 행복할 수 없다는 것, 이 세 가지 교훈을 우리에게 깊이 있게 가르쳐 주고 있습니다.

왜 가정이 화목하지 못하는가?

이 세 가지 교훈에 이어 우리가 살펴보아야 할 문제가 있습니다. 그것은 가족들끼리 화목하지 못하는 이유가 어디에 있는가라는 문제입니다. 여기에는 물론 여러 가지 이유가 있을 수 있습니다. 그중에서 가장 중요한 원인이 무엇이라고 생각합니까? 그것은 대화의 부족 또는 단절이라고 말할 수 있습니다.

부부 사이에, 부모와 자식 사이에, 형제 사이에 대화가 막히는 것만큼 심각한 고민이 없습니다. 그것은 불화의 불씨입니다. 불화를 일으키는 잡다한 요인들이 제 아무리 서로의 마음 밑바닥에 많이 깔려 있다고 할지라도 대화만 이어지면, 대화만 할 수 있는 분위기가 된다면 언젠가는 가정의 화목을 이루게 됩니다. 그러나 이보다 더 큰 문제는 현대사회의 가정에서 점점 대화가 더 어려워지고 있다는 점입니다.

밤늦게 남편이 귀가합니다. 종일 일에 시달린 그는 초인종을 누를 힘마저 빠져 버린 듯 기진맥진해서 돌아옵니다. 가족과 대화를 해야 한다는 생각은 있지만 육체적으로, 정신적으로 피곤해서 도무지 마음의 여유가 생기지 않습니다. 되도록 입을 다물고 있으려고 합니다. 가끔 이런 일이 있을 때는 가족들이 이해를 하지만 계속해서 이와 같은 일이 반복되면 드디어 가족 간에 하모니가 깨지는 소리가 들리게 되는 것입니다.

우주 비행사인 마이클 콜린스(Michael Collins, 1930-2021)는 다음과 같은 재치 있는 말을 했습니다. 그의 말에 따르면 남자는 하루에 평균적으로 2만 5천마디의 말을 하고, 여자는 남자보다 조금 더 많은 3만마디를 한다고 합니다. 남편이 종일 직장 근무를 마치고 집에 돌아올 때쯤이면 그는 이미 25,000마디의 말을 다 해 버린 뒤라고 합니다. 그런데 바로 그때까지 아내는 겨우 몇 마디의 말을 했을 뿐입니다. 남편이 돌아오면 하고 싶은 말을 해야겠다고 벼르고 있습니다. 그러니 이것이 보통 문제입니까? 남편이 말을 할 기운이 없어서 침묵을 지키고 있으면 아내는 자기가 하고 싶은 말이 잔소리가 돼서 나옵니다. 그래도 남편이 받아 주지 않으면 목소리가 높아지고 급기야는 남편을 향해서 쌓였던 온갖 불만을 터뜨립니다. 이것이 우리가 살고 있는 문명사회의 단면 중 하나입니다. 또 현대 가정의 고통스러운 일면입니다.

가족 간의 대화가 어려워지면 처음에는 힘들어하다가 그 분위기가 오래 지속되면 나중에는 그것을 당연한 것으로 받아들이는 습관이 생기게 됩니다. 말을 하기가 귀찮으면 될 수 있는 대로 말을 하지 않으려고 하고, 집안 분위기가 어색하면 아예 입을 다물어 버립니다. 대화가 끊어져서 가족들이 고통받는 것을 잘 알고 있으면서도 그것을 풀어 주려는 노력조차 기울이지 않습니다. 아예 대화가 없는 것을 당연한 가족들의 습관으로 받아들이는 것입니다. 이것은 무서운 일입니다.

대화가 단절된 가정에 따라오는 것은 고독입니다. 자기 마음의 텅 빈 공간을 다른 사람과의 대화로 채우지 못할 때 고독이 찾아옵니다. 한 침실을 사용하는 부부 사이에도 예외가 아닙니다. 부모와 자식 관계에도 마찬가지입니다. 스탠퍼드 대학의 필립 짐바르도(Philip George Zimbardo) 교수는 "고독만큼 무서운 살인자는 없다"라고 말했습니다. 왜 고독을 살인자라 합니까? 고독은 사람을 죽이는 것입니다. 고독은 사람의 피를 말리고 뼈를 썩게 만듭니다.

따라서 이 고독이 심해지면 합병증이 생깁니다. 그 합병증 중에서 가장 무서운 것은 오해라는 감정입니다. 고독하면 섭섭하다는 생각이 듭니다. 마땅히 대화를 나누어야 할 대상과 말을 할 수 없게 되면 섭섭한 감정이 생기기 마련입니다. 이 섭섭한 감정이 결국 오해를 낳습니다. 그 섭섭한 감정을 계속 풀지 않고 있으면 이 오해가 쌓이고 쌓여서 인간관계를 송두리째 마비시키는 독침과 같이 됩니다. 그리하여 점점 서로가 마음의 벽이 높아지는 것입니다.

부부 사이에 형식적인 인사는 하고 서로가 웃음을 나누기는 하지만, 마음이 통하지 않는 비극적인 가정이 이 세상에는 비일비재합니다. 그래도 예수님을 믿는 집안은 조금 낫습니다. 우리 사회가 진실한 대화를 잃어버리고 비정한 사회로 전락한 지가 오래인 것 같습니다.

디모데후서 3장 3절 말씀에 보면 말세에 고통하는 시대가 이르면 사람들이 원통함을 풀지 않는다고 했습니다. 말세가 되면 이와 같은 무서운 시대가 온다는 것을 이미 예언하고 있습니다. 원통함을 풀지 않는다고 하는 말이 무슨 말입니까? 언제 원통한 마음이 생깁니까? 대화가 단절되고 서로가 그것을 당연한 것으로 받아들여서 습관이 되어 고독이 생기고, 그 고독을 통해서 마음의 서운함이 쌓이면 자기도 모르게 원통하다는 생각을 하게 됩니다. '내가 왜 이런 집에 태어났을까? 내가 왜 이런 집에서 살아야 하는가?' 하고 원통하게 생각합니다. 이 원통함은 오해가 쌓인 결과입니다. 이때 서로가 대화를 통해서 풀어 주어야 하는데 말세에는 노력조차 하지 않는다고 했습니다. 얼마나 무서운 사회입니까?

> 무리에게서 스스로 갈라지는 자는 자기 소욕을 따르는 자라
>
> _잠 18:1상

무리에게서 스스로 갈라지는 자는 본질적으로 자기 소욕을 따르는 극단적인 이기주의자입니다. 대화를 거부하는 완악한 사람입니다. 누가 가정에서 자기 자신을 떼어 놓는 사람입니까? 누가 아내와 남편 사이를 갈라놓고도 태연하게 사는 사람입니까? 누가 부모와 자식 사이에 담을 쌓고도 태연하게 사는 사람입니까? 가족으로서 대화를 해야 할 의무를 다하지 않는 사람을 우리는 죄가 없다고 말할 수 없을 것입니다. 남편의 마음, 아내의 마음, 연로한 부모의 마음을 고독하게 만들고 나중에는 뼈를 썩게 하는 것 같은 고통을 주면서도 태연하게 앉아 있는 사람을 그리스도인이라고 부를 수 없을 것입니다. 이유가 무엇이든 간에 그것은 잔인한 행위요, 사람을 죽이는 살인 행위입니다. 대화를 하려고 노력조차 기피하고 가정의 화목을 깨뜨리는 식구가 있다면 그는 그 가정의 불행을 전적으로 책임져야 할 사람입니다.

얼마 전에 어느 할머니의 전화를 받았습니다. 어버이 주일에 효도를 주제로 설교를 해 달라는 부탁이었습니다. 연세 많으신 할머니가 효도에 관한 설교를 부탁하는 이유는 아마도 자기 자식이 불효를 한다고 생각하기 때문일 것입니다. 그래도 교회에 나가는 자식이니까

설교를 통해서 좀 교훈을 해 주었으면 좋겠다는 보이지 않는 화살이 그 부탁의 말씀 속에 있다는 것을 알 수 있었습니다. 그야말로 비극적인 이야기입니다.

시베리아에 있는 죄수들이 가장 무서워하는 것은 맞아 죽는 것도 아니요, 고문을 당하는 것도 아니요, 굶는 것도 아니라고 했습니다. 그들이 가장 무서워하는 것은 독방에 감금되는 것이라고 합니다. 부모와 처자를 떠나서 외롭게 수용소에서 지내는 그들은 동료들과의 끈끈한 정을 가장 소중하게 생각합니다. 그들끼리 교제하고 마음을 나누는 그것으로 겨우 생명을 유지하는 사람들입니다. 그래서 그들은 독방에 감금되는 것을 가장 무서워하는 것입니다. 사람이 대화를 나눌 대상을 잃어버리면 죽은 목숨이나 다름없습니다.

지난번 애쉬버리(Ashbury)에서 열린 세미나에 참석했을 때 어떤 심리학자가 이렇게 말했습니다. "여러분이 마음 놓고 대화할 수 있는 사람이 7명 미만이면 당신은 비정상입니다." 그만큼 우리에게 대화라는 것은 중요합니다. 가정들을 둘러보면 부부 사이, 고부 간의 관계, 부모와 자식 사이에 대화가 막혀 있습니다. 만약 이것을 당연하게 생각하는 사람이 있다면 그는 잔인한 사람이 아닐 수 없습니다.

가끔 엘리베이터를 타면서 여러 가지 생각을 해봅니다. 만약 대화가 전혀 통하지 않는 사람과 엘리베이터를 같이 탔다면 불과 30초에서 1분뿐이지만 얼마나 어색한지 많이 경험하셨을 것입니다. 게다가 사람이 많아 복잡할 때는 서로 몸을 비비적거리며 타고 내려야 합니다. 또 그 안에서 마주 쳐다보게 되면 쑥스럽기가 그지없습니다. 천장이나 벽을 쳐다보며 빨리 도착하기를 기다릴 수밖에 없습니다. 엘리베이터 안은 참 묘한 공간입니다.

저는 성격이 좀 괴팍해서 어떤 때는 짓궂게 굴 때도 있습니다. 같은 아파트에 사는 사람 중에서 유별나게 어떤 부인은 마음에 들지 않습니다. 어쩌다가 같이 엘리베이터를 타면 눈인사를 하는데도 그 부인은 마치 기분 나쁜 사람처럼 슬쩍 보고는 고개를 돌려 버립니다. 그 부인과 엘리베이터를 타야 할 때는 마음이 불편하기 짝이 없습니다. 그런데 한번은 그 부인이 현관에서 걸어오는 것이 보였습니다. 제가 먼저 엘리베이터를 탔습니다. 조금 기다리면 전기도 절약할 겸 그 부인과 같이 탈 수도 있지만 '에이 모르겠다' 하고 단추를 눌러 버렸습니다. 혼자 타고 올라갔습니다. 왜 그렇습니까? 마음이 전연 통하지 않는 사람과는 잠시라도 함께 있기 싫어하는 것이 인간의 마음인 것 같습니다.

혹시나 여러분의 가정이 이런 엘리베이터 안의 공간과 같은 환경이 아닌지 살펴보십시오. 말이 통하지 않는 사람끼리 할 수 없어서 한집 안에서 살아야 하는 비극적인 가정은 아닙니까? 하나님은 이런 가정을 원하지 않습니다. 하나님이 우리에게 언어를 주실 때는 우리가 하나님께 영광을 돌리고 가족들 간에도 아름다운 대화를 나누라고 주신 것입니다. 우리가 하나님 앞에서 허심탄회하게 대화를 나눌 때 가정의 어떤 문제라도 해결될 수 있습니다.

어떻게 대화를 회복할 수 있는가?

여기에 덧붙여 우리가 또 한 가지 생각해 보아야 할 문제가 있습니다. 그것은 어떻게 하면 크리스천 가정에 다시 대화를 회복할 수 있는가 하는 문제입니다. "화평하게 하는 자는 복이 있나니 그들이 하나님의 아들이라 일컬음을 받을 것임이요"(마 5:9)라는 말씀을 좀 바꾸어 보면 '화목한 가정은 복이 있나니 이는 하나님의 아들이 사는 곳이요'라고 말할 수 있습니다. 만약에 크리스천 가정에 참된 대화가 없고 사랑의 교류가 없다면 주님께서는 하나님의 일을 하시는 데 그 가정을 사용하지 않으실 것입니다. 또 그런 가정이 많이 모인 교회는 하나님의 영광을 위해서 제구실을 하지 못할 것입니다.

가족들은 참된 대화를 나누어야 합니다. 참된 대화란 무엇입니까? 대화란 서로가 말을 주고받는 것만을 말하는 것이 아닙니다. 성경에서 강조하고 있는 것은 마음을 주고받는 대화를 말하는 것입니다. 사랑의 표현을 나누는 대화, 깊은 관심을 나타내는 대화, 무거운 짐을 함께 나누어 지는 대화를 말합니다. 어떤 경우에는 말을 하지 않아도 한자리에 같이 앉아 있어 주는 것, 이것도 참된 대화입니다.

그러면 가족끼리 이렇게 멋진 대화를 나누는 행복한 가정을 만들기 위해서는 각자가 어떻게 해야 합니까? 가족의 한 사람으로서 반드시 해야 할 의무가 무엇입니까? 하나님이 가르쳐 주시는 이 문제의 해결책이 무엇인지 살펴보겠습니다.

○ ○ ○ ○ ○ ○ ○ ○ ○ ○ ○ ○ ○
기도할 때 화목의 역사는 일어난다

첫째, 하나님을 찾아가야 합니다.

달리 말해, '기도하라'는 말입니다. 진심으로 대화하고 싶고 진정으로 사랑을 나누고 싶다면 기도부터 해야 합니다. 기도하지 않는 사람은 미움이 있는 곳에 사랑을 심지 못합니다. 기도하지 않는 사람은 오해가 있는 곳에 용서를 베풀 수가 없습니다. 기도를 통해서 우리는 하나님 앞에서 능력을 얻습니다. 사랑할 수 있는 능력, 잘못을 고백할 수 있는 능력, 다른 사람의 허물을 용서할 수 있는 능력, 과격한 말을 하는 사람 앞에서 유순하게 대답할 수 있는 능력, 이 모든 능력을 기도

하는 자리에서 얻을 수 있습니다.

가정에서 대화를 나눌 때 가장 어려운 사람은 자기 잘못을 전혀 시인할 줄 모르고 동시에 남을 용서할 줄 모르는 사람입니다. 요즘 고부간의 갈등이 사회문제로 파급되고 있습니다. 이럴 경우에 많은 사람은 나이 많으신 어머니보다는 젊은이를 나무라게 됩니다. 그런데 연로하신 부모님들은 가끔 자기의 잘못을 시인하려고 하지 않습니다. 자녀의 잘못을 용서하려고 하지도 않습니다. 자기 주관, 자기 고집을 가지고 자녀를 원망하는 부모님들이 있습니다. 이것은 고쳐야 합니다. 만약에 부모가 그와 같은 태도를 끝까지 고수한다면 세상 사람들은 오히려 자식을 동정할 것입니다. 그렇게 되면 결국 부모가 나쁘다는 말을 듣게 되는 것입니다.

부모들은 먼저 자녀를 위해 기도해야 합니다. 그래서 자녀를 용서할 수 있는 능력을 얻기를 바랍니다. 자녀 앞에서 자기의 조그마한 잘못이라도 고백할 줄 아는 능력을 얻으시기를 바랍니다. 아무리 자식이 잘못했다 할지라도 유순하게 타이를 수 있는 능력을 얻으시기를 바랍니다. 그럴 때에 비로소 가정의 화목을 이룰 수가 있습니다.

부모님을 모시고 있는 젊은이들은 이것을 알아야 합니다. 나이가 많으면 자제력이 없어집니다. 판단력도 흐려집니다. 결국은 자기밖에 남는 것이 없습니다. 아무리 잘해 주어도 모든 것이 서러워집니다. 소리 없이 떨어지는 빗방울만 보아도 서러움이 생기는 것이 연세 많으신 부모님들의 마음입니다. 밤낮없이 부모님과 대화를 나누어도 여전히 고독한 구석은 사라지지 않는 것이 부모님들의 마음입니다. 어떤 경우에는 용서도 안 하고 자기 잘못을 시인할 줄도 모릅니다. 절벽과 같은 마음을 가질 때도 있습니다. 이런 부모님에게 우리가 대화를 통해서 화해하려면 하나님 앞에 먼저 기도해야 합니다. 기도하지 않는다면 그 가정의 화목은 불가능합니다.

부부간에도 마찬가지입니다. 용서하지 않는 부부, 용서할 줄도 모르고 자기 죄를 고백할 줄도 모르는 부부라면 그 사이에서 대화는 거의 불가능합니다. 기도해야 합니다. 기도를 통해서 부부 사이에 막힌 담을 헐어 내야 합니다. 그럴 때 비로소 가정의 화목은 찾아옵니다.

유명한 기독교 상담학자인 J. E. 아담스(Jay Edward Adams, 1929-2020)의 상담실에 어떤 부부가 찾아왔습니다. 그 부부는 서로 눈길을 피하며 상대방을 몹시 거부하는 태도를 보였습니다. 부인은 가방을 뒤적거리더니 책 한 권을 꺼내 보여 주었습니다. 결혼 생활 13년 동안에 남편이 잘못한 일을 조목조목 적어 놓은 제법 두꺼운 책이었습니다. 그 책의 마지막 부분에는 남편의 잘못을 찾아보기 쉽도록 색인표도 만들어 두었습니다. 어떤 사람도 이런 부인과 마음을 털어놓고 대화를 나눌 수 없었을 것입니다. 그 사람은 자기 잘못을 조금도 시인하는 사람이 아니며, 남을 용서할 줄도 모르는 사람입니다.

가정을 위해서 기도해야 합니다. 가족 간의 원만한 대화를 위해 기도해야 합니다. 부부 사이에, 부모와 자식 사이에 문제가 도사리고 있지는 않은지 살펴봅시다. 대화의 빈곤으로 가정이 병들어 가는 것을 알면서도 기도하지 않는다면 그 어머니는 가정을 위하는 어머니가 아니요, 그 아버지는 가정의 행복을 위하는 아버지가 아니라고 해도 지나친 말이 아닐 것입니다.

○ ○ ○ ○ ○ ○ ○ ○ ○ ○
화목을 위한 사랑의 대화

둘째, 대화가 막힌 가족을 찾아가야 한다는 것입니다.

예수님은 우리에게 형제를 찾아가라고 말씀하고 계십니다. 형제가 무엇인가 잘못을 했을 때 오라고 말하지 말고 조용히 찾아가라고 권면하시는 것입니다. 만약 우리가 예배를 드리면서 무엇인가 형제와 화해할 일이 있다고 생각되면 예물을 드리는 것을 중단하고 형제를 찾아가서 화해하고 돌아오라고 가르쳐 주십니다(마 5:23-24 참조). 가정에서 가족끼리 대화가 원만하지 못한 까닭으로 고통받는 사람이 하나님 앞에 기도는 하지만 대화를 하려는 노력은 하지 않는다면 그 사람은 모래 위에 집을 지으려는 사람이나 다름없을 것입니다(마 7:26-27 참조).

가정의 문제가 있을 때, 직접 마음을 털어놓고 대화한다면 해결되지 않을 문제가 없습니다. 설혹 가정에 불상사가 생기고 부부 사이에 금이 가는 어려운 고비가 닥치더라도 진정한 사랑의 대화를 나누려고 하는 노력이 있을 때 어떤 불행도 그 가정에 뿌리를 내릴 수가 없습니다. 사랑의 대화는 가난을 이기게 만듭니다. 사랑의 대화가 있는 곳에는 고난을 극복할 수 있는 능력이 생깁니다. 사랑의 대화가 있는 곳에는 마음의 병을 치료해 주는 역사가 일어납니다.

> 선한 말은 꿀송이 같아서 마음에 달고 뼈에 양약이 되느니라
>
> _잠 16:24

선한 말은 어떤 내용을 담고 있는 말입니까? 형제의 아픔을 치료해 주기 위해서 자기의 잘못을 형제에게 고백하며 대화하기를 원하는 말이 선한 말입니다. 남을 용서하며 사랑으로 덮어 주기 위해서 눈물로 대화를 나누는 그 말이 선한 말입니다. 그 선한 말은 너무나 귀한 것이어서 꿀송이 같다고 했습니다. 또 그 말을 듣는 사람은 그가 가지고 있던 질병을 치료를 받을 수 있다고 했습니다. 뼈가 썩는 것 같은 고통을

느끼는 사람이라 할지라도 선한 말을 듣는 그 순간, 그 뼈의 모든 상처가 아무는 것입니다. 이만큼 사랑의 대화는 중요합니다.

여러분의 부모와 형제 사이를 한번 검토해 보길 바랍니다. 부부 사이도 한번 검토해 보십시오. 사랑이 넘치는 대화를 하고 있는지 말입니다. 그것이 없어서 무엇인가 고독을 느끼고 오해가 쌓이고 마음속에 원통함이 있다면 이 말씀으로 마음의 병이 고쳐야 합니다. 그리하여 하나님께서 우리 모두의 가정에 대화의 꽃을 활짝 피워 주시기를 바랍니다. 세상 사람들이 우리들의 화목한 가정을 볼 때마다 그 행복에 질투를 느낄 만큼 아름다운 가정이 되도록 하나님께서 은혜를 주시기를 바랍니다.

2

가정의
제사장

예수님을 믿는 사람들은 그 가정의 제사장입니다.
다시 말하면, 하나님이 거룩하게 구별한 가정의 중보자입니다.

고린도전서 7:13-16

13 어떤 여자에게 믿지 아니하는 남편이 있어 아내와 함께 살기를 좋아하거든 그 남편을 버리지 말라 14 믿지 아니하는 남편이 아내로 말미암아 거룩하게 되고 믿지 아니하는 아내가 남편으로 말미암아 거룩하게 되나니 그렇지 아니하면 너희 자녀도 깨끗하지 못하니라 그러나 이제 거룩하니라 15 혹 믿지 아니하는 자가 갈리거든 갈리게 하라 형제나 자매나 이런 일에 구애될 것이 없느니라 그러나 하나님은 화평 중에서 너희를 부르셨느니라 16 아내 된 자여 네가 남편을 구원할는지 어찌 알 수 있으며 남편 된 자여 네가 네 아내를 구원할는지 어찌 알 수 있으리요

가정의
제사장

가정이란 하나님께서 인간에게 주신 최상의 선물입니다. 또한 이 사회의 가장 기본적인 질서라고도 할 수 있습니다. 그런데 이 가정이 가지고 있는 본래 의미가 점차로 변질되어 가고 있는 느낌을 지울 수 없습니다. 장차 우리 사회에서 가정이 어떻게 변할 것인가를 예측해 본다면 낙관적이 아니라 비관적인 쪽으로 말할 수밖에 없습니다. 왜냐하면 요즈음 급속도로 변하는 사회구조 속에서 가정에 대한 위기감이 그 어느 때보다도 크기 때문입니다.

요사이 신문지상에서 흔히 볼 수 있는 단어가 무엇입니까? '가정파탄' '이혼 급증' '결손가정' '인신매매' '가정파괴범' 등 한마디로 귀를 막고 듣고 싶지 않은 말들이 우리를 괴롭게 만듭니다. 점점 붕괴하는 가정들은 마치 침몰 직전의 난파선을 보는 것처럼 우리에게 두려움을 안겨 줍니다.

1970년도에 출판된 앨빈 토플러(Alvin Toffler, 1928–2016)의 《미래의 충격》(*Future Shock*)이라는 책은 미래에 대해서 개인의 의견을 밝히는 책이 아닙니다. 앞으로 예상되는 데이터를 종합하여 우리 사회가 어떻게 될 것인가를 전망해 본 책이라고 할 수 있습니다. 그 책에서 저자는 '바야흐로 변화의 물결이 우리의 현실 생활에 요란한 소리를 내면서 밀어닥치고 있다. 사회구조를 뒤엎고 가치관을 변화시키고 우리의 생활신조까지 파괴하고 있다'라고 전제하고 있습니다.

파괴되어 가는 우리의 가정

《미래의 충격》의 11장 제목을 보면 가슴에 전율이 일어나는 것을 느낄 수 있습니다. 그것은 '파괴될 가족'이라는 무서운 타이틀입니다. 미래 사회는 초산업 시대가 되어서 생명공학이나 생식 생물학이 발달한다고 합니다. 이미 우리가 매스컴을 통해서 보듯이 인간의 생명체라고 할 수 있는 수정란을 베이비 센터에 보관하는 것 등이 그 단적인 예라고 할 수 있습니다. 뿐만 아니라 미래 사회에는 지금 우리가 죄악시하는 시리즈 결혼이나 시험결혼 등이 성행한다고 합니다. 또 일부에서는 독신주의가 팽창하는 반면에 일부다처제까지 등장하고 동성연애가 공공연히 법적으로 공인되는 사회가 될 것이라고 토플러는 예언하고 있습니다.

문제의 그 책이 나온 후 20여 년의 세월이 흘렀습니다. 그런데 그가 예측한 대로 기분 나쁜 사실들이 깜짝 놀랄 정도로 눈앞에 현실로 다가오고 있습니다. 그가 예언하고 있는 미래의 모습에 대해서 우리는 별 거부반응이 없이 사실로 받아들일 만큼 그 책과 친숙한 사이가 되어 버렸습니다. 과거에는 어떤 제도나 습관이 제대로 정착을 하려면 백 년 정도가 걸렸습니다. 그런데 오늘날은 과거의 1, 2백 년이 걸려 이룩된 가치관이 10년만 지나도 정립될 수가 있습니다. 그만큼 사회의 변화가 빠른 것입니다. 이런 것으로 미루어 볼 때 가정이 파괴될 것이라는 미래학자들의 견해가 반드시 허구성을 띤 것만이 아니라는 사실을 짐작할 수 있습니다. 그만큼 신빙성이 있다는 말입니다.

한 가지 예를 들어보겠습니다. 수십 년 전까지만 해도 사람들의 사고방식이 "자녀는 많아야 돼. 아들놈도 많이 두어야 집안이 튼튼해져"라는 생각이 지배적이었는데, 최근에는 "자식이 많으면 골치 아픈 일이 많아. 가급적 하나 아니면 둘 정도 낳아서 잘 키우지 뭐. 자식들은 장차 자기 세대가 따로 있으니까 적당히 키워만 주면 나름대로 살아가기 마련이야. 우리는 우리대로 생을 즐길 수 있어야지. 자식 때문에 너무 지나친 출혈을 할 필요가 없어"라는 개인주의로 변해 가고 있습니다. 그 누구도 이러한 변화 추세를, 이 사고의 흐름을 멈추게 할 수가 없습니다. '세상 돌아가는 흐름이 나를 이렇게 만들어 놓았구나' 하는 것을 순간 발견하고 스스로 놀라는 것은 우리 모두에게 해당하는 이야기가 아닌가 생각됩니다.

지금은 상상도 못할 괴상한 법이나 제도가 미래에는 이 사회에서 공공연히 적용될 수 있다는 사실이 우리를 놀라게 합니다. 예를 들어, 동성연애만 해도 10년 전쯤에는 그것이 말할 수 없는 지탄의 대상이 되었습니다. 거기에 대해서 말하는 것조차 금기로 여길 만큼 부정한 것으로 간주했습니다. 그런데 요즈음 미국의 어느 주에는 동성연애를 법적으로 인정한다고 합니다. 외국에서 인정한다고 하면 우리나라에서도 점차 완화가 되는 나쁜 풍조가 있습니다. 그러다 보면 저절로 가치관이 무너지게 됩니다. 우리는 바로 이런 위험한 시대에 살고 있는 것입니다.

문명은 인간에게 유익한 것입니다. 그런데 현대 과학 문명은 인간성을 파괴하는 요소가 있습니다. 인격을 무시하는 기계화 시대, 로봇 시대가 되면 가정도 파괴됩니다. 이와 같은 심각한 미래를 앞두고 어떻게 하면 우리 가정을 하나님이 원하시는 모습으로 지킬 수 있을까 하는 문제는 우리 자신뿐만 아니라 우리 사회를 위해서도, 우리 후대를 위해서도 대단히 중요한 것입니다.

우리 가정이 온전히 살아남으려면

우리 가정이 살아남는 길이 무엇입니까? 우리는 만고불변의 진리를 말씀하시는 하나님 앞으로 돌아오는 길밖에 없습니다. 다시 말하면, 가정마다 하나님을 모시는 영적인 혁명이 일어나야 한다는 것입니다. 그렇지 않으면 변화하는 우리 자신을 막을 길이 없고 붕괴되어 가는 가정을 막을 방도가 없습니다.

그러한 이유에서인지 요즈음 부인들이 더 위기감을 느끼고 교회를 찾아오는 예가 많습니다. 자신에 대한 어떤 갈등과 허무감 같은 것이 있겠지만 그 배경에는 무엇인가 위기의식이 있는 것으로 보입니다. 그래서 교회를 찾아옵니다. 남편들도 아내나 자녀들이 교회에 가는 것을 옛날처럼 심하게 막으려 하지 않습니다. 아내나 자녀가 마치 안테나 역할을 해 주기를 바라는 마음으로 교회가 과연 어떤 곳인가, 신앙생활을 한다는 것이 어떤 것인가를 한번 보자는 속셈인지도 모릅니다. 즉, 가정이 평안하고 행복할 수 있다면 교회를 다니는 것이 별문제가 되지 않는다는 나름대로의 계산이 있는 것 같습니다.

사실 남자들은 날마다 사회생활을 하면서 대단한 위기의식을 느낍니다. 그러한 불안감은 아내들도 마찬가지입니다. 이 험한 세상에서 자녀들을 키우는 부모들은 자신의 문제뿐만 아니라 장차 자녀들이 자라면 이 사회가 어떻게 될까, 자녀들의 가치관이 어떻게 변할까 하는 근심이 늘 그림자처럼 따라다닙니다. 이 위기의식을 느끼는 부인들,

남편들이 교회를 찾아옵니다. 그들이야말로 가장 바른 길을 택한 사람들입니다.

> 여호와께서 집을 세우지 아니하시면 세우는 자의 수고가 헛되며 여
> 호와께서 성을 지키지 아니하시면 파수꾼의 깨어 있음이 헛되도다
> _시 127:1

여호와께서 집을 세우지 아니하시면 세우는 자의 수고가 헛되게 돌아간다고 말씀하고 있습니다. 가정을 주관하시는 분은 하나님입니다. 가정을 가정답게 만드시는 분도 하나님입니다. 그 가정을 행복하게 하는 가장 중요한 요소도 하나님입니다. 그러므로 변화하는 사회에서 가정의 행복을 유지하기 위해서는 하나님밖에 없습니다. 하나님을 가정에 모시고 그분의 말씀대로 살아가는 길을 떠나서는 다른 방도가 없습니다.

예를 들어, 어떤 부인이 예수님을 처음 알았다고 합시다. 그 교회가 잘 양육만 하면 반년도 되기 전에 그 부인의 인격이 변화될 수 있습니다. 하나님이 없던 마음에 그분이 들어와서 자리를 잡게 됩니다. 육의 사람이었던 자가 영의 사람으로 바뀝니다. 가치관이 달라지고 생의 목적이 달라지고 취미가 달라지고 생활양식이 달라집니다. 모든 것이 바뀝니다. 그렇게 되면 새로운 갈등이 가정 안에 일어날 수 있습니다. 예수님을 모르는 남편과 자연히 대립하는 것입니다. 어떤 의미에서 그것은 대단히 견디기 어려운 시련일 수 있습니다.

본문의 독자였던 고린도 신자들도 이 문제가 대단히 심각했습니다. 당시의 부인들에게는 인권이라는 것이 없었습니다. 노예나 다름없이 취급되었습니다. 건강한 자녀들을 많이 낳아 주면 그것으로 부

인의 도리를 다했다고 간주되던 시대였습니다. 남편이 제멋대로 행동해도 부인이 간섭할 수 없었습니다. 그런 시대에 주부들이 예수님을 알고 믿게 된 것입니다. 자연히 어려운 문제가 한 가지씩 생기기 시작했습니다. 무엇보다 남편들의 불만이 싹트기 시작한 것입니다. 예수님을 믿기 전에는 집안에 갇혀서 그런대로 남편에게 복종을 잘하던 아내가 예수님을 믿은 후에는 너무나 달라졌기 때문입니다. 기회만 있으면 찬송하고 기도하고 예배를 드리고, 가난한 자, 병든 자가 있으면 어느 때든지 달려가 도와주고, 감옥에 갇혀 있는 교회 지도자들을 찾아가서 위로해 주고, 예수님을 믿다가 잡혀가도 좋다고 담대하게 말하는 부인들을 보고 남편들의 마음이 편할 리가 없었을 것입니다. 그러니 집안에 보이지 않는 갈등이 계속될 수밖에 없었습니다.

당시에 많은 가정에서 부부 사이에 심각한 대립이 생겼습니다. 어떤 집에서는 남편이 부인에게 신앙을 포기하라고 아무리 강요를 해도 말을 듣지 않자 아내에게 헤어지자고 했습니다. 그럴 때 부인이 어떤 결정을 내려야 옳은 도리이겠습니까? 당시 고린도교회의 이러한 문제를 자세히 전해 들은 바울은 다음과 같은 대답을 했습니다.

> 혹 믿지 아니하는 자가 갈리거든 갈리게 하라 형제나 자매나 이런 일에 구애될 것이 없느니라 그러나 하나님은 화평 중에서 너희를 부르셨느니라 아내 된 자여 네가 남편을 구원할는지 어찌 알 수 있으며 남편 된 자여 네가 네 아내를 구원할는지 어찌 알 수 있으리요
> _고전 7:15-16

안 믿는 남편이 신앙 문제 때문에 도저히 살 수 없다고 하면 어쩔 도리가 없다는 말입니다. 그러나 바울은 여기서 그치지 않고 더 중요

한 이야기를 하고 있습니다. 나누어지는 것이 능사가 아니라는 것입니다. 가족 중의 한 사람이 예수님을 믿고 그 가정에서 하나님의 자녀로 행할 때 그 가정에 어떤 역사가 일어날 수 있는가를 예의 주시하라고 가르쳐 줍니다. 그것이 무엇인지 아십니까?

> 믿지 아니하는 남편이 아내로 말미암아 거룩하게 되고 믿지 아니하
> 는 아내가 남편으로 말미암아 거룩하게 되나니 그렇지 아니하면 너
> 희 자녀도 깨끗하지 못하니라 그러나 이제 거룩하니라_고전 7:14

예수님을 믿는 한 사람으로 인하여 가족 모두가 거룩해질 수 있다는 것입니다. 예수님을 믿는 한 사람으로 인하여 가족 모두가 구원을 받을 수 있다는 것입니다. 그러므로 예수님을 믿고 아무리 고통과 갈등이 따른다고 할지라도 가정을 함부로 포기해서는 안 된다는 것입니다. 희망을 가지고 하나님 앞에 매달리면 언젠가 하나님께서 그 가족 모두를 구원해 주실 것이라는 소망을 가지라는 것입니다.

믿지 않는 가족들 때문에 생기는 갈등은 일시적입니다. 그러한 대립은 언제까지나 지속될 수 없는 것입니다. 그것은 오히려 더 건전하고 더 아름다운 축복을 가져다줄 수 있는 밑거름이 될 수 있습니다. 그것이 가정을 파괴하는 독소가 될 수 없고 부부간의 애정을 깨뜨리는 장애물이 될 수가 없는 것입니다. 안 믿는 가족으로 인한 그 눈물, 그 고통, 그 한숨은 절대로 헛되이 돌아가지 않는다는 사실을 잊지 마시기 바랍니다.

> 믿지 아니하는 남편이 아내로 말미암아 거룩하게 되고 믿지 아니하
> 는 아내가 남편으로 말미암아 거룩하게 되나니_고전 7:14상

예수님을 믿는 아내 때문에 믿지 않는 남편이 거룩해진다는 말이 무슨 의미입니까? '거룩해진다'라는 말은 강조형입니다. 문장 제일 앞에서 강조해 주는 말인데 우리나라 말에는 그것이 잘 나타나 있지 않습니다. '거룩해진다'라는 이 단어는 과거에 한번 거룩해졌다는 의미가 아니고 지금도 거룩해지고 있다는 뜻을 내포하고 있습니다. 이것은 신자들이 하나님 앞에서 거룩해지는 것과는 다른 것입니다.

예수님을 믿는 사람의 거룩은 어떤 성격을 띠고 있습니까? 예수님을 믿고 죄를 회개하고 마음을 여는 사람에게 하나님께서 모든 죄를 십자가의 보혈로 용서해 주십니다. 예수님이 구원자 되심과 동시에 그 마음에 성령이 오셔서 거하심으로 하나님이 거하시는 거룩한 장소가 됩니다. 이런 의미에서 신자는 거룩합니다. 그리고 하나님과 그의 자녀는 나누어질 수 없는 본질적인 연합이 이루어집니다. 그러므로 예수님을 따라가는 하나님의 자녀들은 거룩합니다.

기도와 말씀으로 거룩해진다

그러나 믿지 않는 남편이 예수님을 믿는 부인 때문에 거룩해진다는 것은 이런 의미가 아닙니다. 안 믿는 사람의 마음에는 성령이 거하시지 않습니다. 하나님 앞에서 죄 용서함을 받지 못한 사람은 거룩하지 않습니다. 그런데 왜 이 말씀에서는 안 믿는 자가 거룩해진다고 합니까? 이 거룩은 의식적인 성격을 갖는 것입니다.

> 하나님께서 지으신 모든 것이 선하매 감사함으로 받으면 버릴 것이 없나니 하나님의 말씀과 기도로 거룩하여짐이라_딤전 4:4-5

하나님께서 주신 모든 것들은 깨끗하여 버릴 것이 없는데 특별히 기도와 말씀으로 거룩해진다고 말씀하고 있습니다. 이것은 기도함으로 거룩해지고 하나님의 말씀을 들음으로 거룩해지는 의식적인 것을 의미합니다. 세례를 받음으로 거룩해지고 교회 예배에 참석함으로 거룩해지는 외형적인 거룩을 말합니다. 옛날에 구약의 제사장들은 거룩한 존재들이었습니다. 그러므로 제사장의 손길이 닿는 것마다 거룩해진다고 여겼습니다.

예수님을 믿는 사람들은 그 가정의 제사장입니다. 다시 말하면, 하나님이 거룩하게 구별한 가정의 중보자입니다. 이런 의미에서 아내가 기도하는 남편은 거룩해집니다. 예수님을 믿는 아내가 기도해 주는 자녀는 거룩해집니다. 예수님을 믿는 아내가 하나님 앞에서 간절히 간구하는 모든 것들이 기도와 말씀으로 거룩해집니다.

구약시대에는 신자들이 돼지고기를 부정한 음식이라고 먹지 않았습니다. 그러나 요사이는 돼지머리 갖다 놓고 "하나님 감사합니다" 하고 기도하고 먹습니다. 기도하면 그 돼지머리가 거룩한 음식이 됩니다. 마음대로 쪼개서 먹습니다. 곧 기도로 거룩해진다는 뜻입니다.

예수님을 믿는 아내나 남편 한 사람 때문에 그 가족 모두가 거룩해진다는 것은 얼마나 놀라운 것입니까? 이것은 하나님 은혜가 그 가족 모두에게 임할 수 있다는 사실을 전제합니다.

아내가 예수님을 믿고 남편은 안 믿는다고 할 때 하나님이 아내에게만 은혜의 빛을 비춰 주시고 남편에게는 멀리하시지 않습니다. 부부를 똑같이 은혜로 감싸 주시고 포근한 날개로 덮어 주시며 축복해 주십니다. 아내의 기도로 남편이 거룩해지기 때문입니다. 아내가 전하는 예수님의 복음으로 남편이 거룩해지기 때문입니다.

집안에 찬송 소리가 들리게 하십시오. 그 찬송 소리가 그 가정을 거룩하게 합니다. 집안에서 기도 소리가 들리게 하십시오. 그 기도 소리가 그 가정을 거룩하게 만듭니다. 집안에서 성경을 읽는 소리가 들리게 하십시오. 그 성경을 읽는 소리가 가정을 거룩하게 합니다. 어린아이가 밥 먹기 전에 "아빠는 왜 식사하실 때 기도 안 해요?"라고 물으면 아빠는 은근히 마음에 찔리는 것이 있어 대답을 잘 못합니다. 이렇게 아이의 기도하는 모습을 아빠가 볼 수 있는 집안 분위기, 그것이 벌써 그 가정을 거룩하게 만드는 것입니다. 그래서 식구 중에 누구든지 예수님을 믿으면 그는 자기 식구를 거룩하게 하는 하나님의 제사장이 되는 것입니다.

믿는 자, 한 사람으로 인한 하나님의 은혜

우리는 흔히 믿는 부인과 안 믿는 남편이 같이 살 때 부인이 안 믿는 남편의 영향을 더 많이 받는다고 생각합니다. 은혜를 받은 사람이라 할지라도 세상 유혹의 물결 앞에서 쉽게 흔들린다고 생각을 하는 것입니다. 그러나 바울의 생각은 이것과 완전히 반대입니다. 하나님의 능력이, 하나님의 은혜가 반드시 승리한다고 믿고 있습니다. 즉, 예수님을 믿지 않는 자가 믿는 식구를 영적으로 이기는 법이 없다는 말입니다. 그래서 그는 예수님을 믿는 아내를 통해서 그 남편이 거룩해진다고 말했던 것입니다. 진리가 이깁니다. 반드시 이깁니다. 가정에서는 믿는 여러분이 제사장입니다. 남편을 제단 위에 올려놓고 하나님 앞에 기도하는 제사장입니다. 그 기도가 살아 있는 한 여러분은 이깁니다.

> 아내 된 자여 네가 남편을 구원할는지 어찌 알 수 있으며 남편 된 자
> 여 네가 네 아내를 구원할는지 어찌 알 수 있으리요_고전 7:16

우리는 이 말씀에서 남편이 예수님을 믿어 아내가 구원을 받거나 아내가 예수님을 믿음으로 그 남편이 구원을 받을 가능성이 훨씬 높다는 것을 알 수 있습니다. 이와 뜻이 일맥상통하는 성경 구절이 하나 있습니다.

주 예수를 믿으라 그리하면 너와 네 집이 구원을 받으리라_행 16:31

가족 한 사람으로 인하여 그 가정 전체가 구원을 받을 수 있는 확률은 대단히 높습니다. 부인을 따라서 마지못해 교회에 나오는 남편이 있을 것입니다. 그런 분은 자기가 부인에게 졌다고 생각하면 안 됩니다. 그것은 비굴한 생각입니다. 하나님의 은혜에 진 것입니다. 가족 전부가 그리스도 앞으로 돌아오는 행복과 같은 것이 없습니다. 그것은 하나님을 모시는 가정에서 찾아야 합니다.

진정한 부부애, 진정한 가족애는 하나님을 모시는 거룩한 자리에서만 피어나는 것이기 때문입니다. 남편이 아무리 돈을 잘 벌고 아내의 소원을 다 들어준다고 할지라도 남편이 예수님을 믿지 않는다면 그 부인은 절대로 행복한 사람이 아닙니다. 부부 사이에 영적인 갈등이 계속되는 이상, 거기에는 진정한 행복이 꽃필 수 없는 것입니다. 그러므로 결국 믿는 부인을 통해서 남편이 돌아와야 합니다. 그러기 위해서는 무엇보다도 부인이 남편에게 본을 보여야 합니다.

아내들아 이와 같이 자기 남편에게 순종하라 이는 혹 말씀을 순종하지 않는 자라도 말로 말미암지 않고 그 아내의 행실로 말미암아 구원을 받게 하려 함이니_벧전 3:1

믿는 부인들은 안 믿는 남편을 위해 생활의 본을 보여야 합니다. 예수님처럼 사랑의 봉사자가 되어야 합니다. 남편을 진실로 사랑하고 도와야 합니다. 가정에서 평화의 노랫소리가 들리는 분위기를 만들어야 합니다. 옛날에 가지고 있던 못된 습관들은 십자가에 못 박고 그야말로 남편이 보아도 감탄할 정도로 인격이 달라져야 합니다. 그럴 때 남편이 부인을 따라 주님 앞으로 나올 수 있습니다. 그럴 때 남편을 하나님께 거룩한 제물로 제사를 드리는 제사장이 될 수 있습니다.

가정을 구원하기 위해서 또 한 가지 중요한 것이 있습니다. 그것은 기도입니다. 가족을 주님 앞으로 인도하기 위해서는 기도가 없이는 절대로 불가능합니다.

의인의 간구는 역사하는 힘이 큼이니라_약 5:16하

독일에 사는 어느 부인은 남편을 구원하기 위해서 갖은 노력을 다했다고 합니다. 그때까지 자기가 알고 있던 성경 이야기를 남편에게 다 해 주면서 복음을 전했지만, 그 남편의 마음은 냉담했습니다. 부인은 안타까운 나머지 목사님을 찾아가서 상담을 청했습니다. "목사님, 제가 할 수 있는 일은 다했어요. 아무리 해도 남편의 마음이 돌아서지 않으니 어떻게 하면 좋을까요?"라는 그 부인의 하소연을 듣고 목사님은 "부인, 아무 염려 말고 집에 돌아가십시오. 이제부터는 하나님에 대해 남편에게 말하는 것을 줄이고 남편에 대하여 하나님께 말하는 시간을 더 늘리십시오"라고 충고했습니다.

믿지 않는 남편에게 성경 이야기만 하지 말고 남편의 문제를 하나님 앞에 먼저 가지고 나가라는 말입니다. 한마디로 말하면 기도를 많이 하라는 뜻입니다. 그 부인이 목사님의 충고를 명심하고 집에 돌아가 실천한 결과, 얼마 지나지 않아 그 남편이 부인을 따라 교회로 나왔다고 합니다.

한 목사님의 간증을 들었습니다. 그분의 가족은 11명이나 된다고 합니다. 그분은 고등학교 다닐 때 주님을 영접했는데 그가 하나님의 은혜를 받은 후 얼마나 마음이 뜨거웠는지 가족의 구원을 위해 날마다 눈물을 흘리며 기도했다고 합니다. 그런데 형님 내외는 끝내 반대하고 절에만 다녔습니다. 몇 년 후 그는 굳은 결심을 하고 신년 초에 하나님 앞에 서원을 했다고 합니다. '하나님, 올 한 해 동안 우리 식구 10명이 전부 예수님을 믿고 돌아오게 해 주세요. 그러면 제가 신학을 공부하고 주의 종이 되겠습니다'라고 기도를 했습니다. 그리고 나서 새벽 기도회에 나가고, 낮 12시만 되면 기도하고, 밤에는 또 정해 놓은 시간에 기도했다고 합니다. 그 결과 하나님께서 놀랍게 응답하셨습니다. 그 해가 다 가기 전에 가족 모두가 교회를 찾아 나왔던 것입니다. 그는 하나님께 약속을 드린 대로 신학을 공부하고 목사가 되었습니다.

우리는 기도해야 합니다. 가족의 구원을 위해 눈물과 땀으로써 기도해야 합니다. 그리고 구체적으로 복음을 전해야 합니다. 그럴 때 하나님의 역사는 일어날 수 있습니다. 예수님을 알고도 자기의 인격이나 삶이 변화되지 못한 사람은 전도를 하지 못합니다. 하나님의 은혜에 사로잡혀 보십시오. 진정으로 복음을 전할 기회를 찾는 사람에게는 아무리 완악한 사람의 마음 문도 열리기 마련입니다.

앞으로 우리의 가정에 위기가 찾아올 것입니다. 이것은 세계적인 추세입니다. 우리 자녀들의 세대에 가정이 어떻게 될지는 아무도 모릅니다. 부모들이 소중히 여기던 가치관이 남아 있을지, 가정의 제도가 그대로 남아 있을지 아무도 예측하지 못합니다. 이와 같은 위기를 극복하는 방법은 모든 가정이 예수님을 믿고 돌아오는 길밖에 없습니다.

믿지 않는 가족의 구원 문제에 최대한 관심을 기울여야 합니다. 또한 믿지 않는 이웃이 있다면 어린아이 한 사람이라도 교회로 이끌어 내십시오. 그러면 그 한 사람 때문에 그 가족 모두가 거룩해지고 구원을 받을 수 있습니다. 우리가 가족을 위해, 이 시대를 위해 사명을 가지고 힘 있게 전도할 때 하나님의 역사는 일어나는 것입니다.

하나님은 믿는 자에게 놀라운 축복을 주셨습니다. 우리가 가서 손을 잡는 것마다 거룩해집니다. 여러분이 가서 대화하는 사람마다 이미 상대가 거룩한 영역 속으로 들어온 것입니다. 우리는 성령의 도구입니다. 적극적으로 힘 있게 복음을 증거합시다. 하나님께서 여러분을 사용하시기를 기뻐하실 것입니다.

3

집에 있는
교회

그리스도인의 가정에 교회가 있으면 그 가정의 머리는 예수 그리스도가 되십니다.
그분의 통치를 받는 가정이라면 그 가정은 하나님의 나라가 임하는 곳이요,
하나님의 나라가 임하는 가정이라면
의와 화평과 희락이 떠나지 않는 곳이 되는 것은 너무나 당연한 진리입니다.

골로새서 4:15-16

15 라오디게아에 있는 형제들과 눔바와 그 여자의 집에 있는 교회에 문안하고 16 이 편지를 너희에게서 읽은 후에 라오디게아인의 교회에서도 읽게 하고 또 라오디게아로부터 오는 편지를 너희도 읽으라

욥기 1:1-5

1 우스 땅에 욥이라 불리는 사람이 있었는데 그 사람은 온전하고 정직하여 하나님을 경외하며 악에서 떠난 자더라 2 그에게 아들 일곱과 딸 셋이 태어나니라 3 그의 소유물은 양이 칠천 마리요 낙타가 삼천 마리요 소가 오백 겨리요 암나귀가 오백 마리이며 종도 많이 있었으니 이 사람은 동방 사람 중에 가장 훌륭한 자라 4 그의 아들들이 자기 생일에 각각 자기의 집에서 잔치를 베풀고 그의 누이 세 명도 청하여 함께 먹고 마시더라 5 그들이 차례대로 잔치를 끝내면 욥이 그들을 불러다가 성결하게 하되 아침에 일어나서 그들의 명수대로 번제를 드렸으니 이는 욥이 말하기를 혹시 내 아들들이 죄를 범하여 마음으로 하나님을 욕되게 하였을까 함이라 욥의 행위가 항상 이러하였더라

집에 있는
교회

골로새서 4장 15절과 16절 말씀은 우리의 마음에 얼른 와닿는 내용은 아닙니다. 특히 '눔바와 그 여자의 집에 있는 교회'라는 말은 생소하게 느껴집니다. 하지만 이 말씀 속에는 하나님이 예비해 두신 값진 보화가 숨어 있습니다. 이 말씀이 그리스도인의 가정이 하나님 앞에서 갖추어야 할 근본적인 자세를 상징적으로 나타내 주고 있기 때문입니다. 다시 한번 본문 말씀을 유심히 읽어보시기를 바랍니다.

라오디게아에 있는 형제들과 눔바와 그 여자의 집에 있는 교회에 문안하고 이 편지를 너희에게서 읽은 후에 라오디게아인의 교회에서도 읽게 하고 또 라오디게아로부터 오는 편지를 너희도 읽으라

_골 4:15-16

우리가 잘 알다시피 바울은 위대한 전도자였습니다. 그의 복음에 대한 열정은 드디어 라오디게아 지방에도 교회가 생겨나게 했습니다.

라오디게아에 예수님을 믿는 사람이 몇 명이나 되었는지는 잘 알려지지 않습니다. 당시에는 오늘날처럼 거창한 빌딩 교회를 상상할 수 없었습니다. 신자들이 있기는 했지만 그 규모가 한 도시 내에서 불과 몇십 가정에 지나지 않았을 것이라고 학자들은 추측하고 있습니다. 그런 상황으로 볼 때 신자들이 모이는 장소는 자연히 개인 집일 수밖에 없었을 것입니다. 따라서 눔바의 집에 있는 교회라는 말이 이상한 말이 아니요, 오히려 당연한 사실처럼 여겨지는 것입니다.

그렇지만 본문을 우리가 단순히 표면적으로만 받아들여서는 안 됩니다. 여기에는 하나님께서 우리에게 주시는 이차적인 교훈이 있기 때문입니다. 그것에 초점을 맞추고 본문을 살펴보기를 바랍니다.

오늘날 예수님을 믿는 형제자매들이 한데 모여 예배를 드리는 것처럼 당시의 라오디게아에 있는 신자들도 예배 장소가 필요했습니다. 그래서 그들은 어디에 모여 예배를 드리는 것이 가장 적절할까 하고 서로의 의견을 교환했습니다. '부담 없이 모일 수 있고, 마음 놓고 찬송하고 기도할 수 있고, 마음 놓고 서로 교제할 수 있는 그런 장소가 어디일까?' 하고 고심했습니다. 그러다가 눔바라는 여인의 집에서 모이기로 만장일치로 결정했습니다. 그 여인의 집이라면 그들이 마음 놓고 모일 수 있다는 심증을 굳혔던 것입니다. 이런 점으로 미루어 볼 때 눔바의 집은 다른 가정에 비해서 좀 독특한 면이 있었다고 생각해 볼 수 있습니다.

요즘 교회들은 가정마다 돌아가며 모임을 하고 있습니다. 그런데 어떤 분은 자기 가정을 공개하기를 아주 꺼려 한다고 합니다. 하지만 일반적으로 "우리집은 언제나 열려 있어요. 언제라도 좋아요. 우리 같이 예배도 드리고 성경 공부해요!"라고 하며 기쁘게 자기 가정을 개방하는 교우가 훨씬 마음에 끌리는 법입니다. 이런 교우와 마주 앉으면

서로 부담 없이 마음을 터놓고 무엇이나 얘기하고 싶어집니다. 이런 의미에서 눔바의 가정은 라오디게아에 있는 다른 가정에 비해서 훨씬 더 신앙적이고 모범이 될 만한 가정이었을 것입니다.

여러분의 가정에 교회가 있는가?

우리는 여기에 중요한 질문 하나를 떠올릴 수 있습니다. 만약 이 시간에 예수님이 찾아오셔서 우리 각자에게 이렇게 물으신다고 가정해 봅시다. "눔바의 가정에는 교회가 있었다. 지금 너희 가정에도 교회가 있느냐?" 하고 주님이 물어보신다면 여러분은 무엇이라고 대답할 수 있습니까? 여러분은 "예"라고 대답할 수 있습니까?

만약에 여러분이 눔바와 같이 "우리 가정에도 교회가 있어요"라고 자신 있게 대답할 수 있다면 여러분은 하나님 앞에 엎드려 감사하시기 바랍니다. 그 귀한 은혜를 주신 하나님께 영광을 돌리시기를 바랍니다. 그러나 상당수의 성도는 무엇인가 마음에 가책을 받을 것입니다. 그런 분들은 지금을 계기로 여러분의 가정에, 또 여러분의 신앙에 획기적인 변화가 일어나도록 기도해야 합니다.

우리는 모두 가정에서 나온 사람들입니다. 가정이 없었다면 우리가 태어날 수도 없었을 것입니다. 우리 모두는 가정에 몸을 담고 있습니다. 그리고 우리의 가장 큰 관심사는 가정이라고 말할 수 있습니다. 우리의 생각은 가정이라는 기본 단위에서부터 출발하여 사회, 국가, 세계 등을 향하여 뻗어 나갑니다. 그러다가도 결국 귀착되는 지점은 가정이라는 곳입니다. 인간의 모든 것이 가정을 중심점으로 하여 출발할 뿐만 아니라 결국 가정으로 돌아와 끝을 맺는다고 말할 수 있는 것입니다. 결혼을 한 사람이나 안 한 사람이거나 간에, 가족이 있는 사람이나 없는 사람이거나 간에 우리의 존재 자체는 가정에 기초를 두고 있습니다. 그러므로 가정과 신앙생활은 불가분의 관계가 있는 것입니다.

뿐만 아니라 교회 안에서 사용하는 여러 가지 용어들을 살펴보더라도 대부분이 가정에서 사용는 말이라는 것을 잘 알 수 있습니다. 또 성경에 등장하는 사건들이 대부분 가정에서 일어날 수 있는 일이라고 말할 수 있습니다. 그러므로 우리가 가정의 분위기를 바로 이해하지 못하면 성경의 분위기를 바로 파악하기 어렵고, 또 가정의 용어를 바로 이해하지 못하면 성경의 용어를 제대로 이해할 수가 없는 것입니다.

우리는 하나님을 아버지라고 부릅니다. 이 호칭은 바로 가정에서 사용하는 말입니다. 그것은 하나님과 우리 사이에 가장 중요한 호칭으로 사용되는 말입니다. 그러므로 가정에서 아버지라고 불러 보지 못한 사람은 하나님을 향해서 아버지라고 부르는 것이 무엇인지 그 분위기나 느낌에 있어서 다른 사람보다 이해하는 면이 약하다고도 할 수 있습니다. 우리가 성경을 잘 이해하기 위해서는 가정에 대해서 잘 알아야 합니다. 또 가정을 바탕으로 할 때 신앙생활을 올바로 이해할 수 있습니다.

그러므로 주님이 "너희 집에 교회가 있느냐?"라고 묻는 말이 전혀 이상한 것이 아닙니다. 만약 지금 가정에 교회가 없다면 그의 신앙생활은 장애인이라고 해도 과언이 아닐 것입니다. 어떤 면에서 볼 때 그런 사람은 자기의 신앙생활 자체도 바로 이해하지 못하는 사람일지도 모릅니다.

그렇기 때문에 저는 우리의 신앙생활 면에 있어서 가장 큰 문제점 하나를 지적하고자 합니다. 그것은 교회를 다니는 분들 가운데 아직도 가정 교회를 가지지 못하고 있는 경우가 많다는 것입니다. 달리 말하면, 빌딩 교회가 가정 교회로 이어지지 않는다는 것입니다. 거룩한 주일을 맞으면 성도들은 교회당에 모여서 함께 예배를 드립니다. 그곳에서 우리 모두는 하나님의 백성임을 깊이 체험합니다. 함께 예배를 드리고 말씀을 들으며 또 찬송하고 기도하면서 서로가 한 몸인 것을 깊이 인식하게 됩니다. 이것이 빌딩 교회의 특징입니다.

그런데 공식적인 예배 시간이 지나면 이 빌딩 교회는 흩어집니다. 이 무리가 흩어져서 각자 가정으로 돌아갑니다. 전부 가정 교회로 분산되는 것입니다. 우리 주변에는 주일예배에 한 번 참석하는 것으로 마치 할 일을 다 한 것처럼 생각하는 성도들이 너무나 많습니다. 한마디로 가정 교회의 부재 현상입니다.

오늘날 많은 가정이 고통받고 있는 원인은 가정 교회가 든든하게 서 있지 못한 데에 있습니다. 신앙이 성숙하지 않다면 가정에 교회가 없기 때문입니다. 가정이 말 못 할 고민을 안고 신음하고 있다면 가정에 교회가 없기 때문입니다. 가족들이 영적으로, 육체적으로 힘을 잃고 비틀거리고 있다면 가정에 교회가 없기 때문입니다. 예수님을 믿는 성도들인 우리는 모두 다 가정에 교회가 있어야 합니다. 성경에 나오는 '눔바 그 여인의 집에 있는 교회'라는 말처럼 '○○○ 성도, 그분의 집에 있는 교회'라고 부를 수 있도록 그리스도인은 가정에 교회가 있어야 합니다.

° ° ° ° ° ° ° °
가정에 교회가 있으면

가정에 교회가 있으면 무엇보다도 두 가지 면에서 특별한 은혜를 누릴 수 있습니다. 첫째, 예수 그리스도를 그 가정의 절대 권위로 인정하게 된다는 것입니다. 교회는 예수님의 몸이요, 그분은 교회의 머리라고 했습니다. 그러므로 가정에 교회가 있으면 그 가정의 머리는 예수님입니다. 따라서 예수님은 그 가정에 가장 존귀한 분이요, 제일 먼저 경배를 받으실 분이요, 권위 중의 권위가 되시는 것입니다. 가족 모두가 그분 앞에 무릎을 꿇을 때 비로소 그 가족은 하나가 될 수 있습니다.

오늘날 현대 가정은 상당히 심각한 문제를 안고 있습니다. 그것은 가정 안에 절대 권위가 없다는 것입니다. 권위의 부재 현상, 이것은 현대 가정이 붕괴하는 가장 큰 원인이 되고 있습니다. 부모가 자녀들에게 권위로 군림하던 시대는 이미 지나갔다고 보는 것이 정확한 판단일 것입니다. 더욱이 가치관에 대해서 부모와 자식 사이의 견해 차이가 매우 크다는 것은 부정할 수가 없습니다. 그래서 가족들의 의견이 한 초점으로 모이지를 않아서 갈등 속에 헤매는 가정이 적지 않습니다. 이와 같이 권위를 상실한 가정들은 많은 어려움을 겪을 수밖에 없습니다.

마귀는 빌딩 교회를 공격하는 것보다 가정 교회를 더 공격한다는 사실을 잊지 마시기 바랍니다. 빌딩 교회에 아무리 성도들이 많이 모여도 마귀는 겁내지를 않습니다. 아무리 교회가 규모가 크고 아름답고 웅장하다고 해도 마귀는 그런 빌딩 교회를 보고 겁내지 않습니다. 극단적으로 말해서, 마귀는 빌딩 교회에 모이는 성도들을 흩어 버릴 수도 있고, 어떤 경우에는 한 사람도 나오지 않는 빈 공간을 만들 수도 있을 만큼 지독하게 교회를 훼방할 수도 있습니다. 그럼에도 불구하고 가만히 있는 이유가 무엇입니까? 좀 지나친 말인지는 모르나 주일이면 그저 형식적으로 교회에 왔다가 돌아가는 자들을 대수롭지 않게 보는 것입니다. 갈릴리 바닷가의 무리처럼 아무 힘이 없는 군중으로 마귀는 평가절하를 하고 있는지 모릅니다. 그러니까 크게 겁을 내지 않는 것입니다.

마귀가 제일 두려워하는 것은 가정 교회입니다. 성도들이 가정에서 예수 그리스도를 중심으로 살고 있는 것을 제일 싫어하는 것입니다. 그래서 어떻게 하든지 가정 안에 그런 교회가 세워지지 못하도록 갖가지 방해 공작을 해서 깨뜨리려고 합니다. 우리 모두가 이와 같은 마귀의 계략을 알고 있다면 다행한 일일 것입니다. 하지만 불행하게도 많은 가정이 이와 같은 마귀의 음흉함을 모르고 사정없이 농락을 당하고 있는 것 같습니다.

요즈음 서구 사회에서는 세 쌍 중에 한 쌍이 이혼을 한다고 합니다. 또 어떤 통계에 의하면 크리스천 부부의 경우에는 40쌍 가운데 1쌍이 이혼을 한다 합니다. 신자 부부와 불신자 부부를 비교하면 이혼하는 빈도의 차가 대단히 크다는 것을 발견할 수 있습니다. 그런데 정말 놀라운 사실이 하나 있습니다. 신자의 가정 중에서도 가정에 교회가 있는 부부 즉, 집안에서 자주 기도와 찬송 소리가 들리고 마음을 합하여 하나님께 예배를 드리는 생활을 하는 가정에서는 이혼율이 4백 쌍 가운데서 불과 1쌍 정도에 지나지 않는다는 연구 보고서가 있습니다. 우리의 가정생활에 있어서 예수 그리스도의 영향력이 얼마나 대단한 것인가를 잘 알 수 있는 이야기입니다.

유명한 빌리 그레이엄(William Franklin Graham Jr., 1918–2018) 목사가 붕괴하는 현대 가정을 치료하는 방법으로 열 가지 제안을 제시한 것이 있습니다. 그런데 그중에서 가장 큰 비중을 차지하는 항목은 가정마다 하나님의 명령 체계를 수립하라는 것입니다. 이 말은 마치 군대 용어처럼 들려서 얼른 이해하기가 어렵습니다. 그런데 가만히 생각해 보면 결코 어려운 말이 아닌 것 같습니다. 예를 들어, 국가에는 국가로서의 명령 체계가 있습니다. 만약에 그것이 무너지면 그 국가는 무정부 상태가 될 것입니다. 또 군대는 군대대로 명령 체계가 있습니다.

만약에 군대에 명령 체계가 바로 서지 않으면 그 군대는 오합지졸이 되어 버릴 것입니다. 소규모의 공장에도 좋은 제품을 만들기 위해서는 명령 체계가 있어야 합니다. 이와 마찬가지로 우리의 가정이 바르고 건전한 가정이 되기 위해서는 하나님의 절대 권위를 인정하는 명령 체계가 유지되어야 한다는 말입니다.

현대 가정의 가장 큰 문제점은 이 절대 권위가 없다는 것입니다. 그리스도인의 가정에 교회가 있으면 그 가정의 머리는 예수 그리스도가 되십니다. 우리는 예수 그리스도가 어떤 분이신지 성경을 통하여 잘 알고 있습니다. 그분은 능력의 말씀으로 세계 만물을 보전하고 계시고 지배하시는 절대자이십니다.

> 그의 능력의 말씀으로 만물을 붙드시며 죄를 정결하게 하는 일을 하시고 높은 곳에 계신 지극히 크신 이의 우편에 앉으셨느니라_ 히 1:3하

예수 그리스도는 자신의 피로 모든 죄인의 마음을 정결하게 해 주는 능력을 가지신 분입니다. 예수 그리스도는 마음의 병, 정신적인 병, 영적인 병, 심지어 육체적인 병도 얼마든지 고쳐 주실 수 있는 절대자입니다. 그분의 통치를 받는 가정이라면 그 가정은 하나님의 나라가 임하는 곳이요, 하나님의 나라가 임하는 가정이라면 의와 화평과 희락이 떠나지 않는 곳이 되는 것은 너무나 당연한 진리입니다.

예수 그리스도를 절대자로 모시고 사는 가정은 그 분위기가 세상 사람들의 가정과 다르기 마련입니다. 그런 가정의 가장은 자기의 권위를 가지고 가족들을 다루려고 하지 않습니다. 그는 항상 아내를 사랑하고 자녀를 위하는 좋은 가장이 되고자 노력합니다. 그 가정의 머리이신 예수님이 그렇게 하라고 명령하셨기 때문입니다.

또한 예수 그리스도를 절대 권위자로 모시고 사는 가정의 아내는 남편에게 순종을 잘합니다. 어쩔 수 없이 억지로 순종하는 것이 아닙니다. 성경에서 말하는 아내의 위치가 어떠하다는 것을 잘 알기 때문에 덕을 가지고 남편을 섬기고 자녀를 사랑하는 것입니다. 예수 그리스도를 절대 권위자로 모시고 사는 가정의 자녀들 또한 부모를 잘 공경합니다. 단지 자기 부모니까 할 수 없어서 공경하는 것이 아닙니다. 예수님이 부모에게 순종하라고 가르쳐 주셨기 때문에 예수님의 명령에 따라서 자녀들이 부모를 공경하는 것입니다.

그러나 오늘날 우리의 가정을 한번 돌아보십시오. 이와 같은 절대 권위가 있습니까? 예수 그리스도가 절대 권위자로 인정받고 있습니까? 가장 비참한 가정 중의 하나가 남편이 절대 권위자가 되어서 아내를 정신적으로 압박하고 자녀들을 괴롭히는 가정입니다. 권위자가 되어서는 안 될 사람이 권위자로 있으면 다른 식구들이 괴로워하게 됩니다. 어떤 가정에는 아내가 오히려 이와 같은 절대 권위의 자리에 군림하여 남편이 자기 구실을 하지 못하게 만들기도 합니다. 그런 가정이 내적으로 큰 고통이 있을 것입니다. 할 수 없어서 사는 것이지 어떤 즐거움도 없을 것입니다. 왜 이와 같은 비극이 가정 안에 일어납니까? 예수님을 절대 권위로 모시지 않았기 때문입니다.

○ ○ ○ ○ ○ ○ ○ ○ ○ ○ ○

하나님의 사람, 욥의 자식 사랑

성경에서 예수님을 절대 권위의 자리에 모신 가정의 예를 들어봅시다. 바로 욥의 가정입니다. 욥은 지금으로부터 약 5천 년 전의 인물입니다. 성경에서 욥을 재물이 많고 출중하고 훌륭한 인물로 묘사하고 있는 구절을 볼 수 있습니다.

우스 땅에 욥이라 불리는 사람이 있었는데 그 사람은 온전하고 정직
하여 하나님을 경외하며 악에서 떠난 자더라 그에게 아들 일곱과 딸
셋이 태어나니라 그의 소유물은 양이 칠천 마리요 낙타가 삼천 마리
요 소가 오백 겨리요 암나귀가 오백 마리이며 종도 많이 있었으니
이 사람은 동방 사람 중에 가장 훌륭한 자라_욥 1:1-3

욥을 현대말로 힘이 있는 사람이었습니다. 그 당시 부족사회에서
인품을 보나 덕망이나 재산을 보나 그를 당할 자가 없었습니다. 욥기
를 읽어 보면 알 수 있듯이 그는 권위 있는 사람이었습니다. 욥이 지
나가는 모습을 보면 뛰어놀던 동네 아이들조차 들어가 숨어서 나오지
않았다고 합니다. 그러니 얼마만큼 권위가 대단했는지를 잘 알 수 있
습니다.

그런데 욥은 그 권위를 함부로 남용하고 행사하는 사람이 아니었습
니다. 그의 인격과 품행이 뛰어났습니다. 성경에서는 그가 하나님을
경외하고 악에서 떠난 자라고 했습니다. 욥은 자기의 권위를 가지고
사는 사람이 아니었습니다. 하나님을 절대 권위자로 모시고 하나님의
명령에 복종하는 사람이었습니다.

그러므로 욥의 가정생활에는 남다른 데가 있었습니다. 하나님께
순종하는 생활을 했기 때문입니다. 그는 다복한 7남 3녀의 자녀가 있
었습니다. 또 손꼽을 만큼 많은 재물을 소유했던 부유한 가정이었습
니다. 성경을 보아 알 수 있듯이 그들 가족은 가족들 생일 때마다 모여
서 잔치를 했습니다. 가족 수가 12명이었으니까 평균적으로 한 달에
한 번씩 생일 파티를 한 셈입니다. 욥이 살았던 당시는 요즈음처럼 시
간에 쫓기는 시대도 아니고 그런대로 여유가 있는 시대였으니까 아마
한번 잔치를 벌였다 하면 2, 3일 가는 것은 예사였을 것입니다. 그렇

게 가족들이 모여서 잔치를 하는 것을 보면서 욥의 마음에는 늘 불안하고 걱정스러운 점이 하나 있었습니다.

> 그들이 차례대로 잔치를 끝내면 욥이 그들을 불러다가 성결하게 하되 아침에 일어나서 그들의 명수대로 번제를 드렸으니 이는 욥이 말하기를 혹시 내 아들들이 죄를 범하여 마음으로 하나님을 욕되게 하였을까 함이라 욥의 행위가 항상 이러하였더라_욥 1:5

욥의 가장 큰 걱정거리는, 그의 말을 빌리자면 '혹시 내 아들들이 죄를 범하여 마음으로 하나님을 욕되게 하였을까' 하는 것이었습니다. 참 놀라운 이야기입니다. 욥은 자식들이 행동으로 악을 범하는 것만 걱정한 것이 아닙니다. 그의 염려와 두려움은 자녀들이 마음속 어느 한구석에서 하나님을 멸시하거나 하나님의 말씀을 경시하는 망령된 생각에 빠지지 말아야 한다는 것이었습니다.

욥은 하나님을 가정의 절대 권위로 모시고 살려고 애쓴 경건한 가장이었습니다. 그러므로 자녀들이 행여나 마음으로 하나님의 권위를 무시하는 일을 하지나 않았을까 하고 염려를 했던 것입니다. 그래서 그는 잔치가 끝나고 나면 가족들을 불러 모았습니다. 그리고 무엇인가 하나님 앞에 잘못된 생각을 한 적이 없었는지 일일이 확인을 했던 것입니다. 자녀들이 잘못한 일이 없었다고 대답을 할 때도 마음이 놓이지 않아 그는 죄를 속하는 번제를 하나님께 드리는 가정 제사를 잊지 않았습니다.

이렇게 경건한 욥의 가정과 우리들의 가정을 한번 비교해 보십시오. 대부분의 사람은 자기 자식들이 무슨 죄를 범했든지 간에 겉으로 표가 나지 않으면 별로 심각하게 생각을 하지 않습니다. 따라서 자녀가 마음으로 나쁜 생각을 품을까 두려워하는 일은 상상도 못하는 영역이라 할 수 있습니다. 가정 교회가 중요하다고 말하는 이유는 우리가 욥처럼 부모 노릇을 해야 하기 때문입니다. 진정으로 자녀의 장래를 염려하는 부모는 욥과 같이 항상 하나님 앞에서 자녀의 문제를 살피는 부모입니다.

그리스도는 행복의 조건

아주 중요한 진리 하나를 말씀드리고 싶습니다. 그것은 가정에 교회가 있으면, 예수 그리스도가 행복의 조건이 될 수 있습니다. 예수 그리스도로 인하여 가정이 행복을 누리고, 예수 그리스도로 인하여 가족 모두가 서로 사랑하며 즐겁게 살아갈 수 있습니다.

어떻게 예수 그리스도가 행복의 조건이 될 수 있습니까? 돈 있다고 행복합니까? 건강하면 행복합니까? 사회적 지위가 있어서 행복합니까? 아마 이러한 조건 때문에 행복한 분들은 한 사람도 없을 것입니다. 그들은 모두 행복하려고 몸부림치다가 끝나는 존재들입니다. 이 몸부림이야말로 우리 모두가 세상적인 조건으로는 행복하지 못하다는 사실을 증거하는 데 지나지 않습니다.

그러나 집에 교회를 가지고 있으면 분명 달라지는 것이 있습니다. 예수 그리스도가 가정의 주인이 되시고 그 가정에서 예수 그리스도가 경배를 받으시면 자연히 가정의 분위기는 달라집니다. 그리고 그 가정에 주님이 주시는 기막힌 행복이 찾아옵니다.

어떤 가정이 경제적인 압박 속에서 퍽 진통을 겪고 있었습니다. 생활에 몹시 쪼들리다 보면 마음의 여유도 없어지고 살아가는 것에 대해 회의를 느끼게 됩니다. 누구나 마찬가지로 생활에 위협을 받으면 단란하던 가정에 검은 구름이 덮이기 마련입니다.

아버지는 새벽부터 일터를 찾아 뛰어다녔지만, 처자식에게 좋은 소식을 전해 줄 만한 일은 온종일 생기지 않습니다. 집에서 아내는 남편이 무엇인가 기쁜 이야깃거리를 가지고 돌아오기를 기대하면서 정성껏 식탁을 준비하고 있습니다. 그러나 초인종 소리를 듣고 문을 열자 거기에는 어깨가 축 늘어진 초췌한 모습의 남편이 서 있습니다. 아내는 남편이 식사를 끝내기를 기다렸다가 가만히 남편 곁에 다가가 앉습니다. 그리고 남편을 그으한 눈빛으로 바라보며 "여보, 힘을 내요. 하나님이 우리 가정을 지켜 주실 거예요. 우리 같이 하나님 앞에 찬송해요!"라고 말한 뒤 나직하게 찬송을 부르기 시작합니다.

> 내 영혼이 은총 입어 중한 죄 짐 벗고 보니
> 슬픔 많은 이 세상도 천국으로 화하도다
> 할렐루야 찬양하세 내 모든 죄 사함 받고
> 주 예수와 동행하니 그 어디나 하늘나라
> 높은 산이 거친 들이 초막이나 궁궐이나
> 내 주 예수 모신 곳이 그 어디나 하늘나라
> 할렐루야 찬양하세 내 모든 죄 사함 받고
> 주 예수와 동행하니 그 어디나 하늘나라

아내는 흐르는 눈물을 닦으며 찬송을 불렀지만, 남편은 말없이 고개만 푹 숙이고 있습니다. 그러자 아내는 "여보, 초막이나 궁궐이나 예수님 모신 곳이 천국이라고 하잖아요. 우리 같이 기도해요!"라고 말한 뒤 남편의 두 손을 잡습니다. 그리고 이렇게 기도합니다. "하나님, 우리 가정에 좋은 아빠와 자녀 주심을 감사합니다. 지금은 매우 어렵지만 우리 가족에게 이 어려움을 헤쳐나갈 힘을 주실 것을 믿습니다. 특별히 아빠에게 힘과 용기와 능력을 주시옵소서." 아내가 간절한 마음으로 기도하자 드디어 그 남편의 마음에 환한 햇살이 비치기 시작했습니다. "그래. 여보, 우리 한번 잘해 보자. 당신 말처럼 우리 가정에 하나님이 계신다면 잘될 거야!" 남편이 모처럼 활짝 웃습니다. 예수 그리스도가 가정에 행복의 조건이 된다는 말이 무슨 뜻인지 이 예화가 우리에게 잘 가르쳐주고 있습니다.

우리는 밥 대신 꿈을 먹고 살아요

안성진(1917~2002) 목사님은 우리 교계에서 주일학교의 기초를 닦으셨던 목사님 중에 귀하신 한 분입니다. 일찍이 안 목사님이 저술하신 성경 이야기책은 우리나라의 주일학교 학생들에게 깊은 감화를 준 바가 있습니다. 한번은 안 목사님과 만나 이런저런 대화를 나누던 중 어떤 분이 "안 목사님, 목사님께서 70평생을 사시면서 가장 행복한 때는 언제였다고 생각하십니까?"라는 질문을 했습니다.

"제가 가장 행복했던 때요? 예, 저는 주저하지 않고 말할 수 있어요. 그때는 우리 가족이 기가 막히게 고생을 할 때였습니다. 6 · 25 전쟁 때 대구로 피난을 가서 천막을 치고 살았는데 식량이 없어서 굶다시피 했어요. 낮에는 식구들이 뿔뿔이 흩어져서 구호 식량 창고 근처에 가서 행여나 운반하다가 흘린 양곡이 있나 해서 빗자루로 바닥을 쓸어 왔습니다. 그리고 밤에는 가족들이 둘러앉아 쓸어 가지고 온 것 중에서 쥐똥, 돌멩이, 티끌 등을 골라냈지요. 그러면 깡보리가 한 됫박 정도 남았어요. 그것을 밤새 물에 담가 불려서 이튿날 아침에 밥을 해서 식구들이 몇 숟가락씩 나누어 먹었어요. 그것으로는 배가 너무

고파서 물로 배를 채웠습니다. 전쟁 중에 죽을 고비를 몇 번이나 넘기면서 가족들을 살려 주신 하나님 앞에 너무 감사했고요. 그렇기 때문에 가족들이 그때만큼 서로를 깊이 사랑해 본 적이 없었던 것 같아요. 저의 인생을 돌아볼 때 가장 행복했던 순간은 바로 그때였어요."

그 어려운 세월을 넘기면서 안 목사님은 자녀들에게 성경 이야기를 많이 해 주었다고 합니다. 훗날 어느 분이 그분의 자제들에게 "얘들아, 너희들 그때 참 고생이 많았지? 그 힘든 것을 이기고 잘 자랐구나! 어떻게 너희들이 이렇게 잘 자랄 수가 있었니?" 하고 물었다고 합니다. 그랬더니 안 목사님의 아들이 대답하기를 "예, 저희들은 배를 많이 굶기는 했지만 배가 별로 고프지 않았어요. 왜냐하면 아빠가 밤마다 성경 이야기를 해 주셨거든요. 지금 돌이켜 보면 그때 우리는 밥 대신 꿈을 먹고 살았던 것 같아요"라고 말했다고 합니다.

예수님을 믿는 성도들이 누리는 행복은 세상 사람들이 누리는 행복과는 차원이 다릅니다. 가정에 교회가 있으면 세상이 주지 못하는 행복을 맛볼 수 있습니다. 가정에 머리 되신 주님이 남모르게 주시는 그 기쁨, 그 즐거움을 아십니까? 그 행복을 아시는 분들은 그 축복을 다른 사람에게 증거하지 않고서는 견디지 못합니다. 여러분의 가정은 지금 이런 복을 누리고 있는지 다시 한번 자신에게 반문해 보시기 바랍니다. 내 가정에 과연 교회가 있는지 말입니다.

4

말세에 가정이
살아남으려면

가정은 사랑이라는 토양에다가 그 뿌리를 두고 있습니다.
세상의 종말이 가까운 때일수록 서로 사랑하는 것보다 더 중요한 일이 없습니다.
싸늘하게 식어 버린 사랑이 우리를 비참한 지경에 몰아넣지 않도록
우리는 열심히 사랑하는 일에 최우선을 두어야 할 것입니다.

베드로전서 4:7-8

7 만물의 마지막이 가까이 왔으니 그러므로 너희는 정신을 차리고 근신하여 기도하라

8 무엇보다도 뜨겁게 서로 사랑할지니 사랑은 허다한 죄를 덮느니라

말세에 가정이
살아남으려면

하나님께서 사도 베드로를 통해서 만물의 마지막이 가까이 왔다고 경고하셨습니다. 놀랍게도 이 경고는 지난 1900여 년 동안 계속 주어졌습니다. 그런데 현대에 사는 우리들은 과거 어느 때보다도 이 경고의 말씀을 심각하게 받아들여야 합니다. 왜냐하면 그때에 비해서 오늘날은 말세 중의 말세라고 말할 수 있기 때문입니다.

본문에 기록된 '만물의 마지막'이라는 말은 우리에게 큰 충격을 던져 주고 있습니다. 모든 것이 마지막이라는 말은 의미하는 바가 큽니다. 이런 관점에서 우리의 가정생활 역시 마지막이 가까이 왔다는 사실을 짐작해 볼 수 있습니다. 사실 부부가 서로 마주 보면서 '여보'라고 불러 볼 날도 얼마 남지 않았다는 말은 쉽게 실감이 나지는 않지만, 세상의 종말에 대한 성경의 예언은 바로 우리 가정에 대한 경고임을 부인할 수 없습니다.

말세는 사랑의 냉각기

만물의 마지막이 가까운 이때 우리는 어떻게 해야 합니까? 어떤 마음의 자세를 가지고 살아야 합니까? 본문 7절 말씀은 우리에게 기도하라고 가르쳐 줍니다. 그러나 그것을 뛰어넘어 8절 앞에 나오는 '무엇보다도'라는 단어를 주목해 봐야 합니다. '무엇보다도'는 '가장 먼저' 혹은 '다른 것은 다 밀쳐 두고'라는 뜻입니다. 그러므로 말세에는 서로 사랑하기를 기도하는 것 이상으로 힘써야 한다고 주님은 말씀하시는 것입니다. 이것은 예수님께서 말세에 대하여 경고하신 말씀과 일맥상통하는 교훈입니다.

> 불법이 성하므로 많은 사람의 사랑이 식어지리라_마 24:12

말세는 사랑의 냉각기라고 주님이 경고하고 있습니다. 정말 무서운 예언의 말씀입니다. 세상의 종말이 가까운 때일수록 서로 사랑하는 것보다 더 중요한 일이 없습니다. 싸늘하게 식어 버린 사랑이 우리를 비참한 지경에 몰아넣지 않도록 우리는 열심히 사랑하는 일에 최우선을 두어야 할 것입니다. 사랑이 식어 가는 교회와 가정을 한번 생각해 보십시오. 사랑을 잃고 점점 메말라 가는 사회는 얼마나 살벌하고 무섭겠습니까? 불행하게도 오늘날 우리는 사랑이 식어 가는 말세 현상을 사회 전반에서 뚜렷이 발견할 수 있습니다.

오늘날 진정한 사랑이 어디에 있습니까? '정말 순수한 사랑이 있을까?'라는 말을 공공연히 할 정도로 황무지와 같은 시대가 되어 버렸습니다. 우리는 가끔 사랑이라는 황홀한 단어를 사람에게 붙이기도 하고 때로는 시나 노래의 가사 등에 기록하기도 합니다. 그러나 좀 세월이 흐른 후에 생각해 보면 진정한 사랑이 퇴색해 있다는 것을 발견하게 됩니다. '사랑해요'라는 속삭임 속에 숨어 있는 싸구려 낭만과 얄팍한 이기주의를 얼마든지 찾아낼 수 있습니다. 이런 의미에서 볼 때 우리가 말세에 살고 있다는 것이 분명하다고 생각합니다.

가정의 붕괴 현상

말세가 되어서 사랑이 식어지는 현상이 일어날 때 사랑에 대해서 가장 예민한 반응을 보이는 곳은 가정입니다. 우리가 잘 아는 바와 같이 가정은 사랑이라는 토양에다가 그 뿌리를 두고 있습니다. 가정은 가족들의 사랑으로 구성된 유기체입니다. 진부한 표현 같지만, 가정은 사랑의 샘이 솟는 우물이요, 그 사랑을 마시며 해갈할 수 있는 지상의 유일한 오아시스입니다. 따라서 사랑이 식어지는 시대가 되면 가정은 치명적인 피해를 입게 됩니다. 부부 사이는 물론이고, 부모와 자식 사이도 마찬가지입니다. 현대사회에서 우리가 당면한 가장 심각한 문제는 여러 가지가 있을 수 있지만 무엇보다 가정의 붕괴라는 문제를 들 수 있습니다. 가족 관계가 변질되는 사회현상을 앞에 두고 우리가 어떤 낙관적인 미래를 꿈꾼다는 것은 불가능합니다.

가정은 이 사회에서 사랑의 수준을 측정할 수 있는 온도계와 같습니다. 온도계는 기온에 매우 민감하고 가정은 사랑에 매우 민감합니다. 그래서 '사랑이 어느 정도로 식어 가고 있는가' 하는 질문에 정확한 답을 얻을 방법이 있습니다. 일반 가정에서 일어나는 여러 가지 현상들을 차례로 짚어 보면 그 해답이 나오게 됩니다. 오늘날 세계적인 현상으로서 부부간의 별거, 이혼, 계약 결혼, 동성애, 성적 문란, 외톨이 자녀들의 방황, 사생아의 증가, 노인 학대 등 끔찍한 사건들이 비일비재하게 일어나고 있습니다. 이런 현상들은 사랑이 없는 가정에서 일어나는 사건들입니다. 말세가 되면 우리의 가정이 가장 먼저 피해를 입는다는 것을 단적으로 증명해 주는 사실입니다.

지난 10여 년 전의 미국 사회를 광범위하게 조사하여 연구 분석한 《마음의 습성》이라는 책이 있습니다. 이 책은 20세기에 접어들면서 미국인들이 결혼을 의무로 여기는 것이 아니라 개인의 만족을 추구하기 위한 수단으로 삼는 경향이 농후하다고 밝히고 있습니다.

'결혼을 의무로 생각하는 것이 옳으냐? 아니면 자기만족의 수단으로 여기는 것이 옳으냐?'라는 문제는 얼마든지 우리 스스로 판단할 수 있는 문제입니다. 결혼을 자기만족의 수단으로 보는 사람은 결혼이라는 문제를 가볍게 취급하려고 합니다. 결혼이나 이혼을 자기 마음대로 쉽게 결정할 수 있는 문제로 봅니다. 왜 이와 같은 사고가 많은 미국인 사이에 만연하고 있느냐 하면, 그들은 철저하게 개인주의, 이기주의, 실리주의 혹은 공리주의에 근거하여 결혼을 하기 때문입니다. 나 자신은 조금도 손해를 보지 않겠다는 자기중심적, 자기 보호적인 입장에서 사랑을 하기 때문입니다. 부부간의 사랑보다 자기 자신을 더 중요시하는 이런 결혼에는 결코 희생이 따르지 않습니다. 상대방을 위해 희생한다는 것 자체를 부담스럽게 여기는 것입니다.

다음은 어느 미국인 주부가 그의 가정생활에 관해 쓴 글입니다. "나는 남편을 위해서 희생하지 못해요. 내가 만약 그를 위해 희생한다면 아마 나는 전부를 잃게 될 거예요. 내가 그 사람 때문에 바보처럼 살면 남편은 나를 매력 없는 여자, 주견도 없는 여자로 볼지도 몰라요. 그의 관심을 끌기 위해서 나는 이기적이 될 수밖에 없어요. 그러다가 그이가 나를 싫어하게 되면 헤어지면 되니까요."

이 예화는 개인주의에 깊이 뿌리를 두고 있는 변질된 현대인의 사랑을 단적으로 보여 줍니다. 대다수의 미국인은 성경이 교훈하는 희생적인 사랑을 생각조차 하지 않습니다. 그들에게 있어서 사랑은 자기 개인의 욕망을 추구하기 위한 수단에 지나지 않습니다. 이렇게 변질된 사랑의 굴레에 매여 있는 남녀는 그 마음에 만족이 없습니다. 늘 불평과 불만에 휩싸이기 쉽습니다. 이 세상에서 인간의 욕망을 완전하게 채워주는 결혼 생활은 없습니다. 따라서 많은 부부가 자기들의 결혼 생활을 평생 해로하는 것으로 보지 않고 자기중심적인 사고를 하고 있습니다. 그 이유는 자신을 희생해서라도 결혼 생활을 유지해야 할 명분을 찾지 못하기 때문입니다.

미국에서 수천 명을 대상으로 설문 조사한 자료가 있습니다. 그중에 '당신은 지금의 결혼 생활이 앞으로도 계속 유지될 수 있다고 기대하고 있습니까?'라는 질문이 있습니다. 응답자의 60%에 해당하는 사람들이 '아니요'라고 응답을 했습니다. 마음에 들지 않으면 헤어지겠다는 전제를 가지고 살고 있는 부부가 60%라는 이야기입니다. 이것은 10년 전의 이야기입니다. 그때 이 정도였는데 지금은 얼마나 더 악화되었겠는가 하는 것을 쉽게 짐작할 수 있습니다. 그리고 보고서에서 공통적으로 발견할 수 있는 점은 가정생활에 불만을 가진 사람은 남자보다 여자가 더 많다는 사실입니다. 이것은 가정생활에서 문제점이 남자보다 여자에게 더 많다는 의미로 받아들일 수 있을 것입니다.

○ ○ ○ ○ ○ ○ ○ ○ ○ ○ ○ ○ ○

여러분의 기도가 막히지 않으려면

이것이 남의 나라 이야기가 아니고, 서구 사회에서만 통용되는 결혼관이 아니라는 점을 알아야 합니다. 우리 사회도 사랑이 식어 가고 무섭게 변하고 있습니다. 굳이 먼 곳을 볼 필요가 없습니다. 자기 자신을 한번 돌아보시기를 바랍니다. 아무도 자기가 이기주의자로 변질되고 있다는 점을 부인하지 못할 것입니다.

현대에 들어 여권은 급속도로 신장하는 추세에 있습니다. 여자들의 위상에 따라 가정의 양상도 많이 바뀌리라 생각합니다. 아내가 가족을 위해 희생하는 것을 거부하고 자기 욕구대로 가정을 이끌어 가려는 시대가 오지 않을 것이라고 보장할 수가 없습니다. 그러면 이혼하는 부부, 별거하는 부부, 자식을 내버리는 부부, 가출하는 부부 등 변질된 결혼관이 기승을 부리게 될 것입니다. 말세의 사랑은 이기주의적 사랑입니다. 이것이 바로 현대사회에서 가정을 붕괴시키는 주범이라는 것을 잊지 말아야 합니다.

본문에서 말세, 사랑, 기도 이 세 가지 단어를 주목해 봅시다. 이 단어들은 서로 깊은 상관관계를 가지고 있습니다. 말세에 사랑이 변질되면 가정이 치명적인 피해를 당한다고 이미 제가 지적을 했습니다. 그런데 예수님을 믿는 사람이 이와 같은 비극에 빠지면 무엇보다도 영적으로 큰 손해를 봅니다. 즉, 기도가 막히게 됩니다. 기도를 하지 못합니다. 이기적으로 자기만족이나 채우고 아집을 앞세우는 사람이 어떻게 하나님 앞에 바른 기도를 드릴 수 있겠습니까? 우리의 외모를 보시는 것이 아니라 마음의 중심을 보시는 그분 앞에 드리는 기도가 이기주의로 얼룩져 있다면 하나님이 그 기도를 받지 않으실 것입니다. 그러므로 진정한 사랑을 주고받지 못하는 부부의 기도는 문제가 있는 것입니다.

그러므로 너희는 정신을 차리고 근신하여 기도하라_벧전 4:7하

이 말씀을 다른 표현으로 이렇게 바꾸어 말할 수 있습니다. '너희

는 기도가 막히지 않도록 깨끗한 마음을 가져라. 기도가 막히지 않도록 자기 자신을 절제하라.' 우리는 이 말씀에서 마음이 더러워지거나 자신을 절제하지 못하면 기도가 쉽게 막힌다는 진리를 깨달을 수 있습니다. 그리고 정신을 차린다는 말을 깨끗한 마음을 가진다는 의미로 볼 때 이 말씀을 사랑하는 사람들과의 관계에 그대로 적용할 수 있다고 봅니다. 사람의 마음은 이기주의자가 될 때 더러워집니다. 자기만 알고 자기 욕심만 차리고, 욕구가 충족되지 않는다고 불평하고 원망하고 증오하는 더러운 마음이 가득합니다. 이렇게 불평불만이 가득한 마음으로 하나님 앞에 기도를 제대로 할 수 있느냐 하는 것을 물으나 마나 한 이야기입니다.

또 근신하라는 말은 자기통제, 혹은 자기 절제를 의미하는 말이라고 할 수 있습니다. 이것은 본래 취하지 않는 상태를 가리키는 말입니다. 술에 취하면 자신을 바로 다스릴 수가 없습니다. 그러다가 술이 깨면 취했을 때 혹시나 무슨 실수를 하지 않았나 하고 전전긍긍합니다. 이처럼 개인주의에 사로잡힌 사람은 마치 술에 취한 사람처럼 자기를 통제하는 힘을 잃게 됩니다. 불만이 가득 찬 사람은 그 감정을 억제하기가 어려워 결국 말이나 행동으로 그 감정을 폭발시켜 버립니다. 성경에 욕심이 지나치면 죄를 낳는다는 말이 있습니다. 이와 같이 사랑을 빙자한 이기심을 자제하지 못하면 결국 죄를 범하는 데까지 나아가고 맙니다. 결과적으로 가정이 파괴되어 부부가 나누어지고 자녀가 삶의 의욕을 잃게 되는 아수라장으로 변하는 것입니다.

하나님이 기뻐하시는 기도를 하려는 사람은 마음의 눈이 밝아야 합니다. 마음의 눈으로 하나님의 뜻을 분명히 분별할 수 있어야 합니다. 그런데 이기주의적인 사랑 때문에 마음이 침침하고 더러워져 있는 사람이 어떻게 하나님의 뜻을 헤아릴 수가 있겠습니까? 술에 취한 사람처럼 자기통제가 곤란한 사람이 어떻게 하나님의 뜻대로 기도를 드릴 수 있겠습니까? 여러분은 혹시 기도가 막히는 사람이 아닙니까? 여러분의 사랑이 여러분의 가정을 튼튼하게 받치고 있는지, 가정을 떠받치고 있는 가족 간의 사랑이 혹시나 힘을 잃고 쓰러져 있지는 않은지 여러분의 가정을 주의 깊게 살펴보십시오.

○ ○ ○ ○ ○ ○ ○ ○ ○ ○
모든 허물을 덮어 주는 사랑

변질된 사랑이 난무하는 오늘날 예수님을 믿는 우리가 꼭 실천해야 할 사랑은 어떤 사랑입니까? 본문 8절 말씀에 그것은 허다한 죄를 덮는 사랑이라 합니다.

> 무엇보다도 뜨겁게 서로 사랑할지니 사랑은 허다한 죄를 덮느니라
> _벧전 4:8

오늘날 이 무서운 세대에서 우리가 가정의 행복을 지키고 가족 간의 인간관계를 아름답게 끝까지 유지하기 위해서는 허다한 죄를 덮는 사랑이 절실히 필요합니다. 허다한 죄란 부부 사이로 말하면 상대방에게 범하는 어떤 실수 혹은 고치지 못하는 약점, 치명적인 어떤 결과를 가져오는 죄를 가리킵니다. 달리 말하면, 부부가 의식적이든 무의식적이든 간에 상대방에게 입히는 각종 정신적, 육체적, 물질적 피해를 가리켜 허다한 죄라고 말하는 것입니다. 이것은 곧 모든 허물을 뜻합니다.

하나님은 우리에게 모든 허물을 덮어 주는 것이 진정한 사랑이라고 가르쳐 주셨습니다. 이 '덮어 준다'라는 말은 두 가지 의미가 내포되어

있습니다. 하나는 '용서한다'라는 뜻이요, 다른 하나는 '피해를 감수한다'라는 뜻입니다. 어떤 면에서 이 둘은 하나일 수 있습니다. 왜냐하면 용서하는 자는 바로 피해자이기 때문입니다. 따라서 상대방의 어떤 약점, 실수, 치명적인 범죄 등 이 모든 허물을 전부 용서하고 감수하는 것이 진정한 사랑인 것입니다.

어떤 의미에서는 부부 사이란 가장 사랑할 수 없는 관계가 될지도 모릅니다. 역설처럼 들리는 이 말은 현대인의 이기적인 사랑의 관점에서 보면 더욱 그렇다고 할 수 있을 것입니다. 부부는 상대방의 약점이 가장 쉽게, 가장 자주 노출되는 관계입니다. 자기 보호를 하지 못하고 완전히 개방되어 있는 사이가 바로 남편과 아내 사이입니다. 그런즉 가장 사랑해야 할 사이이면서도 가장 사랑하기가 어려운 사이가 될 수 있습니다. 그래서 조금만 잘못해도 원망하거나 미워하기가 쉬운 것이 부부 사이입니다. 이 세상에서 가장 미워하는 사람들의 사례를 찾으라고 할 때 흔히 부부에게서 찾을 수 있는 것도 결코 이상한 일이 아닐 것입니다.

이 세상에서 완전히 만족하고 사는 부부가 있겠습니까? 결혼 생활을 다소 경험한 부부 중에는 상대방의 약점을 용서하지 못해서 가슴앓이를 하고 있는 사람들이 많습니다. 못마땅한 것이 앙금처럼 가라앉아 있다가 작은 돌멩이 하나만 떨어져도 그 마음이 흙탕물처럼 더러워지는 사람이 있습니다. 때로는 은근히 멸시하고 때로는 무관심하게 대하는 부부들이 우리 주변에 많습니다. 사실 결혼 생활이라는 것이 항상 달콤하지만은 않습니다. 순간순간 어려움이 찾아올 수 있습니다. 서로에게 홀딱 반해서 결혼한 부부라도 얼마 지나지 않아 위기가 찾아올 수 있습니다.

어느 작가가 결혼 생활을 묘사한 글을 본 적이 있습니다.

"신혼 때는 집안에서 음식을 끓이느라 '지글지글' 하는 소리가 나고, 1년쯤 지나고 나면 아기 오줌 누이느라 '쉬' 하는 소리가 나고, 10년이 지나면 김빠지는 '휴' 하는 소리가 난다."

이것이 결혼 생활입니다. 또한 행복한 결혼 생활을 끝까지 유지하는 것이 얼마나 어려운 것인지 실감 나게 보여주는 이야기가 있습니다. "부부란 10대에는 서로가 꿈속에 그리며 살고, 20대에는 서로가 신이 나서 살고, 30대에는 서로가 환멸을 참으며 살고, 40대에는 서로가 체념하며 살고, 50대에는 서로가 가엾어서 살고, 60대에는 서로가 없어서는 안 되니까 살고, 70대에는 서로가 고마워서 산다."

희생적인 사랑이 없이는 가정의 행복을 유지할 수 없습니다. 사랑이 식어 가는 이때 가정을 지키는 것은 이기주의적인 사랑으로는 절대 불가능합니다. 성경에는 우리에게 사랑의 표본을 보여 준 남편의 이름이 나옵니다. 그의 부인 고멜을 위하여 희생적인 사랑을 실천했던 사람입니다. 그의 이름은 호세아라고 합니다.

불멸의 사랑을 실천한 호세아

호세아는 이스라엘이 매우 어려운 처지에 빠져 있을 때 선지자로 부름을 받았던 사람이었습니다. 당시 이스라엘 백성들은 우상숭배와 갖가지 더러운 죄악에 깊이 빠져 있었습니다. 그럼에도 불구하고 하나님께서는 호세아를 통해서 불멸의 사랑을 외치게 했습니다. "너희가 범죄하여 나를 떠났으나 나는 너희를 사랑한다. 나에게로 돌아오라"라는 하나님의 메시지를 외쳤습니다. 호세아는 이스라엘 백성들에게 하나님이 그들을 사랑하여 돌아오기를 기다리고 있다는 사실을 자신의 부부 생활을 통하여 가르친 선지자였습니다. 그런 까닭으로 그는 원치 않는 여자와 결혼을 했습니다. 범죄한 이스라엘을 구원하기 위해서 하나님이 명령하신 대로 그는 과거가 좋지 못한 고멜을 아내로 맞아들였습니다.

다행히 부부가 살다 보면 정이 들게 마련이라 결혼 초에는 두 사람이 행복하게 살았습니다. 슬하에 아들 이스르엘이 태어났습니다. 그런데 고멜에게 이상이 생긴 것은 첫아들을 낳은 지 얼마 되지 않았을 때였습니다. 호세아는 말씀을 전하느라고 분주하게 다녔습니다. 고멜은 들에서 일을 하거나 집안에서 아이를 키우느라 씨름을 해야 했습니다. 그러다 보니 고멜은 자신이 마치 새장에 갇혀 사는 것과 같은 따분함을 느끼게 됐습니다. 그녀는 점점 집 밖으로 나가는 시간이 많아졌습니다. 그리고 무엇인가 세상을 통해서 자기의 권태를 풀어 보려는 유혹을 받게 되었습니다. 부부가 함께 마음을 쏟을 수 있는 관심사가 없어지고 제각기 행동하게 되면 대화가 빈곤해지는 것은 말할 나위가 없습니다. 호세아와 고멜이 바로 이와 같은 위기를 만났습니다. 그러나 두 사람은 서로의 심적 갈등과 고민을 감춘 채 겉으로는 아무 일 없는 듯이 가정을 꾸려가고 있었습니다.

얼마 후에 고멜이 두 번째 아이를 임신했습니다. 그러나 호세아는 자기의 아이가 아니라는 의구심을 떨칠 수 없었습니다. 그 두 번째 아이가 태어나자 하나님은 '불쌍히 여김을 얻지 못한 자'라는 의미를 가진 '로루하마'라는 이름을 지어 주셨습니다. 호세아의 의심은 더욱 가중되었습니다. 그러나 그는 가정을 위해서 참았습니다. 이윽고 고멜이 세 번째 아이를 임신했습니다. 그때도 호세아는 자기의 아이가 아니라고 생각했습니다. 셋째 아이가 태어나자 하나님은 '내 백성이 아니다'라는 의미를 가진 '로암미'라는 이름을 지어 주셨습니다. 그는 분명히 자기의 아이가 아니라고 생각했습니다. 그럼에도 호세아는 가정을 파괴하지 않으려고 아내의 모든 허물을 덮어 주었습니다.

그러나 애를 쓴 보람도 없이 얼마 후 아내는 남편과 세 아이를 버려 둔 채 정부와 함께 도망치고 말았습니다. 성경에는 그런 기록이 없지만, 호세아의 메시지를 살펴보면 그가 가출한 아내를 위하여 고통 속에서 기도했던 흔적을 발견할 수 있습니다. 얼마 지나지 않아 고멜이 정부에게 버림을 받고 노예시장에 팔려 나갔다는 소문이 들려왔습니다. 호세아는 사랑을 외치는 선지자였습니다. 그의 심정을 잘 아시는 하나님께서는 그에게 노예시장에 가서 고멜의 몸값을 주고 다시 집안에 데려오도록 명령했습니다. 호세아는 하나님의 말씀에 순종했습니다. 기꺼이 노예시장에 가서 쇠사슬에 매여 있는 아내를 막대한 값을 주고 데리고 왔습니다. 그는 하나님께서 간음한 여인 같은 이스라엘을 사랑하신 그 사랑을 탕녀인 아내를 받아들임으로써 실천하였던 것입니다. 호세아의 사랑은 허물을 덮어 주는 사랑이요, 자신을 철저하게 희생한 사랑이었습니다. 또한 아내의 잘못에 대한 대가를 불평 없이 치른 불멸의 사랑이었습니다.

예수님을 믿는 우리가 실천해야 할 사랑이 무엇입니까? 사랑의 냉각기인 오늘날, 우리가 열심히 실천해야 할 사랑이 어떤 것입니까? 그것은 자기중심적인 사랑이 아닙니다. 바로 호세아가 보여 준 그 사랑입니다. 하나님이 십자가에서 가르쳐 주신 사랑입니다. 우리의 죄를 끝없이 용서하시기 위해 피 흘려 주신 예수 그리스도의 사랑입니다. 허물을 덮어 주는 이 사랑만이 우리의 가정을 아름답게 지킬 수 있습니다.

점점 무서운 말세가 다가오고 있습니다. 부부가 어떻게 하면 행복하게 살 수 있습니까? 어떻게 하면 부모와 자식 간에 아름다운 인간관계를 유지할 수 있습니까? 어떻게 하면 이 세상의 더러운 물결이 집안으로 밀려 들어오지 않도록 튼튼한 사랑의 담을 쌓을 수 있습니까? 대답은 하나입니다. 모든 허물을 덮어 주는 사랑을 실천해야 합니다. 그 사랑을 하되 열심히 힘을 다해 실천해야 합니다. 그것만이 우리 가정이 사는 길이요, 행복을 잃지 않는 길입니다.

이 시간에 스스로 조용히 자신에게 반문해 보시기 바랍니다. "나는 남편을 어떤 사랑으로 사랑하고 있는가?" "나는 아내를 어떤 사랑으로 사랑하고 있는가?" 여러분은 허물을 덮는 사랑을 하고 있습니까? 아니면 자기중심적인 사랑에 빠져 있지는 않습니까? 조그만 잘못이라도 하나님께 다 고백해야 합니다. 그리고 하나님의 지혜를 구해야 합니다. 주님이 여러분에게 말세를 이기는 참사랑의 능력을 주시기를 기원합니다.

5

결혼 생활의 고통과 위기는 어디서부터 오는가?

참된 결혼 생활의 행복은 아가페의 사랑에 달려 있습니다.
아가페의 사랑은 성령 충만한 부부에게만 기대할 수 있습니다.
예수님을 믿는 부부는 그리스도를 중심으로 서로 복종해야 합니다.

에베소서 5:21-33

21 그리스도를 경외함으로 피차 복종하라 22 아내들이여 자기 남편에게 복종하기를 주께 하듯 하라 23 이는 남편이 아내의 머리 됨이 그리스도께서 교회의 머리 됨과 같음이니 그가 바로 몸의 구주시니라 24 그러므로 교회가 그리스도에게 하듯 아내들도 범사에 자기 남편에게 복종할지니라 25 남편들아 아내 사랑하기를 그리스도께서 교회를 사랑하시고 그 교회를 위하여 자신을 주심 같이 하라 26 이는 곧 물로 씻어 말씀으로 깨끗하게 하사 거룩하게 하시고 27 자기 앞에 영광스러운 교회로 세우사 티나 주름 잡힌 것이나 이런 것들이 없이 거룩하고 흠이 없게 하려 하심이라 28 이와 같이 남편들도 자기 아내 사랑하기를 자기 자신과 같이 할지니 자기 아내를 사랑하는 자는 자기를 사랑하는 것이라 29 누구든지 언제나 자기 육체를 미워하지 않고 오직 양육하여 보호하기를 그리스도께서 교회에게 함과 같이 하나니 30 우리는 그 몸의 지체임이라 31 그러므로 사람이 부모를 떠나 그의 아내와 합하여 그 둘이 한 육체가 될지니 32 이 비밀이 크도다 나는 그리스도와 교회에 대하여 말하노라 33 그러나 너희도 각각 자기의 아내 사랑하기를 자신 같이 하고 아내도 자기 남편을 존경하라

결혼 생활의
고통과 위기는
어디서부터 오는가?

오늘날 우리는 전통적인 결혼관이 변질되고 부부 관계가 어긋난 혼란한 시대에 살고 있습니다. 이런 이야기를 너무 많이 들어왔기 때문에 이제는 특별한 반응이나 놀라움을 나타내지 않는 것 같습니다. 자신도 모르게 세상 형편에 쉽게 젖어 생활하다 보니 이제는 어지간해서는 충격적인 일로 받아들이지 않는 사태가 되었습니다. 그렇지만 오늘 하나님이 주신 이 말씀을 자세히 검토해 본다면 현재 우리의 결혼 생활이 얼마나 아슬아슬한 벼랑 위에 서 있는가를 알게 될 것입니다. 결혼 생활에 대해 경고하시는 하나님의 교훈을 몇 가지 자료를 가지고 살펴보고자 합니다.

심각한 결혼 생활의 위기

모 잡지사에서 조사한 통계에 의하면 우리나라에서 하루 평균 10쌍이 결혼을 하고 3쌍이 이혼을 한다고 합니다. 결혼하는 10쌍 중 3쌍이 파탄한다는 말입니다. 또 이혼하는 사람 중에 결혼 후 5년 이내에 이혼하는 비율이 전체 가운데 70%에 달한다는 통계가 나와 있습니다. 만만치 않은 숫자라고 생각합니다. 이런 비슷한 자료를 세계 곳곳에서 찾아보려면 끝이 없을 것입니다. 세상이 얼마나 변하고 있는지 다음 예화를 통해 보겠습니다.

미국 보스턴에 있는 어느 교회 목사님에 관한 이야기입니다. 기독교식 결혼 예배는 우리 모두가 잘 아는 바와 같이 주례 목사가 말씀을 증거한 다음, 서약을 하고 신랑 신부의 손을 성경 위에 얹게 한 뒤 축복기도를 해 줍니다. 목사가 축복기도를 할 때는 꼭 필요하다고 생각하는 복들을 하나님 앞에 간절히 기도합니다. 그리고 목사도 그러한 기도를 하나님이 들으시고 축복해 주신다는 것을 믿습니다. 좋은 믿음과 건강, 좋은 자녀, 경제적인 축복 등 여러 가지를 기도합니다. 그런데 이 목사님은 이 모든 축복기도 위에 또 한 가지 기도를 더 보탭니다. "만약 이 부부가 이혼을 하게 된다면 하나님께서 그 일 위에도 축복하여 주옵소서"라는 기도입니다. 우리가 사는 이 세상이 참으로 무섭게 변하고 있구나 하는 것을 느낄 수 있습니다.

우리나라가 지금 겉으로는 멀쩡한 것 같아도 보이지 않는 밑바닥에서는 얼마나 무서운 윤리적 위기에 놓여 있는지 최근에 뉴욕 〈타임〉지가 폭로한 기사를 보면 잘 알 수 있습니다. '고아 수출 세계 1위.' 얼마나 부끄러운 이야기입니까? 전쟁이 3, 40년 동안 계속되고 있는 나라도 아닌데 그 고아들이 도대체 어디서 생긴 아이들입니까? 그들의 대부분은 미혼모가 낳았거나 부도덕한 이성 관계에서 생긴 자녀들입니다. 그만큼 우리 사회의 윤리와 도덕이 땅에 떨어졌다는 사실을 짐작할 수 있는 것입니다.

미국에서는 오래전부터 참 괴상한 책들이 베스트셀러가 되어 많은 사람에게 읽혀지고 있습니다. 그중에 《개방적인 결혼 생활》과 《바람직한 이혼 생활》이라는 책이 있습니다. 이러한 책들이 시중에 버젓이 팔리고 있다는 사실은 조금도 이상한 일이 아닙니다. 그러나 우리가 간과할 수 없는 사실은 그러한 책을 구입해서 읽어야 할 필요성을 느끼는 사람이 너무나 많다는 데 있습니다. 백만 부 이상이 팔려야 베스트셀러라고 할 수 있는데, 그만큼 많은 사람이 그 책을 사 보았다는 것은 그들의 결혼 생활이 중대한 위기를 맞았다는 사실을 증명합니다. 이 심각한 위기는 미국인들만의 문제가 아닙니다. 지금 우리나라에서도 결코 방관할 수 없는 큰 문제로 다가오고 있습니다.

이러한 이상 기류가 우리의 결혼 생활에, 또한 우리 자녀들의 앞날에 어두운 그림자를 짙게 깔고 있다는 불안을 감출 수가 없습니다. 설혹 지금 당장은 탈선이나 이혼이라는 막다른 골목까지 가지 않는다고 할지라도 결혼 생활 5년, 10년 후부터 매우 고통스러운 이상 증세를 나타내는 가정이 우리 주변에 적지 않다는 사실을 숨길 수가 없는 것입니다. 한마디로 사랑하지 않는 남편과 아내가 결혼이라는 굴레에 묶인 채 어쩔 수 없이 한 지붕 밑에서 살고 있는 형편입니다. 용기가 없어서 헤어지지 못하는 것뿐입니다. 어떤 부부는 '다른 도리가 없지 않으냐'라고 스스로 이렇게 독백을 합니다. 이것은 체념형입니다. 또 어떤 부부는 '남부끄러워서라도 살아야지 어떻게 하겠느냐'라고 말합니다. 이것은 체면형입니다. 또 어떤 부부는 '자식을 위해서 십자가를 져야지요'라는 소위 책임형의 말도 합니다. 책임형이든, 체념형이든, 체면형이든 간에 이들 부부의 사랑은 이미 식은지가 오래입니다.

그러한 사람들은 대개가 한때 두 사람 사이에 뜨겁게 달아올랐던 사랑의 낭만을 그리워합니다. 이제는 불기조차 남아 있지 않을 만큼 꺼져 버린 상황에서 옛날을 돌이켜 보면서 첫사랑을 그리워하고 탄식합니다. 낭만적인 사랑만 타오른다면 흔히 세상에서 말하는 성공과 실패의 문제, 부와 가난의 문제쯤은 충분히 딛고 일어서서 초연히 인생을 끝까지 행복하게 구가할 수 있으리라고 생각하기도 합니다. 어느 대중가요의 '우리가 필요로 하는 것은 사랑뿐이라오. 사랑은 우리의 전부입니다'라는 가사를 가슴에 담기도 합니다.

이 낭만적인 사랑은 남녀를 결혼으로 묶는 데 없어서는 안 될 소중한 것입니다. 이것은 나쁜 것도 아니요, 더러운 것도 아니요, 죄악시해서도 안 되는 것입니다. 누구나 이러한 낭만적인 사랑에 끌려 결혼을 합니다. 낭만적인 사랑이란 헬라어에서 사랑을 나타내는 세 가지 말 가운데 '에로스'와 '필레오'를 합친 것이라고 할 수 있습니다. 에로스의 사랑은 남자와 여자 사이에만 느낄 수 있는 이성적인 사랑입니다. 그리고 필레오는 마음이 끌려 좋아하는 것을 말합니다. 에로스 사랑에 눈을 뜨게 되면 서로 좋아하게 되는 것이 사실입니다. 이 사랑은 하나님이 주신 좋은 선물입니다. 결혼 생활에서 이 낭만의 사랑이 없다면 맛을 모르고 사과를 깨무는 것이나 다름이 없을 것입니다.

낭만적인 사랑은 이슬을 머금고 피어오르는 아침의 장미와 같습니다. 아름답고 황홀하고 풍요롭습니다. 그 사랑은 인생의 갖가지 추한 것들과 고통스러운 것들을 보지 못하게 가려 주는 신비스러운 힘을 가지고 있습니다. 그 사랑은 상대방의 약점을 보지 못하게 할 뿐 아니라 설혹 눈에 띈다고 할지라도 그 약점까지도 매력으로 느끼게 하는 희한한 마술을 부리기도 합니다. 성경에서 가장 고전적인 낭만의 사랑을 노래한 시를 찾는다면 우리는 아가서를 들 수 있을 것입니다.

내 사랑 너는 어여쁘고도 어여쁘다 너울 속에 있는 네 눈이 비둘기 같고 네 머리털은 길르앗산 기슭에 누운 염소 떼 같구나_아 4:1

주례를 할 때 신랑 신부를 자세히 보면 신부가 별로 어여쁜 것도 없는 것 같은데 신랑은 자기 눈에 안경이라 그저 신부가 사랑스러워서 어쩔 줄 몰라 합니다. 그것이 낭만적인 사랑입니다. 다소곳이 앉아 있는 신부의 눈은 아무리 보아도 비둘기의 눈 같지도 않는데 결혼하는 신랑의 눈에는 비둘기의 눈처럼 매혹적으로 보입니다. 여자가 머리카락을 지지고 볶고 해도 별것 아닌데 저 길르앗산 기슭에 까맣게 무리지어 있는 염소 떼처럼 탐스럽게 보인다 합니다. 낭만적인 사랑은 그만큼 희한한 힘과 또 신비한 능력을 갖고 있는 것입니다. 이 사랑은 좋은 것입니다. 또한 젊은이들을 이 낭만적인 사랑의 경험을 통해서 결혼 단계에 들어가게 됩니다.

⚬⚬⚬⚬⚬⚬⚬⚬⚬⚬⚬ 무엇이 낭만의 사랑을 빼앗아 갔는가?

우리가 꼭 명심해 두어야 할 사실이 있습니다. 오늘날 많은 사람이 이 사실을 알지 못하고 있습니다. 그것은 '무엇이 인간에게서 이 아름다운 낭만의 사랑을 빼앗아 갔는가?' 하는 문제에 대한 정확한 대답을 얻지 못하고 있다는 것입니다. 그리고 이 대답을 통해서 또 한걸음 발전할 수 있는 길을 모색하지 않고 그저 눈이 어두운 채 에로스, 필레오에만 매달려서 부부 생활을 하려고 하는 데 비극이 있는 것입니다. 우리가 잘 아는 바와 같이 아담과 하와는 에덴동산에서 행복하게 사랑의 낭만에 취해서 신혼 생활을 했습니다. 그러나 그것은 잠깐뿐이었습니다. 무엇이 그들의 행복한 순간들을 빼앗아 갔습니까? 하나님의 명령을 어긴 무서운 죄를 범하는 순간부터 행복한 사랑의 보금자리가 산산조각 나고 말았습니다. 우리가 이 사실을 깊이 마음에 명심해야 합니다. 이것은 성경을 통해서 하나님이 보여 주시는 진리입니다. 다른 곳에서는 절대 찾을 수 없는 중요한 교훈입니다.

그렇게 사랑스럽던 아담과 하와가 죄를 범하는 순간부터 둘 다 똑같이 철저한 이기주의자가 되어 버리고 말았습니다. 하나님 앞에서 서로의 책임을 전가하고 서로를 탓하는 처참한 부부 관계로 전락하고 말았습니다. 그들이 하나님 앞에서 쫓겨난 후 그들에게 이어지는 결혼 생활은 가히 비극이라고 말할 수 있을 것입니다. 뼛속까지 스며드는 고독과 중노동, 해산의 고통 그리고 자녀들 사이에서 일어나는 칼부림과 살인 등 아담과 하와는 한 번도 사랑 같은 사랑을 맛보지 못한 채 그들의 인생을 마쳐야 했습니다.

우리는 낭만적인 사랑을 퍽 좋아합니다. 그러나 우리 자신은 죄를 범한 조상으로부터 피를 물려받고, 더러운 부패성을 가지고 있는 인간이라는 사실을 잊지 말아야 합니다. 죄가 가져다준 죄성을 우리는 그대로 마음에 안고 있습니다. 아무리 순애보 같은 사랑을 한다고 할지라도 역시 우리는 이기주의자입니다. 역시 정욕 덩어리입니다. 조금만 잘못하면 사랑하는 사이가 서로 미워하고 탓하고 원망하는 관계로 바뀌기가 쉽습니다. 비록 눈이 멀어 결혼을 하지만 얼마 지나지 않아 마귀 같은 우리의 본성이 사랑의 드레스를 찢고 시커먼 손을 내밀기 시작하는 것입니다.

이러한 이야기는 결혼 생활을 10년 정도 했다면 누구나 동의할 수 있을 것입니다. 같이 살면서 부부는 각자 서로에게 무엇이나 요구하려고 합니다. 이기심과 정욕이 그 마음 밑바닥에 도사리고 있기 때문입니다. 이것은 아담으로부터 물려받은 죄성입니다. 자기만족을 추구하려는 인간의 죄성으로 인하여 부부는 서로에게 실망을 주게 되고 나중에는 다투게 됩니다. 급기야 둘 사이는 대화가 없어지고 서로의 마음을 털어놓지 않습니다. 할 말이 있으면 자녀를 통해서 간접적으로 대화를 하려고 합니다. 남편은 귀가 시간이 늦어지고 집에 들어와도 신문에 얼굴을 파묻은 채 침묵을 지키거나 텔레비전 앞에서 마냥 시간을 보내고, 아내는 아내대로 짜증이 나서 바가지를 긁기 시작하고 그 바가지 소리는 드디어 온 집안을 흔들어 놓습니다. 갈수록 커지는 고독감, 단절감, 권태감이 두 사람을 사로잡게 되는 것입니다.

어느 상담가에게 상담을 청했던 어떤 부인의 말은 정말로 기가 막히다고 해야 할 것 같습니다. "내 남편은 신비의 섬, 나는 영원히 그 주위를 맴돌 뿐 내가 안착할 수 있는 해안은 눈에 띄지 않아요." 이것은 부부의 마음이 하나로 연결되지 않는다는 말입니다. 대화가 단절된 부부입니다. 이러한 부부는 예수님을 믿는 가정에도 상당히 많습니다.

그런데 죄로 인해서 악해진 것은 인간뿐이 아닙니다. 우리가 발붙이고 사는 이 세상도 죄로 인해서 악해졌습니다. 그렇기에 이 세상에서 아름다운 사랑, 첫사랑의 꽃을 오랫동안 보존할 수가 없습니다. 이 세상은 아름다운 꽃을 피우기에는 너무나 고약한 토질입니다. 이 세상은 아름다운 사랑을 안전하게 운반하기에는 너무나 험한 비탈길입니다. 그렇기 때문에 결혼이라는 마차가 매끄럽게 굴러갈 수가 없습니다. 이 마차가 심하게 흔들리다 보면 사랑의 유리그릇은 금이 가 버리고 이 마차가 한번 공중으로 튀어 올랐다가 떨어지면 그 순간부터 사랑의 유리잔은 산산조각이 나 버립니다. 이상하게도 낭만적인 사랑은 강한 것 같은데도 고통이나 상처 앞에서는 퍽 약합니다. 굉장히 대범한 것 같지만 어떤 충격을 받으면 쉽게 상하여 버리는 약점을 에로스와 필레오는 가지고 있습니다.

이만큼 죄는 사랑하는 두 사람도 병들게 만들고 그 사랑을 꽃피울 수 있는 세상의 환경도 오염시켜 놓았습니다. 참으로 사랑을 끝까지 지속하기에는 우리의 현실이 너무나 어렵다는 것을 우리가 깊이 마음에 담고 있는 것이 좋습니다.

어느 부부 집사에 관한 이야기입니다. 그 남자 집사는 의사의 아들로서 4살 때 어머니를 여의고 계모 밑에서 서럽게 자란 사람입니다. 그는 학생 시절에 필드하키 선수였습니다. 그런데 군대에 입대해서 훈련하던 중에 그만 사고로 다리 하나를 잃어버렸습니다. 제대는 했지만 그의 앞날은 캄캄하고 절망적이었습니다. 그런 딱한 처지를 동정하다 사랑이 싹튼 여인이 있었습니다. 그 사람이 바로 지금의 부인입니다. 부인이 이런 말을 했습니다. "그때는 저 사람의 다리가 되어주자는 일념에서 결혼을 했어요. 허나 막상 결혼을 하고 보니 가족도, 친구도, 이웃도 우리를 이해해 주는 사람이 거의 없었어요." 그들은 양가 부모로부터도 버림을 받고 약수동 산비탈에 있는 조그만 집에서 무척이나 힘겨운 나날을 보냈습니다. 그때 그 부인은 옥상에서 보이는 십자가를 보고 예수님을 믿지 않으면서도 '하나님 우리를 좀 도와주세요' 하고 애달프게 눈물을 흘리며 탄식하는 생활을 했다고 합니다. 그러다가 10년 전에 교회에 발을 들여놓기 시작했는데 그날 모임에서 그 부인이 들려준 말이 퍽 인상적이었습니다. "목사님, 제가 남편의 다리가 되어주자라고 생각을 했을 때는 너무 순진했었어요. 철이 없었어요. 아무리 아름답고 이상적인 사랑이라도 사람들이 이해해 주지 않는다면 그 사랑의 꽃을 피우기가 대단히 어렵습니다. 우리 모두가 죄로 오염된 메마른 세상에 살고 있기 때문입니다."

너무 일방적인 이야기만 한다고 반대 생각을 갖을 수도 있을 것입니다. 불신자들 가운데 이 에로스나 필레오의 사랑만을 가지고도 한 생을 너무나 행복하게 사는 부부들이 있기 때문입니다. 그러나 그러한 부부는 극소수에 지나지 않습니다. 그리고 그들이 행복할 수 있는 까닭은 그 사람들에게 있어서 사랑보다도 다른 여건들이 복합적으로 작용하고 있기 때문이라고도 할 수 있습니다. 또 그들은 하나님이 인간에게 주신 더 높은 경지가 있다는 것을 모르고 세상적인 조건을 갖춘 그것으로 행복하다고 생각할 수도 있을 것입니다. 그러므로 그들이 우리의 이상형이 될 수는 없는 것입니다.

지금까지 말씀드린 요점은 이것입니다. 낭만적인 사랑은 오래가지 못한다는 것입니다. 결혼의 행복은 이 사랑만 가지고 유지될 수는 없는 것입니다. 인간의 죄성으로 보나 세상의 악함을 보나 이 사랑이 오래 버틸 수 없는 것입니다. 그러므로 수년을 함께 살아온 부부가 낭만적인 사랑이 식었다고 해서 두려워하고 탄식하고 원망해서는 안 됩니다. 오히려 자연스러운 결과로 이해하는 편이 좋습니다.

하나님이 준비하신 결혼 생활의 참 행복

하나님께서는 그의 자녀들이 이 세상에서 에로스에만 매달려 허무한 삶을 살기를 원하지 않습니다. 하나님께서는 자기 자녀들에게 세상 사람들이 모르는 한 단계 높은 부부애를 추구하도록 신비스러운 행복의 문을 준비하고 계십니다. 우리는 그 문을 밀고 들어가야 합니다. 오늘 우리가 읽은 본문의 내용이 바로 이것을 가르쳐 줍니다. 여기에는 중요한 세 가지의 진리가 담겨 있습니다.

첫째, 참된 결혼 생활의 행복은 아가페의 사랑에 달려 있다는 것을 하나님께서 말씀을 통하여 가르쳐 줍니다. 본문 에베소서 5장 25절부터 마지막 절까지 보면 사랑이라는 말이 6번 나옵니다. 우리말로 번역된 성경에서는 어떤 차이점을 찾기가 어렵지만, 원문을 가지고 보면 놀라운 사실을 발견할 수 있습니다. 여기에 나오는 사랑은 에로스도 아니고 필레오도 아닙니다. 여기에 나와 있는 사랑은 아가페라는 단어입니다. 아가페는 하나님이 갖고 있는 사랑을 말합니다. 성경에서 아가페는 오직 하나님이 인간을 사랑하신 사랑에만 사용하는 독특한 용어입니다.

그런데 이 본문에서 주님이 남편들에게 이 아가페의 사랑을 요구합니다. 부인들에게도 아가페의 사랑을 요구하는 것입니다. 이것은 무엇을 의미합니까? 부부간의 사랑에서 아가페를 모르면 불완전하다는 것을 뜻합니다. 진정한 결혼 생활의 행복은 아가페의 사랑에서만 얻을 수 있고 유지될 수 있다는 말씀입니다. 아가페의 사랑은 무조건적이요 희생적인 사랑입니다. 그리스도인 부부는 반드시 이 사랑으로 묶여야만 행복할 수 있다는 것을 여기서 배울 수 있습니다. 에로스의 사랑을 믿지 마십시오. 필레오, 그것 또한 굉장히 약한 것입니다. 완전한 부부 사랑은 아가페의 사랑에까지 도달해야 합니다.

둘째, 이 아가페의 사랑은 성령 충만한 부부에게만 기대할 수 있다고 하는 말씀입니다. 이 성령 충만이라는 용어는 19절 이하부터 6장까지 모든 내용을 지배하고 있습니다. 성령 충만한 사람에게 하나님께서 명령하시는 말씀은 아내들에게 남편을 사랑하라는 것이고, 남편들에게 아내를 사랑하라는 것입니다. 에로스의 사랑에만 매달리지 말고 아가페의 사랑으로 사랑하라고 말씀하시는 것입니다. 성령으로 충만해야만 아가페의 사랑을 실천할 수 있는 능력을 얻게 됩니다. 성령을 모신 자에게 나타나는 인격적인 열매는 사랑입니다. 그 사랑은 아가페의 사랑입니다. 성령을 모신 자는 아가페의 사랑을 실천할 수 있는 사람이 된다고 했습니다. 좀 더 풍성하고 능력 있게 아가페의 사랑을 실천하려면 성령 충만해야 합니다.

셋째, 예수님을 믿는 부부는 그리스도를 중심으로 서로 복종하는 관계에 놓여 있어야 한다고 합니다. 21절의 "그리스도를 경외함으로 피차 복종하라"라는 말씀은 부부간에 있어서, 또 부모와 자식 사이에 있어서, 또 상전과 종의 관계에 있어서 서로의 인간관계를 그리스도를 경외함으로 피차 복종하는 터 위에 세워야 한다는 것을 말씀해 줍니다. 아가페의 사랑을 가장 이상적인 모델로 보여 주신 분은 예수 그리스도입니다. 예수 그리스도께서 원하시는 대로 순종하는 것이 바로 경외하는 것입니다. 예수님이 가르쳐 주신 대로 힘을 다해 순종하는 것, 이것이 경외하는 것이라는 것을 명심하기를 바랍니다.

○ ○ ○ ○ ○ ○ ○ ○ ○ ○ ○
부부는 서로 복종해야 한다

우리는 여기서 서로 복종하라는 말씀에 주의해야 합니다. 이것은 남편이 아내에게, 아내가 남편에게 복종해야 할 의무를 말하는 것입니다. 여기에는 세 가지 의무가 담겨 있습니다. 먼저, 이것은 부부가 자기의 의무를 상대방을 위해서 다하는 것을 말합니다.

> 남편은 그 아내에 대한 의무를 다하고 아내도 그 남편에게 그렇게
>
> 할지라_고전 7:3

이 의무를 서로를 위해서 최선을 다해 이행하는 것이 바로 서로 복종하는 것입니다. 어떤 심리학자가 말하기를, 오늘날 미국에 있는 남자들의 가장 큰 문제는 남편으로서의 의무를 이행하지 않으려고 하는 데에 있다고 합니다. 우리는 그리스도께서 각자에게 부부로서 주신 의무를 다해야 할 것입니다.

또 서로 복종한다는 말의 두 번째 의미는 서로의 위치나 역할을 존중한다는 의미가 있습니다. 하나님께서 남자와 여자를 평등하게 창조

했습니다만 꼭 같이, 즉 동일하게 창조하지는 않았습니다. 남자와 여자는 분명히 다릅니다. 그러므로 남편이 반드시 서야 할 위치가 따로 있고 해야 할 역할이 있는 것과 같이 아내가 서야 할 위치와 역할이 또 있습니다. 그러므로 서로가 그 위치와 역할을 침해하지 않으면서 존경하는 것이 서로 복종하는 것입니다. 이것은 남편과 아내, 각자의 행복과 기쁨을 위해서 대단히 중요합니다.

복종한다는 말의 세 번째 의미는 무엇이나 서로 이해해 주려는 태도를 말합니다. 서로의 위치와 역할을 존중하기 위해 필요한 것이라면 무엇이나 이해하려는 노력이 바로 복종하는 태도입니다. 유명한 정신의학자인 트루니에(Paul Tournier, 1898-1986)의 말입니다.

> "사랑하는 사람은 이해하고, 이해하는 사람은 사랑한다. 이해를 받는다고 느끼는 사람은 사랑을 받고 있다고 느끼고, 사랑을 받는다고 느끼는 사람은 이해를 받고 있다고 확신한다. 부부 사이에서 적어도 자기의 배우자에게만은 자기가 이해를 받고 있다는 느낌이 없이 이 세상에서 자유롭고 충만한 인생을 구가할 수 있는 사람은 아무도 없다."

트루니에의 말에서 우리는 부부가 서로를 이해를 하고 이해를 받는 것이 얼마나 중요한 것인지를 잘 알 수 있습니다. 결혼 생활의 고통과 위기는 어디로부터 온다고 생각하십니까? 결혼 생활의 고통과 위기는 성령 충만하지 못한 데에 원인이 있습니다. 그리스도를 중심으로 피차 복종하는 삶을 살려고 노력하지 않았기 때문에 결혼 생활에 고통이 따르는 것입니다.

아무리 낭만적인 사랑이 완전히 식어 버리고 껍데기만 남은 부부 관계라 할지라도 예수 그리스도가 두 사람 사이에 서서 양쪽을 하나로 묶어 줄 수만 있다면 거기에는 인간이 기대하지 못했던 놀라운 기적들이 일어날 수 있습니다. 예수님을 구주로 믿고 성령을 모시기만 하면 위기에 처한 여러분의 결혼 생활에 놀라운 활력소를 발견할 수 있습니다.

마침내 아가페의 사랑으로

40대 초반의 어떤 부부가 있습니다. 두 분 다 미술을 전공한 아주 유능한 예술인입니다. 그들은 결혼하여 슬하에 예쁜 딸아이를 하나 두었습니다. 그런데 불행하게도 10여 년 전에 남편이 교통사고를 당했습니다. 그때 그는 사경을 헤매다가 겨우 의식을 되찾았습니다. 그러나 그의 몸은 정상이 아니었습니다. 정상적인 남편이 될 수가 없었습니다. 부인의 충격은 굉장히 컸습니다. 그 아름다운 부인의 가슴에 소용돌이치는 고통의 울부짖음이 있었습니다. 그 부인은 고통 속에서 몸부림치다가 신앙을 갖기로 결심하고 교회로 왔습니다. 2, 3년 동안은 신앙생활을 제대로 해 보려고 무척 애를 썼습니다. 믿는 것이 아니라 믿어 보려고 애를 쓴 것입니다. 그러나 절박한 현실 앞에서 그 부인은 수없이 무너지다가 드디어 예수님을 믿는 것까지 포기하고 말았습니다. 수년 동안 교회에 발걸음을 하지 않았습니다. 그 부인은 미술 개인 지도를 하면서 겨우겨우 생계를 이어갔습니다. 그런데 작년에 다시 교회에 나오는 것이 눈에 띄었습니다. 다시 교회에 나왔을 때는 어떤 의미가 있었을 것입니다. 전보다는 훨씬 더 차분한 마음으로 신앙생활을 해 보려는 마음일 것입니다. 남편에게는 변화가 없지만, 남편을 대하는 아내에게 신앙적인 변화가 일어난 것입니다. 그런데 얼마 전에 그 부인이 참석하는 다락방 순장이 저에게 눈물을 글썽이며 다가와 이런 말을 들려주었습니다. "목사님, ○○○를 아시지요? 그 자매가 우리 다락방에 나와서 말씀을 공부하며 대화를 나누던 중에 이런 간증을 했어요. '순장님, 제가 남편의 손을 잡고 10여 년 만에 진심으로 '여보, 사랑해요!'라는 말을 할 수 있었어요."

이 부인의 사랑이 에로스입니까? 이 부인의 사랑이 필레오입니까? 그가 고백한 사랑은 절대로 낭만적인 사랑만을 말하는 것이 아니었을 것입니다. 그 부인의 마음에는 성령의 역사가 일어났습니다. 성령의 능력이 그 부인의 마음을 사로잡았기 때문에 인간에게는 불가능하게 보이던 아가페의 사랑이 가능하게 된 것입니다. 그러므로 그가 남편의 손을 잡고 진심으로 '여보, 사랑해요'라고 말할 수가 있었던 것입니다.

행복하지 못한 부부 생활을 하고 있다면 그 책임을 상대에게만 돌리지 마십시오. 그것은 아담에게서 이어받은 죄성에서 나오는 악한 생각입니다. 하나님은 우리가 그와 같은 불평을 하면서 짧은 인생을 사는 것을 원치 않습니다. 하나님은 우리에게 더 높은 경지가 있다고 가르쳐 주셨습니다. 성령에게 사로잡히기만 한다면 우리도 하나님의 사랑을 실천할 수가 있습니다. 아가페의 사랑에 우리가 사로잡히기만 한다면 행복하지 아니할 부부가 없습니다. 어떤 환경에서도 하나님의 사랑으로 결혼 생활의 고통과 위기를 극복할 수 있습니다.

그러므로 부부 가운데 어느 한 사람이 신앙생활을 하지 않는 것은 매우 안타까운 일입니다. 불행한 일입니다. 그러나 낙심하지 말고 그의 구원을 위해 해산의 수고를 다 하시기를 바랍니다. 그리고 부부가 성령으로 충만하도록 최선을 다하십시오. 그리하면 행복한 결혼 생활의 고지에 올라갈 수가 있습니다. 하나님께서 우리 모든 가정에게 이와 같이 아름다운 부부 사랑의 축복을 주시기를 바랍니다.

6

아내의 역할과
우선순위

남녀는 물론 평등합니다.
그러나 평등이라는 말과 동등이라는 말은 서로 다르다는 것을 알아야 합니다.
아무리 인격이 평등해도 남녀가 동등하지는 않은 것입니다.
남자에게는 남자의 위치가 있고 여자에게는 여자의 위치가 있는 것입니다.

에베소서 5:22-24

22 아내들이여 자기 남편에게 복종하기를 주께 하듯 하라 23 이는 남편이 아내의 머리 됨이 그리스도께서 교회의 머리 됨과 같음이니 그가 바로 몸의 구주시니라 24 그러므로 교회가 그리스도에게 하듯 아내들도 범사에 자기 남편에게 복종할지니라

아내의 역할과
우선순위

인류 역사상 결혼 주례를 최초로 하신 분은 하나님입니다. 그분은 아담과 하와를 지으시고 두 사람이 부부가 되게 하셨습니다. 그리고 가정이라는 선물을 허락하셔서 일평생 같이 살게 했습니다. 그렇기 때문에 하나님이 결혼 생활을 하는 그의 자녀들에게 원하시는 소원이 있습니다. 본문에 나타나 있습니다.

결혼 생활 5년 또는 10년 후부터는 가정들의 모습이 다양해집니다. 기대 이상으로 행복하게 사는 가정이 있는가 하면 또 마음을 닫고 할 수 없이 살아가는 부부도 있습니다. 그리고 본의 아니게 도무지 한 집에 살 수가 없어서 갈라서는 부부도 있습니다. 우리는 각각 가정에 어떤 문제가 있고 그 생활이 어떤지 잘 모르지만, 그 결혼을 허락하신 하나님, 가정을 선물로 주신 하나님께서는 우리 가정의 형편을 너무나 잘 알고 계십니다.

먼저 아내부터 권면하신다

그러면 우리에게 결혼을 허락하시고 가정을 선물로 주신 하나님께서 우리를 향하여 교훈하시는 것이 무엇인지 살펴보기로 하겠습니다. 그것은 바로 본문 말씀에 잘 나타나 있습니다. 먼저, 아내들에게 하시는 말씀이 22절에 기록되어 있습니다.

> 아내들이여 자기 남편에게 복종하기를 주께 하듯 하라_엡 5:22

하나님은 아내들에게 이렇게 말씀하신 다음에 또 남편들을 향하여 무엇이라고 명령하고 계십니까?

> 남편들아 아내 사랑하기를 그리스도께서 교회를 사랑하시고 그 교회를 위하여 자신을 주심같이 하라_엡 5:25

이 두 가지 말씀을 묵상해 보면 하나님의 중심을 읽을 수 있습니다. 하나님은 어떤 분이십니까? 우리의 가정생활에 대하여 말씀하시는 그분은 마치 이상주의자처럼 보입니다. 너무나 현실과 거리가 먼 말씀을 하시기 때문입니다. 어떻게 아내가 남편을 주님처럼 섬기며 복종할 수 있습니까? 어떻게 남편이 아내를 그리스도께서 교회를 사랑하듯이 사랑할 수 있습니까? 그것은 우리가 볼 때 도저히 현실성이 희박한 말씀 같습니다. 그러나 하나님께서는 그것을 철저하게 요구하고 계십니다. 세상과 구별된 하나님의 자녀에 대해서 그분은 이상적인 표준을 요구하고 계십니다. 하나님의 자녀들은 마치 세상 사람들과 같은 세속적인 결혼 생활을 벗어나야 한다고 말씀하시는 것 같이 보이기 때문입니다.

하나님이 우리에게 원하시는 표준이 무엇입니까? 그것은 '내가 온전한 것처럼 너희도 온전한 수준에까지 부부 생활이 발전해야 한다'라고 말씀하시는 것입니다. 그 온전한 상태가 바로 이것입니다. 아내는 남편을 주님을 섬기듯이 섬기고, 또한 남편은 아내를 주님이 교회를 사랑하듯이 사랑해야 합니다. 이렇게 자녀들이 세상 사람들보다도 높은 차원의 삶을 살아감으로써 세상 사람들이 그리스도인의 가정을 본받게 하시는 것입니다. 그리고 그리스도인의 가정으로 인해 이 사회가 더 이상 썩지 않도록 하나님의 자녀들이 방부제의 역할을 잘 감당해 주기를 하나님께서 요구하고 계십니다.

이 본문에서 한 가지 의문점을 발견할 수 있습니다. 그것은 왜 하나님께서 부부 중에서 아내를 먼저 충고하고 권면할까 하는 점입니다. 하나님은 가끔 순서를 중시하는 경향이 있습니다. 성경에는 이름의 순서가 함부로 뒤바뀌어 기록된 곳이 없습니다. 순서를 바꿀 때는 반드시 어떤 이유가 있기 마련입니다. 사도행전에 바나바와 바울이 나옵니다. 어떤 때에는 바나바의 이름이 먼저 나오고 또 어떤 때는 바울의 이름이 먼저 나옵니다. 성경을 연구하는 학자들은 그것이 절대 우연이 아니라고 말합니다. 반드시 의미가 있다고 주장합니다.

가정생활의 위치상 분명히 남편이 우선입니다. 그러므로 부부 두 사람을 앞혀 놓고 권면을 한다면 남편에게 먼저 권면을 하고 충고를 해야 할 것입니다. 그럼에도 불구하고 하나님은 아내를 먼저 불러서 권면하고 충고합니다. 아마 그것은 아내가 어떻게 하느냐에 따라서 부부 생활의 행복이 좌우되는 것이라는 하나님의 판단일 것입니다. 사실 우리가 경험적으로 보아도 그렇습니다. 남편은 밖에서 활동하는 사람이요, 아내는 집안에서 살림을 하는 위치에 있습니다. 그러므로 남편이 아무리 애를 쓴다고 해도 아내가 자기 위치를 지키지 못하면 그만 가정의 행복이 깨어지기 쉽습니다. 결혼 생활의 행복은 아내의 위치와 역할에 크게 좌우될 수 있기 때문에 하나님께서 아내들에게 먼저 권면하시는 것이라고 할 수 있습니다.

덧붙여 이 문제에 우리가 또 하나 생각해 볼 만한 이유가 있습니다. 그것은 이 말씀이 남편 쪽보다도 아내 쪽에 문제가 더 많다는 것을 암시하고 있다는 것입니다. 우리가 현실적으로 볼 때는 외면상 남자에게 문제가 더 많은 것 같지만 속으로 파고 들어가 보면 아내 편에 훨씬 문제가 많은 경우가 허다합니다. 남편들은 어떤 면에서 좀 싱거운 데가 있고 단순하고 털털합니다. 좀 문제가 있어도 쉽게 털어 버리고 정리를 하는데 아내들은 그렇지가 않습니다. 예민하고 복잡합니다. 그래서 부부 사이에 문제가 쌓일 때 남편보다도 아내 편의 문제로 인한 경우가 더 심각할 때가 있습니다. 그런 까닭으로 하나님이 남편보다도 아내를 먼저 불러서 충고하시는 것이라고 해석하기도 합니다.

○ ○ ○ ○ ○ ○ ○ ○ ○ ○ ○ ○ ○

아내는 자기 자리에서 가장 아름답고

성경의 순서에 따라서 먼저 아내의 역할에 대해서 말씀을 드리겠습니다. 성경이 제시하는 아내의 위치가 무엇인지 살펴보려고 합니다. 본문 23절을 주목해서 보시기 바랍니다.

> 이는 남편이 아내의 머리 됨이 그리스도께서 교회의 머리 됨과 같음
> 이니 그가 바로 몸의 구주시니라_엡 5:23

이 말씀에는 여자의 머리는 남자라는 뜻이 포함되어 있습니다. 따

라서 여자의 위치는 남자 다음이라는 말입니다. 이것이 하나님께서 가르쳐 주신 여자의 위치입니다. 고린도전서 11장 8절과 9절은 이 사실을 보다 더 자세하게 설명하고 있습니다.

> 남자가 여자에게서 난 것이 아니요 여자가 남자에게서 났으며 또 남
> 자가 여자를 위하여 지음을 받지 아니하고 여자가 남자를 위하여 지
> 음을 받은 것이니_고전 11:8-9

이 말씀은 남녀의 위치를 정확하게 규정해 주는 말씀입니다. 왜 남자가 여자의 위치보다 앞서게 된 것입니까? 그것은 창조의 순서에 의해 그 위치가 결정되었기 때문입니다. 창조의 순서상 남자가 먼저 지음을 받았습니다. 그 다음에 여자입니다. 그러므로 가정에서도 남자가 머리요, 여자는 그 다음이라고 성경은 가르쳐 주고 있습니다.

그리고 남자의 위치가 앞서는 다른 이유가 있습니다. 그것은 창조의 목적이 다르기 때문입니다. 하나님이 남자를 인류의 대표로 창조하셨습니다. 하나님이 인간을 만드실 때 그의 원대한 목적을 두고 남자를 창조하셨습니다. 그런데 하나님이 아담을 만들어 놓고 보니 혼자 사는 것이 보기에 좋지 않았습니다. 그런 까닭으로 하나님은 남자를 돕는 배필로 여자를 창조하셨습니다. 하나님이 여자를 창조하신 목적은 남자를 창조하신 목적과 분명한 차이가 있습니다. 이렇게 남자를 창조하신 목적이 더 앞서기 때문에 여자는 남자 다음의 위치가 될 수밖에 없습니다.

무엇이든지 가장 보기 좋은 때는 꼭 있어야 할 자기 자리를 지키고 있을 때입니다. 예를 들어, 값비싼 피아노를 구입하여 집안에 들여놓을 때는 그 피아노와 걸맞는 위치에다가 그것을 갖다 둡니다. 그래야

만 보기에도 좋고 피아노가 제 기능을 발휘할 수 있습니다. 그런데 이 피아노를 현관이나 창고에다가 갖다 놓았다면 잘못된 것입니다. 무엇이든지 제 자리에 있을 때 가장 아름답고 자연스러운 법입니다.

여자가 가장 아름답고 자연스러울 때는 바로 여자 위치에 있을 때입니다. 가정에서 아내가 남편 위에 올라서면 그것만큼 보기 싫은 것이 없습니다. 하나님이 지정해 주신 제 자리를 벗어났기 때문에 보기가 싫은 것입니다. 가정에서는 남편이 중심이 되어야 합니다. 아내는 반드시 남편의 리더십을 존중해야 합니다.

그런데 남편을 제쳐 놓고 아내가 머리 구실을 하는 가정이 있습니다. 이런 현상을 두고 어떤 목사님은 참 재미있는 비유를 들었습니다. 그는 여자가 가장 노릇을 하여 집안 분위기를 좌지우지하는 가정을 일컬어 경련을 일으켜 발작을 하는 사람과 같다고 표현했습니다. 경련은 신체 부위가 부들부들 떨리는 것입니다. 몸 전체가 서로 조화를 이루며 움직여야 하는데 몸의 어느 한 부분만 비정상적으로 움직이고 있으니 얼마나 보기 싫습니까! 또 그 목사님은 여자가 남자 위에 올라서는 집안을 일컬어서 중풍 걸린 집안이라고 표현했습니다. 중풍은 몸의 한쪽 부분이 마비가 되어서 제대로 움직일 수가 없는 것입니다. 이처럼 가정에서 여자가 머리 구실을 하면 그 집안은 그만 중풍병자처럼 비정상적인 가정이 되어 버립니다. 그리고 더 나아가서 그 집안은 괴물이 되고 맙니다. 하나님은 가정에 머리를 하나만 주셨는데 여자가 머리 노릇을 하면 그 가정은 머리가 둘이 되는 괴물이 되는 것입니다. 그러므로 하나님이 보실 때 얼마나 보기 싫은 가정이 되겠습니까?

여자는 여자 위치에 있어야 아름답습니다. 가치가 있습니다. 이것은 남녀가 평등하지 않다는 말이 아닙니다. 남녀는 물론 평등합니다.

하나님께서 남자를 자기 형상을 따라 지으신 것처럼 여자도 그렇게 창조하셨습니다. 하나님께서 남자만 영혼과 육체의 결합으로 만드신 게 아닙니다. 여자도 남자와 똑같이 영혼과 육체의 결합으로 만드셨습니다. 하나님께서 남자에게만 구원을 약속하신 게 아니고 여자에게도 구원을 약속하셨습니다. 하나님이 이 세상에 오실 때 남자 몸이 아니라 여자의 몸을 통하여 오셨습니다. 하나님께서 남자의 피를 흘리는 자에게만 살인죄를 적용하신 것이 아니라 여자의 피를 흘리는 자에게도 살인죄를 적용하셨습니다. 이런 의미에서는 남자와 여자가 하나님 앞에서 동등합니다. 그러나 평등이라는 말과 동등이라는 말은 서로 다르다는 것을 알아야 합니다. 아무리 인격이 평등해도 남녀가 동등하지는 않은 것입니다. 남자에게는 남자의 위치가 있고 여자에게는 여자의 위치가 있는 것입니다.

남녀가 무엇이 다릅니까? 많은 학자가 남녀의 차이가 어디에 기인하는 것인가 하는 것을 과학적으로 증명해 보려고 연구를 많이 하고 있습니다. 그중 한 사람인 골드버그 박사는 매우 흥미로운 연구 결과를 발표했습니다. 어떤 사건이나 사물을 보는 남녀의 반응은 서로 다르게 나타납니다. 남자는 여자에 비해 공격적이고 동시에 지배 성향이 강하다고 합니다. 그러므로 여자가 만족하는 일에 남자는 쉽게 만족하지 못합니다. 여기에는 남녀 간에 분명히 차이가 있습니다. 이러한 차이점은 골드버거 박사의 견해에 따르면 그것은 신경 내분비가 다른 데서 일어나는 현상이라고 말합니다. 즉 호르몬의 차이라는 것입니다. 그렇다면 신경 내분비나 호르몬 등은 누가 만든 것입니까? 물론 하나님이 만드셨습니다. 이러한 사실은 하나님이 인간을 처음 만드실 때부터 남녀를 똑같이 만들지 않았다는 것을 과학적으로 증명하는 좋은 예라고 할 수 있을 것입니다.

아무리 세상이 달라져서 남녀가 평등하다고 해도 남자는 남자고 여자는 여자입니다. 달리 말하면, 남자는 남자 위치에 있어야 하고 여자는 여자 위치에 있어야 한다는 것입니다. 이것이 하나님께서 만드신 위대한 창조 질서입니다. 성경으로 돌아와야 합니다. 성경은 남자의 위치가 여자의 위치보다 분명히 앞선다고 가르쳐 줍니다.

머리의 위치를 악용한 남자들

남자들은 여자의 머리라고 해서 너무 고자세를 취하지 말아야 합니다. 남자들은 자신이 여자의 머리가 된다는 말을 들을 때마다 가슴 아프게 받아들여야 합니다. 하나님께서 남자에게 머리의 위치를 주셨으나 남자들은 그것을 악용하여 여자들에게 수없이 많은 죄를 지었기 때문입니다. 인류 역사상 남자들은 여자들에게 형언할 수 없을 정도로 무서운 죄를 많이 범했습니다. 지금도 마찬가지일 것입니다.

하나님께서 남자를 머리라고 할 때는 부부 사이의 역할을 의미하는 것이지 결코 지배를 뜻하는 것이 아닙니다. 집안에서 폭군 노릇을 하라고 한 것이 아닙니다. 학대하라는 말이 아닙니다. 그럼에도 불구하고 남자들은 머리로서의 위치를 악용했고 여자들을 짓밟았습니다. 학대했습니다. 여자들의 생애를 망쳐 놓았습니다. 남자들은 이런 사실을 깊이 깨닫고 하나님 앞에서 회개하는 자세를 가져야 합니다. 창조 질서의 원리에서 볼 때 어떤 의미에서는 남자들이 훨씬 더 탈선을 했다고 해도 과언이 아닐 것입니다.

우리는 남자가 여자의 머리라는 사실을 분명히 이해해야 합니다. 에베소서 5장 23절에 보면 남자가 여자의 머리 됨은 예수님이 교회의 머리 됨과 같다고 했습니다. 남자들은 교회의 머리이신 예수님이 어떤 분이신가를 배워야 합니다. 그분이 교회를 학대했습니까? 그분이 인권을 유린했습니까? 그분이 교회에게 무조건 맹종하게 했습니까? 교회의 머리이신 예수님은 그런 분이 아닙니다. 예수님이 교회를 위하여 무엇을 하셨는지 우리는 주의 깊게 살펴보아야 합니다. 그분은 죽기까지 복종하면서 교회를 위하여 자기의 생명을 바쳤습니다. 무조건적인 사랑으로 교회를 위하여 자기의 전부를 다 쏟아부었습니다. 그리고 우리의 연약함을 돌보아 주셨고 우리의 부족함을 포용해 주셨으며 우리의 허물과 죄악을 자기의 피로 깨끗이 씻어 주셨습니다. 이것이 머리이신 주님이 하신 일입니다.

그러면 아내의 머리가 된 남편은 어떻게 해야 합니까? 주님처럼 아내의 허물을 덮어 주고 약한 부분을 보완해 주어야 합니다. 아내를 위해서 헌신하며 가정을 책임지고 돌보아야 합니다. 그래야만 여자의 머리로서 자격이 있습니다. 그렇지 않고 단지 남자가 여자의 머리라고 하여 무조건 기세 등등하면 안 됩니다. 그러한 남자들은 양심의 가책을 받아야 합니다. 그러나 남편이 가정에서 제대로 역할을 못한다고 할지라도 아내는 그를 머리로서 존중하고 섬겨야 합니다. 이것이 아내들을 향한 하나님의 명령이요, 또 아내들이 하나님의 말씀에 순종하는 태도입니다.

아내는 무엇보다 남편에게 복종해야

이제부터 아내의 우선순위에 대해서 말씀을 드리고자 합니다. 아내의 우선순위에 대해 성경은 아내들에게 남편을 사랑하라는 말에 앞서 남편에게 복종하라고 말씀하고 있습니다. 부부 생활에 있어서 가장 중요한 것은 사랑이 아닙니까? 그런데 왜 사랑하라고 하지 않고 복종하라고 말씀하는 것입니까? 성경에 보면 이상하게도 아내들에 대한 교훈은 전부 복종으로 나타나 있습니다. 물론 복종도 사랑을 포함한 복종일 것입니다. 그러나 무엇인가 강조점을 다르게 두고 있다는 것을 우리는 느낄 수 있습니다. 이것은 로마 당시의 그리스도인들이나 오늘날 교회에 몸담고 있는 하나님의 딸들에게 가장 우선순위로 두어야 할 과제가 복종이라는 사실을 가르쳐 주고 있는 것입니다.

대부분의 아내들은 겉으로 보기에는 남편에게 복종을 잘하는 듯합니다. 그러나 겉으로만 복종해서는 안 됩니다. 마음에서부터 진정 우러나오는 복종이어야 합니다. 하나님은 22절에서 남편에게 복종하라고 하셨고, 33절에서는 남편을 존경하라고 말씀했습니다. 존경이라는 말은 내면에 있는 태도를 의미합니다. 하나님이 복종과 존경을 동일선상에 놓고 말씀하시는 것은 아내가 마음에서부터 진정 남편을 존경하고 복종하라는 뜻입니다. 다시 말하면, 아내가 남편을 대할 때 가장 우선순위에 두어야 할 것은 복종하는 태도라고 가르쳐 주는 것입니다.

사도 바울이 살던 로마 시대에는 여자들의 형편이 말이 아니었습니다. 가정에서나 사회에서 전혀 인격적인 대우를 받지 못했습니다. 여자가 결혼을 하면 남편이 좋아하든 싫어하든 속으로 모든 감정을 삭이면서 살아야 하는 불행한 처지에 놓여 있었습니다. 그 당시에 첩을 두는 것은 예사로운 일이고, 남자가 외도를 하는 것도 오히려 남자다움을 드러내는 하나의 미덕으로 생각할 정도였습니다. 그러므로 남편이 첩을 두거나 외도를 하든지 간에 아내는 한마디 불평도 할 수 없었습니다. 만약 그 문제를 가지고 남편에게 대든다면 그 아내는 세상으로부터 비웃음을 받기가 일쑤였습니다. "여자가 너무 옹졸해. 자기 남편을 손안에 넣으려고 해" 하는 식으로 오히려 여자를 욕하는 시대였습니다. 그런 기막힌 형편에서 천대를 받고 있었기 때문에 아내가 남편을 향해 마음에서부터 우러나는 복종을 잘할 수 없었고, 또 이로 인해 가정의 불화가 끊이지 않았습니다.

인격적인 대우를 받지 못하는 아내가 어떻게 남편을 마음에서부터 존경할 수 있겠습니까? 겉으로는 복종할 수 있겠지만 진정 마음에서부터 우러나오는 존경을 한다는 것은 불가능한 일처럼 보입니다. 사도 바울이 교회를 개척하던 당시 예수님을 믿고 교회로 들어온 여자들에게는 이러한 문제가 가슴속 응어리로 있었습니다. 그들이 새사람이 되어 신앙생활을 하면서도 남편에 대한 마음의 태도에는 큰 변함이 없었습니다. 따라서 그 당시 교회가 안고 있던 문제 중 하나는 아내가 남편에게 진정으로 복종하지 않는 것이었다고 말할 수 있습니다. 그런데 오늘날에도 별로 나아진 것이 없다고 생각합니다. 현대사회에는 남녀가 평등하다는 것이 법적으로 보장되어 있고 사람들 의식 또한 옛날과는 달리 많이 바뀌었습니다. 가장이 함부로 가정을 파괴하는 행동을 하지 못하도록 가정 윤리가 법적으로 보장되어 있습니다. 그만큼 오늘날의 아내들은 로마 시대에 비해 감사할 조건이 많은 것입니다.

그러나 현대 여성들이 인격적으로 동등한 대우를 받게 되니까 오히려 남자를 마음으로부터 존경하고 복종하려는 자세를 기피하는 현상이 나타나는 것 같습니다. 사도 바울이 살던 옛날에는 여자들이 인권유린을 당해서 남편에게 진정 복종하는 마음을 갖지 못했습니다. 반면 오늘날의 여성들은 인권이 신장하다 보니 오히려 남편에게 복종하려는 태도가 점점 없어지고 있는 것입니다. 요즈음 부인들이 가끔 이런 말을 합니다. "요즘 세상에 남자에게 쥐여 살 여자가 어디 있어? 세상 달라진 줄 모르나 봐." 이런 식으로 남자를 힐난하는 여성이 늘어나고 있습니다. 게다가 사회가 점점 서구화됨에 따라 여자들의 경제력이 강해지고 여건만 주어진다면 직업을 갖기를 원하는 여성들이 늘어나는 추세입니다. 이렇게 여자들이 경제권을 갖게 되면 대부분의 여자는 더욱 목소리가 커지기 마련입니다. 속담에 '암탉이 울면 집안이 망한다'라고 했습니다. 그러나 지금은 암탉이 울어도 집안이 망하는 시대가 아닙니다. 여성들의 위치가 놀랄 만큼 높아졌습니다.

그럼에도 현대 여성들이 남편을 경외하는 태도가 바울이 살던 그 시대에 비해서 더 나아지지를 못했습니다. 우리는 하나님의 교훈을 받아야 합니다. 세상이 어떻게 변하든지 간에 하나님의 자녀는 말씀 앞으로 돌아와야 합니다. 하나님의 말씀 앞에서 아내의 위치를 찾으시기를 바랍니다. 아내가 남편 앞에서 어떤 태도를 취해야 할 것인가를 말씀을 통해서 배워야 합니다. 남편을 예수님처럼 대하는 마음이 있어야 그 남편에게 복종할 수 있는 것입니다.

성경에서 남편을 주님 대하듯이 경외하고 복종한 사람이 있습니다. 그는 아브라함의 아내인 사라입니다. 베드로전서 3장 6절에 보면 사라는 아브라함을 주라고 칭하며 순종했다고 기록되어 있습니다. 그것은 사라가 남편을 진정 존경하고 순종했다는 말입니다. 오늘날 아내들도 남편에게 그와 같은 마음의 태도를 가져야 합니다. 아내가 남편을 대할 때에 마치 주님을 대하듯이 한다면 그 남편이 어떻게 아내에게 함부로 대할 수가 있으며 가정을 가볍게 여길 수 있겠습니까? 존경을 받을 만한 여건이 전혀 없는데도 아내가 자기를 주님처럼 대해 준다면 그 남편의 마음은 마치 가시방석에 앉아 있는 것과 같을 것입니다. 아내들은 가정의 행복뿐만 아니라 자신의 행복을 위해서도 남편을 주님 대하듯이 섬겨야 합니다.

또 하나님은 아내가 남편에게 어떻게 복종해야 할 것인가를 가르쳐 주고 계십니다. 그것은 아내가 남편에게 복종하기를 교회가 주님에게 복종하듯이 하라고 말씀하시는 것입니다.

> 그러므로 교회가 그리스도에게 하듯 아내들도 범사에 자기 남편에
> 게 복종할지니라_엡 5:24

　　교회가 주님에게 복종하는 데는 두 가지의 원리가 있습니다. 첫째로, 사도행전 5장 29절의 말씀을 들 수 있습니다. 그것은 사람의 말보다도 하나님의 말씀을 우선에 두고 순종한다는 원리입니다. 이 원리에 비추어 보면 아무리 아내가 남편에게 복종하는 것이 중요하다고 해도 하나님의 말씀에 일치하는 범위 안에서 복종하지 않으면 안 됩니다. 둘째로, 교회가 주님에게 복종하는 원리가 있습니다. 그것은 죽기까지 복종하는 것입니다. 즉, 예수님이 몸소 우리들에게 보여 주신 복종의 태도입니다. 따라서 아내가 남편에게 복종하는 자세도 죽기까지 복종하겠다는 자세가 되어야 합니다.

○ ○ ○ ○ ○ ○ ○ ○ ○ ○ ○
복종과 맹종은 구별해야 한다

위에 언급한 원리를 보더라도 아내가 남편에게 복종하되 우선적으로 최선을 다해 순종하는 마음가짐을 가져야 한다는 것은 두말할 나위가 없습니다. 이것이 성경대로 사는 생활입니다. 여기서 우리는 하나님이 요구하시는 표준이 얼마나 높은가에 새삼 당황하지 않을 수 없습니다. 그러나 오직 순종만이 행복의 길임을 명심해야 합니다. 한편 우리가 주의해야 할 점이 하나 있습니다. 그것은 복종을 맹종과 혼동해서는 안 된다는 것입니다. 남편이라고 해서 아내의 신앙 양심을 구속할 권리는 가지고 있지 않습니다. 우리의 양심은 하나님의 법을 알려

주는 수단입니다. 신앙 양심에 어긋나는 것을 남편이 요구할 때는 하나님에게 순종해야지 남편에게 순종할 수는 없습니다. 그러므로 이 말씀이 하나님의 법을 어겨 가면서 남편에게 맹종하라는 말이 아니라는 것을 우리는 잘 알 수 있습니다.

그러나 에베소서 5장 24절에 범사에 남편에게 복종하라는 말씀을 주목하시기 바랍니다. 비록 신앙 양심에 어긋나는 일은 남편에게 복종할 수 없다고 할지라도 범사에, 즉 모든 일에 복종하는 것이 일반 원칙이라는 말입니다. 아내가 남편에게 범사에 복종하려면 아내가 남편을 주님처럼 존경해야 복종할 수 있습니다. 사람의 힘으로는 교회가 그리스도에게 복종하듯이 남편에게 복종할 수 없습니다. 사람의 힘으로는 범사에 남편에게 복종할 수 없습니다. 그러나 아가페의 사랑으로는 가능합니다.

남편에게 결함이 있고 남편의 능력이 떨어진다고 할지라도, 남편이 여러분에게 평생 고개를 들 수 없는 치명적인 잘못을 범했을지라도, 그럼에도 불구하고 남편을 경외해야 합니다. 어떤 결함과 실패와 허물이 있음에도 불구하고 반드시 남편에게 복종하라는 것이 하나님의 명령입니다.

어떤 자매는 남편이 출근할 때마다 아파트의 엘리베이터 앞에 나와서 "안녕히 다녀오세요"라고 깍듯이 인사를 한다고 합니다. 남편이 혼자 엘리베이터를 탈 때는 상관이 없겠지만 이웃의 남자분들이 함께 탔을 때 그 자매의 행동은 그들의 관심을 상당히 끌었나 봅니다. 아마 남편들이 자기 집에 돌아가서 제각기 그 사실을 부러운 듯이 얘기했는지 얼마 지나지 않아 그 아파트에는 아침마다 남편을 정답게 전송해 주는 아내들이 눈에 띄게 늘어났다고 합니다.

남편들은 세상에 나가서 종일 시달리고 처자식 고생시키지 않으려고 밤낮없이 뛰어다닙니다. 이런 남편이 가정에서 남편으로서, 아빠로서 대우를 못 받는다면 그는 사회에서조차 대우를 받지 못할뿐더러 세상에 나가 일하고자 하는 의욕을 완전히 상실해 버릴 것입니다. 몸이 머리에 순응하지 않으면 자기를 파괴하는 행위가 됩니다. 이처럼 아내도 머리가 되는 남편을 주님처럼 존경하고 순종하지 못한다면 자기 자신을 파괴하는 것이나 다름이 없습니다.

왜 아내가 이렇게 어리석은 행동을 하여 스스로 가정을 파괴해야 합니까? 하나님 말씀 앞으로 돌아와야 합니다. 그 말씀 속에 여러분의 가정이 참 행복을 누리는 비결이 들어 있습니다. 가정의 행복을 위해서라면 흠을 가진 남편이라도 그리스도의 사랑으로 존경하고 복종해야 합니다. 아가페의 사랑, 무조건적인 사랑의 눈으로 본다면 남편의 흠이 발견되지 않습니다. 비록 흠이 보인다고 해도 그 흠까지도 사랑하는 아내가 될 수 있습니다. 이것은 오직 성령의 은혜로 가능합니다. 부부간의 사랑을 아가페의 수준에까지 끌어올리도록 하나님의 능력을 구하십시오. 사람으로는 할 수 없지만 오직 하나님으로는 할 수 있습니다.

7

남편의
아내사랑

주님의 사랑은 우리를 사랑하사 우리를 위하여
십자가에서 자기 자신을 버리신 사랑이었습니다.
남편이 아내를 사랑할 때도 이처럼 철저한 희생을 수반하는 사랑을 해야 한다고
주님은 가르쳐 주십니다.

에베소서 5:25-33

25 남편들아 아내 사랑하기를 그리스도께서 교회를 사랑하시고 그 교회를 위하여 자신을 주심같이 하라 26 이는 곧 물로 씻어 말씀으로 깨끗하게 하사 거룩하게 하시고 27 자기 앞에 영광스러운 교회로 세우사 티나 주름 잡힌 것이나 이런 것들이 없이 거룩하고 흠이 없게 하려 하심이라 28 이와 같이 남편들도 자기 아내 사랑하기를 자기 자신과 같이 할지니 자기 아내를 사랑하는 자는 자기를 사랑하는 것이라 29 누구든지 언제나 자기 육체를 미워하지 않고 오직 양육하여 보호하기를 그리스도께서 교회에게 함과 같이 하나니 30 우리는 그 몸의 지체임이라 31 그러므로 사람이 부모를 떠나 그의 아내와 합하여 그 둘이 한 육체가 될지니 32 이 비밀이 크도다 나는 그리스도와 교회에 대하여 말하노라 33 그러나 너희도 각각 자기의 아내 사랑하기를 자신같이 하고 아내도 자기 남편을 존경하라

남편의
아내 사랑

아내가 없는 남자는 잎과 가지가 없는 나무와 같다는 이탈리아 속담이 있습니다. 아내의 존재가 얼마나 소중한가를 잘 깨우쳐 주는 말이라고 생각합니다. 이 세상에서 여자의 도움을 전혀 받지 않고도 끝까지 인생을 행복하게 살 수 있는 남자는 아마 없을 것입니다. 아내의 도움은 너무나 큽니다. 그럼에도 불구하고 남편들은 자기 아내에 대한 고마움을 잊어버릴 때가 많습니다. 아내를 아끼고 사랑해야 한다는 것을 잘 알면서도 그 사실을 마음에 깊이 담지 않고 무심히 살아가는 남자들이 적지 않습니다.

어느 잡지에 실린 글 중 많은 남성들의 공감을 불러일으킬 수 있는 내용이 있어 여기에 소개하고자 합니다.

"가장 쉬우면서도 어려운 일은 계속 아내 사랑을 하는 것이다. 이것이 40대인 내가 가지고 있는 첫 번째 고뇌이다. 아담의 고백처럼 내 뼈 중의 뼈요, 살 중의 살인 그 실체를 사랑하는 일이 이렇게 힘든 줄은 예전에 미처 몰랐었다. 아내를 사랑하겠다는 결혼식에서의 서약은 대답 한마디로 끝나서 쉽고 간단했었다. 결혼 후 몇 년 동안은 잘되는 것 같더니 세월이 지나갈수록 사랑의 정도가 점점 엷어지기 시작하여 어떤 때는 나 자신도 깜짝 놀랄 정도로 '나에게는 마누라가 있지' 하고 아내의 존재를 새삼스럽게 느껴야 하는 순간들이 필요하기도 했다."

이 글을 지금 갓 결혼하여 꿀송이가 뚝뚝 떨어지는 신혼부부들이 읽는다면 그 느낌이 어떻겠습니까? 아마 밤하늘의 별을 보는 것처럼 자신들과는 거리가 먼 일처럼 여겨질 것입니다. 그러나 결혼 생활을 어느 정도 하신 분들이 이 글을 읽는다면 결혼 생활은 꿈이 아니라 냉혹한 현실이라는 사실에 공감하게 될 것입니다. 이렇게 결혼 생활을 좀 오래 하다 보면 남편은 아내에 대한 애정이 식어지고 있다는 불안감을 느낄 때가 가끔 있습니다. '이래도 아내를 사랑한다고 할 수 있을까' 하는 가책을 종종 받을 때가 있다는 말입니다.

특히 예수님을 믿는 남편들은 하나님이 정해 놓으신 아내를 사랑의 표준을 알고 있기 때문에 더 깊은 죄책감을 느낍니다. 하나님의 말씀을 순종하지 않는 데서 오는 괴로움을 느끼기 때문입니다. 본문을 가책 없이 읽을 수 있는 남편은 과히 많지 않을 것입니다. 예수님이 교회를 위해 자기 몸을 주신 것처럼 목숨을 바쳐서 아내를 사랑해야 한다는 하나님의 명령 앞에서 말문이 막히지 않는 남편이 몇 사람이나 있겠습니까? 나는 하나님이 명령하신 대로 내 아내를 그렇게 사랑하고 있다고 자신만만하게 대답할 수 있는 사람은 아마 한 사람도 없으리라고 생각합니다. 이 기회를 통해서 하나님의 명령인 아내를 사랑하는 일을 이전보다 더 마음을 쏟아 실천하도록 성령께서 은혜를 주시기를 바랍니다.

○ ○ ○ ○ ○ ○ ○ ○ ○ ○ ○ ○ ○ ○ ○ 어느 정도의 수준으로 아내를 사랑하는가?

자기 아내를 사랑하지 않는 사람은 거의 없습니다. 그러나 본문 말씀이 의미하는 아내 사랑은 통속적인 사랑을 뜻하는 것이 아닙니다. 결혼을 했으니까 마땅히 아내를 사랑해야 한다는 그런 의무감을 말하는 것이 아닙니다. 주님은 남편들을 향하여 "내가 교회를 사랑하듯 너도 그렇게 아내를 사랑하느냐?" 하고 묻고 있는 것입니다. 이 질문 앞에서 가책을 받지 않을 남편은 없을 것입니다. 신앙이 없는 사람보다 신앙을 가진 사람이, 믿음이 약한 사람보다도 믿음이 좋은 사람이 하나님 앞에서 더 깊은 죄책감을 느낄 것입니다.

> 남편들아 아내 사랑하기를 그리스도께서 교회를 사랑하시고 그 교회를 위하여 자신을 주심같이 하라_엡 5:25

주님의 사랑은 자신의 모든 것을 주신 사랑이었습니다. 가장 완전한 희생을 담은 사랑이었습니다. 그는 우리를 위하여 십자가에서 죽으셨습니다. 그렇게 함으로써 우리의 모든 죄를 다 짊어지셨습니다. 우리를 사랑하사 우리를 위하여 십자가에서 자기 자신을 버리신 사랑이었습니다. 남편이 아내를 사랑할 때도 이처럼 철저한 희생을 수반하는 사랑을 해야 한다고 주님은 가르쳐 주십니다. 얼마나 놀라운 말씀입니까?

따라서 남편에게 문제가 되는 것은 아내를 위하여 생명을 바치는 사랑을 하기가 극히 어렵다는 점입니다. 부인이 남편을 위해서 생명을 바쳤다는 말은 옛날이야기를 통해서 들은 적이 있습니다. 그러나 남자가 여자를 위하여 생명을 바쳤다는 말은 아직 들은 적이 없습니다. 일반적으로 남자들은 현실적이고 이기적인 데가 있습니다. 어떤 면에는 여자들보다 고약한 데가 있는 것이 사실입니다. 서양에는 남자를 빗대어 전해 내려오는 속담 가운데 이런 말이 있을 정도입니다. '죽은 아내에 대한 슬픔은 대문간까지이다.' 남자들은 자기 아내가 죽더라도 그 슬픔을 오래 간직하지 않고 곧 다른 사람에게 마음을 줄 수 있는 동물 같은 존재라는 뜻으로 해석할 수 있습니다. 물론 남자라고 해서 다 그렇지는 않겠지만 이런 이기주의적인 근성을 가진 남자들이 아내를 위해서 생명을 바친다는 것은 어불성설입니다. 먼 산의 불구경하듯 아득히 거리가 먼 말씀처럼 들릴 수밖에 없습니다.

그러나 우리가 유의해야 할 점이 하나 있습니다. 교회를 위해서 주신 주님의 사랑을 단지 생명을 바쳤다는 그 사실에만 초점을 맞추어 해석하는 것은 지나치다는 것입니다. 만약 이 말씀을 글자 그대로 받아들인다면 아내를 위해서 죽지 못하는 남편은 진정한 사랑을 하지 못하는 사람이 되고 말 것입니다. 그런 까닭으로 주님은 우리가 실감 나게 이해할 수 있는 차원으로 바꾸어서 다시 말씀하십니다.

이와 같이 남편들도 자기 아내 사랑하기를 자기 자신과 같이 할지니
자기 아내를 사랑하는 자는 자기를 사랑하는 것이라_엡 5:28

이제 이 말씀이 좀 이해가 되지 않습니까? 남편은 아내를 마치 자기 몸을 아끼고 보호하는 것처럼 사랑하라고 주님이 말씀하고 있습니다. 누구나 자기 몸에 대해서는 솔직합니다. 누구나 자기 몸에 대해서는 가장 순수한 사랑을 할 수 있습니다. 그렇기 때문에 주님이 남편들을 향해 아내를 제 몸처럼 사랑하라고 말씀하시는 것입니다. 이러한 주님의 권고를 남편들은 가슴 깊이 새겨야 합니다.

그런데 주님이 교회를 사랑하시는 사랑과 우리가 우리 몸을 사랑하는 사랑, 이 두 사랑 사이에는 어떤 공통적인 특징이 있습니다. 그 공통점을 이해하는 것이 이 본문 말씀을 이해하는 열쇠가 됩니다. 그 특징을 대략 세 가지로 나누어 말씀드리자면, 첫째로 감싸 주는 사랑, 둘째로 위하는 사랑, 셋째로 격려하는 사랑이라고 말할 수 있습니다. 이 세 가지 특징을 주님이 교회를 사랑하신 사랑과 또 우리가 우리 몸을 아끼는 사랑 속에서 발견할 수 있는 것입니다. 남편들이 이러한 특징들을 잘 이해한다면 보다 더 아내를 사랑하는 사람이 될 수 있습니다. 지금부터 그 세 가지 특징에 대해서 구체적으로 살펴보겠습니다.

아내를 감싸 주는 사랑

첫째, 감싸 주는 사랑입니다. 주님이 교회를 사랑하시는 태도에는 어떤 독특한 점이 있습니다. 우리가 잘 아는 바와 같이 이 땅 위에는 완전한 교회가 없습니다. 주님은 지상교회가 보잘것없고 불완전하고 허점투성인데도 불구하고 교회를 감싸 주시고 사랑하십니다. 마음에 들지 않는데도 불구하고, 죄가 섞여 있음에도 불구하고 주님이 교회를 사랑하시는 것, 이것이 바로 감싸 주는 태도입니다.

우리들이 자기의 몸에 대해서 지극히 신경을 쓰는 태도는 불완전한 지상교회를 사랑하시는 주님의 태도와 닮은 데가 있습니다. 누구나 자기의 몸은 끔찍이 아낍니다. 누구라도 자기 몸의 약한 부분이나 부족한 부분을 더 감싸고 보호하려는 본능을 가지고 있습니다. 약하기 때문에 더 사랑해야 한다는 마음이 있습니다. 이렇게 감싸 주는 마음을 남편이 아내에게 쏟아야 한다는 말입니다.

아내는 절대로 완전한 존재가 아닙니다. 결혼한 뒤 아내에게 실망을 한 번도 안 해 본 남편은 이 세상에 아무도 없을 것입니다. 결혼 전의 교제 기간이나 신혼 초에는 아내의 약점이라고 생각하지도 않던 것이 결혼 생활을 하면 할수록 그것이 약점으로 크게 두드러져 보일 수가 있습니다. 이렇게 약점이 많고 불완전한 아내이지만 주님은 감싸 주라고 말씀하고 있습니다. 감싸 준다는 말은 아내의 약한 점을 자기가 책임진다는 말입니다. 그러기 위해서는 오래 참는 태도가 필요합니다. 아내가 가진 약점을 이해하고 감싸 주는 남편이야말로 아내를 진정으로 사랑하는 사람이라고 말할 수 있습니다.

미국에 돕슨(James Clayton Dobson Jr.)이라는 가정문제 상담전문가가 있습니다. 그의 저서 가운데 《남편이 알아야 할 아내에 대한 지식》이라는 책이 있습니다. 이 책의 내용에 보면, 그에게 와서 상담을 청한 부인들 중 50% 이상의 여성들이 자신감을 상실한 문제가 가장 고민이라고 토로했다고 합니다. 겉으로는 패기만만하고 자신감이 넘쳐 보이는 주부들이 의외로 자신에 대한 갈등과 열등감과 회의 속에 깊이 빠져 있을 수 있습니다. 여성들은 예민합니다. 남편이 부인 앞에서 다른 여성을 칭찬하면 부인은 겉으로 표현은 하지 않지만, 마음에 상처를 입고 자신감을 잃어버립니다. 여성들은 특히 외모에 신경을 많이 씁니다. 남편의 눈에 자기 모습이 아름답게 비치지 않을지 모른다는 염려 때문에 불안을 느끼는 부인들이 많습니다. 이런 아내의 약한 점을 포근히 감싸 주는 사랑이 필요합니다. 아무리 못난 사람도 그 사람만이 지니고 있는 아름다움이 있습니다. 남편이 아내의 아름다움을 발견하여 아내에게 항상 자신감을 불러일으켜 주면서 약한 부분을 감싸준다면 그 여인은 남편으로부터 받을 수 있는 최상의 사랑을 받는 사람이라고 해도 과언이 아닐 것입니다. 이것이 바로 자기의 몸을 사랑하듯 아내를 사랑하는 남편의 태도입니다.

아내를 위해 주는 사랑

둘째, 위해 주는 사랑입니다. 예수님의 사랑을 한마디로 요약하여 말한다면 '섬김'이라고 말할 수 있습니다. 섬기는 것은 곧 희생을 뜻합니다. 주님의 사랑은 생명까지도 희생할 수 있는 사랑입니다. 우리는 이러한 사랑을 배워야 합니다. 아내를 위해 희생할 수 있는지 아내를 위해 봉사할 수 있는지 생각해 보시기 바랍니다. 만약 여러분이 아내를 위해 조금도 희생할 수 없다면 여러분은 아내를 사랑하는 사람이라고 말할 수 없을 것입니다.

우리 모두는 자기의 몸을 무척이나 아끼고 위합니다. 자기의 몸을 많이 위할수록 몸을 가꾸고 보호하는 데 큰 희생이 따릅니다. 1950년대에 미국 국민 한 사람이 자신의 건강을 위해 쓰는 돈이 78달러였다고 합니다. 그런데 1980년대에 들어와서는 무려 1,038달러로 껑충 뛰었다고 합니다. 점점 자기를 위하는 정성이 더 극진해진다는 것을 알 수 있습니다. 좀 더 건강하게, 좀 더 오래 행복하게 살고 싶어하는 것이 모든 사람들의 욕망입니다.

가나안농군학교 교장이었던 김용기(金容基, 1909~1988) 장로님은 생전에 꼭 새벽 4시면 일어나 2㎞ 떨어진 뒷산의 기도굴로 달음박질하다시피 등산을 했다고 합니다. 그리고 식사를 할 때는 한 끼에 꼭 세 가지 반찬을 드셨다고 합니다. 그러니까 하루에 아홉 가지 반찬을 골고루 잡수셨다는 말입니다. 그리고 술, 담배, 커피와 같은 자극적인 것을 금하고 육류를 줄이고 가급적이면 채식을 했다고 합니다. 이와 같이 건강을 위해 많은 애를 쓰셨습니다. 남편이 아내를 이 정도로 위할 수만 있다면 그 가정은 하루아침에 천국으로 변할 것입니다.

물론 처자를 먹여 살리느라 밤낮없이 동분서주하는 그것만으로도 남편으로서는 대단한 희생이라고 말할 수 있습니다. 그러나 지금 여기서 강조하는 것은 생업을 위해서 희생하는 것을 말하는 것이 아닙니다. 그것은 남자들이 해야 할 당연한 일입니다. 그런데 남편이 아내를 위해서 희생한다고 할 때 큰 것만 생각하기가 쉽습니다. 진짜로 몸을 위하는 사람은 자기 몸의 사소한 데에 더 관심을 쏟는 사람입니다. 이처럼 아내의 사소한 문제에 더 관심을 쏟는 것이 아내를 위하는 일입니다. 집안의 일이 여성들에게 여러 가지로 중압감과 긴장감을 주는 것이 사실입니다. 새장에서 벗어난 새처럼 모든 것을 던져버리고 훨훨 날아가 버리고 싶은 순간이 없지 않을 것입니다. 늘 집에 남아 있어야 하는 아내로서는 인간관계에서 오는 고독이 있을 수 있습니다. 또 자녀를 키우기 때문에 시끄럽고 자질구레한 일 속에 파묻혀 있어야 하는 데서 오는 권태도 무시할 수가 없습니다. 더욱이 경제 사정이 넉넉하지 못한 집안에서 가사를 꾸리는 것은 대단히 어렵습니다. 남편은 적은 액수지만 월급봉투를 주고 나가면 그만이지만 부족한 돈을 가지고 이리 쪼개고 저리 쪼개며 살림을 해야 하는 주부의 긴장감은 정말 대단한 것입니다.

이런 아내에게 남편이 어떻게 해야 하겠습니까? 어떻게 하는 것이 아내를 위하는 일입니까? 여자들은 사소한 것에서 행복을 느낍니다. 여성들이 정말 중요시하는 것은 남자들이 빠뜨리기 쉬운 사소한 것에 있다는 사실을 명심하시기 바랍니다. 남자들이 "그까짓 것이 무슨 문제야? 시시한 소리 하지 마" 하고 윽박지르기 쉬운 말속에 여자들이 가슴 설레며 기다리는 귀중한 무엇이 숨어 있다는 사실을 아는 것이 좋습니다.

남편이 바깥일을 마치고 집에 돌아오면 아내는 남편 옆에서 이런저런 이야기를 하곤 합니다. 그럴 때 남편은 아내의 말을 귀담아 들어주어야 합니다. 그런데 일반적으로 남편들은 그렇게 하지를 못합니다. "날마다 하는 소리를 왜 또 하지?" 아니면, "아니, 그게 뭐 그리 중요해?" 하고는 텔레비전이나 신문을 보면서 국제적인 형편 내지는 우리나라의 장래에 대한 이야기를 합니다. 아내는 그런 거창한 이야기보다도 남편이 모르는 사소한 일에 더 관심을 쏟고 있다는 사실을 남편이 알아야 합니다.

성경을 보면 주님이 우리에 대해서 얼마나 관심을 갖고 위해 주시는지 알 수 있습니다. 마찬가지로 남편이 아내를 위하고 사랑한다면 이러한 사소한 데까지 자상하게 위해 주려는 자세를 가져야 합니다. 아내의 말이 별로 들을 가치가 없는 말이라 할지라도 그 말을 귀담아 들어주고 맞장구를 쳐주는 것은 남편에게는 하찮은 일로 보일지 모르지만, 아내에게는 남편으로부터 사랑을 받고 있다는 뿌듯함을 맛보는 중요한 일인 것입니다.

우리들은 이러한 말씀 앞에서 가책을 받아야 한다고 생각합니다. 특히 한국의 남편들은 좀 불량한 점이 있습니다. 어떤 면에는 지나치게 권위를 내세우는 경향이 있습니다. 외국의 남편들에 비하여 특별히 잘해 주는 것도 없으면서 거드름을 피우는 것이 있습니다. 우리 남편들은 이런 말씀 앞에서 겸손해야 합니다. 정말로 아내를 사랑한다면 얼마만큼 아내를 위하고 이해하려는 자세를 갖고 있었는가 하는 것을 반성해 보아야 할 것입니다.

아내를 격려하는 사랑

셋째, 격려하는 사랑입니다. 이 격려하는 사랑에 대하여 알기 위해서는 에베소서 5장 26절과 27절을 읽어볼 필요가 있습니다. 주님께서 어떤 마음으로 우리를 사랑하시는지를 이해할 수 있는 말씀입니다.

> 이는 곧 물로 씻어 말씀으로 깨끗하게 하사 거룩하게 하시고 자기
> 앞에 영광스러운 교회로 세우사 티나 주름 잡힌 것이나 이런 것들이
> 없이 거룩하고 흠이 없게 하려 하심이라_엡 5:26-27

우리는 이 말씀에서 주님이 불완전한 우리를 향해서 아름다운 꿈을 갖고 계신다는 것을 잘 알 수 있습니다. 비록 주름투성이요, 흠투성이이긴 하지만 주님은 그러한 우리를 보시면서 기대를 하시는 것입니다. 훗날 하나님 앞에 설 때는 흠과 티가 없는 가장 아름답고 완전한 신부로서 설 수 있을 것이라는 기대를 갖고 우리를 보신다는 말입니다. 주님께서는 이러한 꿈과 기대를 갖고 있기 때문에 설령 우리가 잘못할 때라도 주님은 쉽게 실망하시지 않습니다. 오히려 우리를 격려해 주십니다. "지금은 네가 약하지만 나중에는 강해질 수 있어. 지금은 네가 부분적으로 알지만 나중에는 온전한 것을 알게 돼. 그러니 실망하지 말아라." 이러한 격려를 아낌없이 주시는 분이 우리 주님입니다.

우리가 우리 몸을 사랑하는 것도 이와 비슷한 원리라고 생각합니다. 우리는 저마다 몸의 약한 부분을 가지고 있습니다. 자기 신체 중에서 어느 부분이 약한지를 잘 알고 있습니다. 그러나 우리는 자기 몸의 약한 일부분을 가지고 낙담하거나 포기해 버리는 일은 별로 없습니다. "지금은 약하지만 조금만 운동하면 나중에는 강해질 수 있어. 내가 주의하고 노력하면 얼마든지 가능해!"라는 꿈과 기대를 가지고 우리 몸을 다룹니다. 꿈을 가지면 쉽게 좌절하거나 불평하지 않는 법입니다. 기대를 가지면 가질수록 격려를 하기 마련입니다. 이와 같이

남편이 아내에게 기대감을 가지면 설령 아내가 부족함이 있을지라도 항상 격려해 주는 남편이 될 것입니다. 남편들은 아내를 기대하는 눈으로 봐야 합니다. 지금은 실망할 만한 것이 눈에 띄어도 점차로 멋있는 아내가 될 것이라는 꿈을 갖고 아내를 대해야 합니다. 지금은 여러 가지로 부족한 점이 많지만 나중에는 훌륭한 인격의 소유자가 될 것이라는 기대감을 가지고 아내를 봅시다. 만약에 그와 같은 눈을 가지고 아내를 보는 사람은 아내가 실수를 해도 격려해 주며 그 아내에게 자신감을 불러일으켜 줄 것입니다. 아내에 대해 꿈과 기대가 전혀 없는 남편은 늘 아내를 비판하고 그 아내의 마음에 항상 실망만을 안겨 줍니다. 아내가 점점 나이가 들면서 외모가 퇴색되어 가더라도 그 영혼은 하나님 앞에서 점점 더 아름다워지고 있다는 기대감을 남편이 잃지 않고 있다면 그 남편은 진실로 아내를 사랑하는 사람입니다. 결론적으로 말하면, 주님이 교회를 사랑하듯이 남편도 그렇게 아내를 사랑해야 한다는 것입니다. 부연해서 말하자면, 남편은 자기 몸을 사랑하듯이 아내를 사랑해야 합니다. 그렇게 하기 위해서는 아내를 감싸 주어야 하고, 위해 주어야 하고, 격려해 주어야 합니다.

그런데 가장 중요한 전제 조건이 하나가 있다는 사실을 잊지 마시기 바랍니다. 그것은 예수님을 믿는 남편만이 그렇게 아내를 사랑할 수 있다는 점입니다. 남편으로부터 가장 순수한 사랑을 받고 싶다면 남편이 반드시 주님을 알도록 힘써야 합니다. 그리고 남편이 교회를 다니는 것만으로 만족하지 말고 남편이 주님의 사랑을 알고 깊이 배우는 데까지 이르도록 도와주어야 합니다. 그런데 우리의 문제점은 실제로 그렇지 못하다는 점입니다. 남편이 믿음이 좋으면 아내에게 그만큼 순수한 사랑을 쏟을 수 있어야 하는데 믿음이 좋아 보이는 남편이 아내에 대해서 그렇게 하지 않는 경우가 많습니다. 이것이 문제입니다. 남편들은 이런 부분에서 심각한 고민을 하면서 성령의 인도 함을 받아야 할 것입니다. 에베소서 5장 28절 말씀은 남편들이 귀담 아 들어야 할 말씀입니다.

자기 아내를 사랑하는 자는 자기를 사랑하는 것이라_엡 5:28하

남편이 아내를 진실로 사랑한다면 그것은 바로 자기를 사랑하는 것입니다. 아내를 진실로 위해 주라는 말씀은 남편에게 무거운 짐을 지라는 말이 아닙니다. 그것은 곧 자기를 사랑하는 방법 중의 하나입니다. 이런 의미에서 예수님을 안 믿는 남편보다 예수님을 믿는 남편이 훨씬 아내를 사랑한다고 생각합니다. 또한 믿음이 적은 사람보다도 믿음이 좋은 사람이 훨씬 더 아내를 사랑한다는 것을 믿습니다. 그 예 중에 한 가지를 소개하겠습니다. 국제결혼을 한 부부의 이야기입니다.

남편은 미국인이고 부인은 한국 출신입니다. 그 남편이 저와 같은 신학대학을 다녔기 때문에 서로 가까이 교제할 수가 있었습니다. 그가 부인을 얼마나 끔찍이 위해 주는지 제가 그 집에서 몇 달 머무르는 동안 적지 않게 감동을 했습니다. 그곳에는 미국 남자와 결혼하여 불행하게 살고 있는 한국 여인이 많이 있었기 때문에 자연히 그 가정에 관심이 쏠리지 않을 수 없었습니다. 그런데 그 가정은 달랐습니다. 부인은 남편보다 나이가 더 많은 데다가 외모도 별로 볼품이 없습니다. 학력도 중졸 정도이고 자녀도 없습니다. 어느 모로 뜯어보아도 별로 매력이 없는 부인으로 보입니다. 그런데 제가 놀란 것은 그 남편이 아내를 너무나 위해 준다는 것입니다. 말로 표현할 수가 없을 정도입니다. 어떻게 이런 일이 가능할 수 있습니까? 그래서 제가 곰곰이 분석해 본 결과 이런 결론을 얻었습니다. 그것은 그 남편의 믿음이 탁월하

게 좋다는 것입니다. 아내의 약한 부분을 사랑으로 감싸 주고, 위해 주고, 격려해 주라는 하나님의 말씀을 깊이 받아들이고 순종하기 때문에 그가 아내를 그처럼 사랑할 수 있는 것입니다.

그러므로 아내가 행복해질 수 있는 지름길은 남편이 믿음을 갖게 하는 것입니다. 또 그 믿음이 어린 자리에 그대로 머물게 하지 말고 그리스도의 사랑을 발견하는 수준 높은 데까지 이르도록 남편을 도와주어야 합니다. 이것이 아내가 행복해지는 길이요, 그 가정이 복을 받는 비결입니다. 하나님의 말씀은 거짓이 없습니다. 한치의 오차도 없습니다. 우리 가정들이 온전히 하나님의 말씀에 순종하여 늘 기쁘고 복된 삶을 누리게 되기를 주님의 이름으로 축원합니다.

8

부부의
황금률

첫째, 서로를 향해 마음을 지켜야 합니다.
둘째, 서로 헌신해야 합니다.
셋째, 서로만으로 만족해야 합니다.

잠언 5:15-19

15 너는 네 우물에서 물을 마시며 네 샘에서 흐르는 물을 마시라 16 어찌하여 네 샘물을 집 밖으로 넘치게 하며 네 도랑물을 거리로 흘러가게 하겠느냐 17 그 물이 네게만 있게 하고 타인과 더불어 그것을 나누지 말라 18 네 샘으로 복되게 하라 네가 젊어서 취한 아내를 즐거워하라 19 그는 사랑스러운 암사슴 같고 아름다운 암노루 같으니 너는 그의 품을 항상 족하게 여기며 그의 사랑을 항상 연모하라

부부의
황금률

얼마 전 모 신문사에서 한국인의 의식구조에 대하여 설문 조사를 한 적이 있습니다. 그중에 '당신이 평소에 늘 생각하고 있는 문제가 있다면 그것은 무엇입니까?'라는 질문이 있었습니다. 대부분의 사람이 이 질문에 '나의 건강과 가정'이라고 응답을 했습니다.

인간의 의식 세계에는 하루에도 수천 가지의 생각들이 안개처럼 피어올랐다가 사라지곤 합니다. 그런데 그 많은 생각 중에서 유독 가정을 생각하는 빈도가 높다는 것은 우리의 가정이 그만큼 소중하다는 것을 시사하고 있는 것입니다.

가정은 인간 사회에서 가장 기본적인 단위입니다. 또한 가장 필수적인 조직입니다. 그러므로 사람들이 늘 자기 가족을 생각하며 산다는 것이 조금도 이상한 일이 아닙니다. 그것은 하나님이 인간에게 주신 아름다운 본능이라고 말할 수 있을 것입니다.

누구든지 결혼을 하면 의식적으로나, 무의식적으로나 자기 가정을 최우선에 두고 살려고 하는 것이 일반적인 경향입니다. 그래서 가정이라는 영역이 그 사람의 사고의 핵을 이루게 됩니다. 이것은 지극히 상식적인 이야기요, 자연스러운 현상입니다.

그리고 이 가정이라는 핵을 중심으로 해서 점차 사고의 세계가 확대됩니다. 따라서 가정의 문제가 균형을 잘 이루고 순조롭게 진행되는 가정에는 마음의 평안과 여유가 있습니다. 다소 위기가 닥쳐와도 그것을 극복할 수 있는 능력이 준비됩니다. 그런데 가족 간에 조화가 깨어져서 문제가 생기면 그 가정에 소속된 사람들은 방황하기 시작합니다. 혼란에 빠집니다. 살아갈 의욕을 상실합니다. 그 까닭은 가정이 우리 사고의 핵을 이루기 때문입니다. 그만큼 가정은 중요한 것입니다.

○ ○ ○ ○ ○ ○ ○ ○ ○ ○ ○ ○
가정을 먼저 창조하신 하나님

어느 성경학자는 "우리가 세상에서 무엇을 우선에 두고 살아야 할 것인가를 알려면 하나님의 창조 질서를 보는 것이 가장 좋은 방법이다"라고 말했습니다. 일리가 있는 이론이라고 생각합니다. 성경을 보면 하나님의 창조 질서에 대해 첫째는 하나님과 나, 둘째는 가정과 나, 셋째는 교회와 나, 이런 순서로 설명하고 있습니다. 우리는 여기에서 하나님이 가르쳐 주시는 교훈을 깨달아야 합니다. 하나님의 진리를 바로 깨달을 때 삶의 우선순위를 바로 정할 수 있습니다.

저는 몇 년 전까지만 해도 가정을 희생하면서 하나님의 일을 잘하는 것이 도리라고 생각한 사람이었습니다. 어떤 극적인 상황이 닥치면 가정의 의무를 덜하고서라도 하나님을 따라가야 한다고 생각했습니다. 제가 오랫동안 이런 사고에 젖어 있었던 탓으로 다른 일에도 이와 비슷한 원칙을 적용하곤 했습니다. 어느 사이에 저의 관념이 교회 생활을 더 중요시하는 반면, 가정생활의 중요성은 다소 과소평가하는 경향을 띠게 된 것입니다. 이것은 제가 자라난 신앙 환경에 상당한 원인이 있다고 생각합니다. 종래의 한국 교회가 대부분 이런 식으로 성도들을 가르치지 않았나 생각됩니다.

하지만 조심스럽게 말씀드린다면 우리의 우선적인 관심사는 가정이 교회보다 앞서야 합니다. 왜 제가 조심스럽게 말을 하느냐 하면 이런 견해를 잘못 받아들일까 염려스럽기 때문입니다. 우리 주변에는 하나님보다도 가정을 항상 우선에 두고 미지근하게 신앙생활을 하는 사람이 많습니다. 제가 이것을 정상적이라고 말하는 것이 절대 아닙니다. 성경을 보면 주님이 우리에게 분명히 경고하신 말씀이 나옵니다.

아버지나 어머니를 나보다 더 사랑하는 자는 내게 합당하지 아니하고 아들이나 딸을 나보다 더 사랑하는 자도 내게 합당하지 아니하며_마 10:37

이는 세상에 있는 모든 것이 육신의 정욕과 안목의 정욕과 이생의 자랑이니 다 아버지께로부터 온 것이 아니요 세상으로부터 온 것이라_요일 2:16

그러므로 우리의 가정이 우상이 되어서는 안 됩니다. 자칫 잘못하면 우리는 가정을 너무 중시한 나머지 안목의 정욕에 빠질 수가 있습니다. 나의 남편, 나의 아내 혹은 나의 자식이 육신의 정욕의 대상이 될 수 있습니다. 또한 그 모든 것이 이생의 자랑이 될 수 있습니다. 이런 것은 하나님이 절대 기뻐하시지 않습니다. 그러면 우리가 최우선으로 마음을 두어야 할 분은 하나님입니다. 오직 하나님입니다. 가정이 하나님의 자리를 대신 차지해서는 절대 안 됩니다.

우리의 관심사를 교회보다 가정에 더 우선으로 두어야 한다는 것은 무엇보다 책임의 문제를 말하는 것임을 우리가 알아야 합니다. 부모로서, 부부로서, 자식으로서의 책임이 교회에서 봉사하는 봉사자의 책임보다 더 앞선다는 말입니다. 하나님의 뜻은 가정에서부터 비롯됩니다. 교회는 가정을 단위로 하여 이루어지는 것이 성경의 기본 원리입니다. 그렇기 때문에 가정이 먼저 작은 교회가 되어야 합니다. 가정이 먼저 작은 하나님의 나라가 되지 못하면 교회는 교회다울 수가 없습니다.

가정생활에 충실하지 못한 사람이 교회에서는 열심히 충성하는 사람이 있습니다. 우리가 그런 사람의 믿음을 높이 평가할 수 없습니다. 그런 사람은 자기모순을 범하고 있는 사람입니다. 가정을 돌아보지 않으면서 교회 일에 동분서주하는 사람은 바울의 말을 빌린다면 오히려 믿지 않는 불신자보다도 더 악한 사람이 될 수 있는 것입니다. 이런 점으로 미루어 볼 때 오늘날 한국 교회에서 여러 가지 혼란스러운 일들이 일어나고 있는 것을 우리 스스로가 탄식하지 않을 수 없습니다. 가정을 내버리고 교회의 일 한답시고 뛰쳐나간 아버지, 가정을 돌보지 않고 날마다 성경과 찬송집을 들고 거리를 방황하며 집회나 다니고 기도원에서 사는 어머니 그리고 이것을 신앙이 좋다고 부추기는 교회 풍토, 이 모든 것이 문제입니다.

가정과 교회를 양립시켜야 한다

우리나라에서 가정생활 상담가로 유명한 Y교수가 기가 막힌 경험을 했다고 합니다. 어느 교회에서 그가 한참 가정생활 세미나를 인도하고 있는데 갑자기 서너 살 되어 보이는 사내아이가 "아빠!" 하면서 뛰어 들어왔다고 합니다. 그런데 놀랍게도 뒤에서 사회를 보시려고 앉아 계시던 목사님이 벌떡 일어나 내려가서 그 애를 안고 나갔습니다. 바로 그 목사님의 아들이었습니다. 그런데 아이의 몰골이 말이 아니었습니다. 얼마나 울었는지 얼굴은 눈물 자국으로 꾀죄죄하고 속바지는 반쯤 흘러내려 온 데다가 양말도 신지 않은 맨발이었습니다.

세미나를 끝내고 Y교수가 목사님에게 물었습니다. "목사님, 부인이 안 계신가요?" "…." 목사님은 말이 없었습니다. 한참 있다가 그가 들려준 얘기는 적지 않게 충격적이었습니다. 그 교회 사모님은 모 신학원을 졸업한 신학석사입니다. 신앙이 뜨겁고 열정적입니다. 주님을 위해서 살고자 하는 마음으로 목사와 결혼을 했습니다. 그런데 막상 결혼을 하고 보니까 그가 추구하던 신앙생활을 할 수가 없었습니다. 그래서 그는 가정일을 팽개치고 기도원으로 올라갔습니다. 그곳에서 기도를 마치고 내려와서는 날마다 성도들의 집을 찾아다니며 기도해 준다고 정신이 없었습니다. 그리고 얼마 후에는 기도 중에 하나님이 선교사가 되라는 계시를 주셨다고 하면서 기도원으로 가 버렸습니다. 첫아이가 태어난 지 1년밖에 되지 않았는데 막무가내로 아이를 이모에게 맡기고는 기도원에서 나오지를 않았습니다. 아이는 말할 수 없는 여건 속에서 제멋대로 자라는데도 어머니 되는 사람은 하나님의 일을 한답시고 돌아보지 않았습니다.

이러한 사례가 특별한 예외라고 생각합니까? 그렇지 않습니다. 불행하게도 우리 주변에는 이와 비슷한 일들이 적지 않습니다. 하나님 중심으로 신앙생활을 하지 않고 자기중심으로 신앙생활을 하는 사람이 상상 외로 많습니다. 누구든지 자기 소질에 맞는 일에 열중하기 마련입니다. 교회 일에 시간을 바쳐 일하다 보면 재미도 있고 보람도 느끼게 됩니다. 하지만 그러면 자연히 다른 일을 등한히 하기가 쉽습니다. 나중에는 주님의 일이 더 중요하다는 구실을 내세워 자기 책임을 다하지 않습니다. 하나님은 교회 안에서만 영광을 받으시는 분이 아닙니다. 가정을 통해서도 영광 받으신다는 것을 절대 무시해서는 안 됩니다.

많은 사람이 자기중심대로, 자기 욕심대로 신앙생활을 하기 때문에 오히려 하나님을 이용하는 경우가 많습니다. 자기의 성격에 결함이 있다든지 아니면 가정에 욕구불만이 있을 때 그것을 해소하는 방법으로 교회를 이용하는 사람도 있습니다. 집안 식구들 앞에서 하나님의 일을 한다는 구실을 내세우며 은혜롭지 못한 신앙생활을 합니다. 이것은 분명히 잘못된 것입니다. 가정 일을 책임 있게 한다고 해서 교회 일을 못하는 것이 아닙니다. 문제는 게으르다는 데 있습니다. 부지런하기만 하면 가정 일도, 동시에 교회 일도 잘할 수 있습니다. 바울처럼 특별한 소명이 있어서 결혼을 안 한 경우라면 모르겠지만 그렇지 않은 이상 두 가지 중에서 한 가지만을 선택해야 한다는 명분은 성립되지 않습니다.

제가 미국에서 공부를 할 때의 이야기입니다. 신학생들이 교수와 함께 아프리카 선교사를 가는 문제를 놓고 토의를 했었습니다. "가족들을 부양할 수 없는데도 아프리카에 선교사로 보냄을 받았다면 당신은 어떤 태도를 취하겠습니까?"라는 질문이 나왔습니다. 그런데 대다수의 미국 신학생들이 가족을 부양할 수 없다면 아프리카로 갈 수 없다고 대답했습니다. 그때 저는 미국 신학생들이 한국 신학생보다 믿음이 떨어진다고 생각했습니다. 한국에서 신앙 교육을 받아온 것에 비추어 볼 때 그들의 믿음이 우리보다 뜨겁지 못한 것 같다고 오해를 한 것입니다. 그러나 제가 점차로 성경을 보는 눈이 더 뜨이고 균형 있는 신앙생활이 어떤 것인지를 알게 되면서부터 그때 그 미국 신학생들의 사고가 나보다 더 성경적이었다는 것을 깨닫게 되었습니다. 그렇다고 가족 때문에 하나님의 소명을 포기하라는 말이 아닙니다. 가정이 중요하다는 것을 말하는 것입니다. 이렇게 중요한 가정이기 때문에 우리의 결혼 생활도 성경적으로 깊이 있게 다루지 않으면 안 되는 것입니다.

우리가 잘 아는 바와 같이 결혼 생활에도 변화가 있습니다. 자연의 변화처럼 춘하추동이 있습니다. 환절기 때 육체의 병이 빈발하기 쉬운 것처럼 결혼의 계절이 바뀔 때마다 결혼 생활에도 어려움이 찾아올 수 있습니다. 심리적인 갈등이라든지 바깥에서의 유혹이라든지 아니면 내면에서의 어떤 문제가 고개를 들기 쉬운 것입니다.

계절이 오기 전에 농부가 미리 준비를 하는 것처럼 부부 생활도 어떤 변화가 오기 전에 미리 준비를 해야 합니다. 사전에 대책을 세우는 사람은 어떤 위기가 닥친다고 하더라도 미처 준비를 하지 못한 사람보다 문제를 쉽게 해결할 수 있습니다. 그리고 이렇게 노력하는 부부는 그것을 발판으로 더 높은 단계로 발전할 수 있습니다. 이런 의미에서 결혼은 만들어지는 것이라고 말할 수 있습니다. 결혼 생활은 두 사람의 손으로 엮어내는 하나의 작품입니다.

중년기의 위기와 결혼 생활

하나님은 본문 말씀을 통해 결혼 생활, 특히 부부 생활의 중요성을 교훈하고 있습니다. 본문에 나오는 아들은 대략 30대 중반, 소위 결혼의 여름철을 맞이한 사람이거나 아니면 40대에 들어가서 결혼의 가을철을 맞이한 사람 정도로 생각됩니다.

네 샘으로 복되게 하라 네가 젊어서 취한 아내를 즐거워하라
_잠 5:18

젊어서 취한 아내라는 말이 나오는 것을 보면 결혼 생활이 꽤 지났다는 것을 추측해 볼 수 있습니다. 중년기를 맞은 것입니다. 이 중년기의 결혼 생활은 그 자체가 상당히 값진 것입니다. 그때는 서로가 고독하지 않도록 마음으로 깊이 의지할 수 있는 관계가 됩니다. 동시에 오랜 동거를 통해서 부담 없이 부부 생활이 가능해집니다. 마치 오래 신은 구두일수록 발이 편한 것처럼 결혼 생활도 오래 할수록 편안함을 느낍니다. 말을 하지 않아도 통하는 일체감이 있습니다. 이런 것은 중년기에 들어온 부부에게 하나님이 주시는 귀한 선물입니다.

그런데 이와는 대조적으로 중년기가 되면 부부간에 이상한 병 증세가 나타나는 것 같습니다. 그것은 부부가 서로 가까이 있기를 원하면서도 동시에 떨어져 있는 것을 원한다는 것입니다. 이것이 중년층의 묘한 심리입니다. 어떤 남편은 퇴근하여 집에 들어왔을 때 제일 먼저 아내를 찾는다고 합니다. 아이가 "엄마 지금 안 계셔요"라고 대답을 하면 신발도 안 벗고 도로 나가 버린다고 합니다. 그런데 또 어떤 때는 퇴근하여 집으로 오다가도 전화를 걸어 "여보, 나 오늘 중요한 회의가 있어서 늦으니까 기다리지 마"라고 한 후에 어디론가 가 버린다고 합니다. 이상한 심리입니다. 한편 부인들은 어떻습니까? 남편이 출장을 간다고 하면 겉으로는 섭섭한 것 같이 하면서 속으로는 굉장히 좋아합니다. "아이구, 해방되었구나!" 참 묘한 심리가 있습니다.

중년기의 부부에게 있어서 또 한 가지의 특징은 서로의 성격이 많이 바뀐다는 것입니다. 쉽게 말해서, 남편은 여자처럼, 아내는 남자처럼 바뀌는 것입니다. 이것은 어디까지나 일반적인 이야기입니다. 부

인은 갈수록 점점 더 사나워지고 적극적, 공격적으로 됩니다. 반면에 남편은 갈수록 유순해지고 조용해질 뿐만 아니라 이전에는 도저히 참지 못했던 일도 이제는 꾹 참고 견디는 사람으로 바뀝니다. 중년에는 이렇게 성격적인 변화가 일어납니다.

중년기의 특징이 이렇다는 것을 솔로몬은 잘 알고 있었나 봅니다. 그래서 아들을 앞혀 놓고 중년기의 부부 생활이 얼마나 중요한가를 가르치고 있습니다. 그는 아내를 가리켜 우물에 비유하고 있는데 우물은 부인을 상징하는 말입니다.

내 누이, 내 신부는 잠근 동산이요 덮은 우물이요 봉한 샘이로구나
_아 4:12

성경에 있는 것과 마찬가지로 예로부터 여인을 우물 또는 샘으로 표현한 고전이 더러 있습니다. 우물은 샘과 함께 근원을 상징하는 것입니다. 남편에게 있어서 아내는 기쁨의 근원이요, 행복의 근원입니다. 또한 남편도 아내에게 있어서 기쁨의 근원이요, 행복의 근원입니다. 서로가 서로에게 없어서는 안 되는 뿌리의 역할을 하기 때문입니다. 그런 까닭으로 아내를 샘이라고 표현합니다. 만약 샘이 없다면 갈증을 다스릴 수가 없을 것입니다. 또 갈증이 극도에 달하면 죽게 됩니다. 가정도 이와 마찬가지입니다. 아내가 마땅히 시원한 생수 역할을 해야 하는데 아내가 제대로 구실을 못하면 그 가정은 삭막한 사막을 이루게 되는 것입니다.

행복을 유지하는 부부의 황금률

그러면 부부가 서로에게 있어서 항상 기쁨과 행복의 근원이 되기 위해서는 어떻게 해야 합니까? 부부의 행복을 지키는 열쇠, 곧 부부의 황금률이 무엇입니까? 지금부터 그 비결을 몇 가지로 요약하여 말씀드리겠습니다.

첫째, 마음을 지키는 것입니다. 잠언 5장 15절을 보면 "네 우물에서 물을 마시며 네 샘에서 흐르는 물을 마시라"라고 가르치고 있습니다. 이 말씀은 정조를 뜻하는 내용으로 볼 수 있습니다. 그런데 이 말씀을 정조라는 개념으로만 국한해서 해석하면 좀 곤란합니다. 이 말씀은 부부가 서로를 위하여 어떤 마음을 가져야 하는가를 가르쳐 주고 있습니다. 자기의 배우자를 위해서 항상 마음을 바르게 지키라고 가르쳐 주는 것입니다.

결혼식의 서약 시간에 주례자가 "기쁠 때나 슬플 때나, 비가 올 때나 눈이 올 때나, 건강할 때나 병들었을 때나 변함없이 사랑하겠다고 서약하느뇨?"라고 묻습니다. 그런데 하나님 앞에서 서약을 한 부부는 서로가 완전히 내맡긴 사람이라고 말할 수 있습니다. 마음을 다른 데로 향하지 않고 오직 자기 배우자에게만 쏟겠다고 맹세하는 것입니다. 이것이 결혼 의식입니다. 그런즉 남녀가 결혼을 하면 서로가 자기의 몸을 주장하지 못합니다. 서로 위탁된 관계이기 때문에 서로의 몸을 상대방이 주관하게 되는 것입니다. 이것이 바로 될 때 가장 아름다운 관계가 될 수 있습니다.

그러므로 이 세상에서 가장 믿을 수 있는 관계는 부부라고 말할 수 있습니다. 항상 믿을 수 있는 관계 또한 부부인 것 같습니다. 끝까지 믿을 수 있는 관계 또한 부부입니다. 따라서 이러한 부부의 관계는 감정에 근거를 둔 사랑일 수만은 없습니다. 아무도 자기의 감정이 평생 조금도 변하지 않을 것이라고 장담할 수가 없기 때문입니다. 만약에 그런 사람이 있다면 그는 위선자라고 해도 과언이 아닐 것입니다. 아무리 열렬히 사랑하던 연인들도 결혼하여 몇 년을 살다 보면 그 옛날의 정열을 그리워하기 마련입니다. 이것이 인간입니다. 그러나 오해해서는 안 됩니다. 사랑의 정도가 식었다고 곧 마음이 변했다는 것을 의미하지는 않습니다. 오히려 그것이 지극히 상식적인 부부 생활이라는 것을 염두에 두는 것이 좋습니다.

30대 중반을 넘어가면서부터 남자들의 마음은 해이해지기 쉽습니다. 사방을 두리번거리게 되고 무엇인가 훌훌 벗어 버리고 떠나고 싶은 충동을 느끼게 됩니다. 아내도 마찬가지입니다. 무엇인가 바깥으로부터 오는 유혹이 있습니다. 그러므로 부부가 이 어려운 중년기에 처했을 때 다시 한번 자신에게 다짐을 해야 합니다. '나는 내 아내에게만 마음을 주기로 서약했다. 그런데 혹시나 이 마음이 흐트러져 있지는 않은가?' '나는 남편에게 일생 동안 헌신하고 마음을 쏟겠다고 약속했는데 내가 혹시 소홀히 하고 있지는 않은가?' 하고 하나님 앞에서 다시 검토해 보아야 합니다.

둘째, 서로 헌신하라는 것입니다. 18절을 보면 "네 샘으로 복되게 하라 네가 젊어서 취한 아내를 즐거워하라"라는 말씀이 나옵니다. 네 샘으로 복되게 하라는 말은 복을 받는 아내가 되도록 하라는 뜻입니다. 또 아내를 즐거워하라는 말은 올브라이트(William Foxwell Albright, 1891~1971)라는 학자의 해석에 따르면 아내로 하여금 칭찬을 받게 하라는 뜻이라고 합니다. 아내가 다른 사람으로부터 칭찬을 받게 하려면 반드시 남편의 헌신이 필요합니다. 마찬가지로 남편이 다른 사람으로부터 칭찬을 받으려면 아내가 배후에서 헌신해 주어야 합니다.

다시 말해서, 부부는 서로를 위하여 희생과 봉사를 아끼지 말아야 한다는 말입니다.

이 세상에서 자기중심적인 결혼 생활만큼 비극이 없습니다. 오늘날 많은 젊은이가 사랑과 결혼을 구별하는 이유가 무엇입니까? 사랑하는 것은 누구나 좋아합니다. 그러나 결혼 생활에는 희생이 따르니까 결혼을 꺼리는 젊은이가 많은 것입니다. 행복한 부부 생활을 하려면 서로를 위해 도와주어야 할 일들이 상당히 많습니다. 그중에서도 가장 중요한 것은 서로의 인격을 위해서 희생해야 한다는 것입니다.

아내들을 볼 때 인격적으로 만족할 수 없는 부분들이 있을지라도 바로 이때 남편의 희생이 필요합니다. 남편이 아내의 인격을 성숙시켜 주기 위해서 희생하지 않는 한 그 아내의 인격은 성장하지 못합니다. 남편들을 생각할 때마다 다른 남편들에 비해 어딘가 뒤떨어지고 마음에 존경이 가지 않는 약점이 눈에 보일지 모릅니다. 아내들은 남편을 위해서 희생해야 합니다. 그 희생이 남편을 온전한 사람으로 만들어가는 것입니다. 부부의 성격 또한 마찬가지입니다. 남편의 모난 성격이 아내의 덕으로 인해 깎여야 합니다. 또 아내의 비뚤어진 성격이 남편의 건전한 성격을 통하여 점차로 수정되어야 합니다. 이것이 바로 부부가 상부상조하는 것입니다.

만약 부부가 서로의 인격 성숙을 위해 봉사하고 희생해 주지 못한다면 그 부부는 노년에 가서 후회하게 됩니다. 훗날 결혼 생활의 겨울철이 다가와서 황량한 보금자리에 두 사람만이 남게 되면 부부간의 대화가 원만하지 못하게 될 것입니다. '내가 젊었을 때에 잘해 주었더라면 지금에 와서 이런 냉대는 받지 않을 텐데' 하면서 쓴 열매를 먹게 되는 것입니다. 존 포웰(John Powell, 1925-2009)이라는 사람은 "내가 어떤 사람이 되느냐 하는 문제는 주로 나를 사랑하는 사람들에게 달려 있다"라고 말했습니다. 옳은 말입니다. 남편은 아내가 만듭니다. 아내 또한 남편이 만듭니다. 이것이 부부 관계입니다.

셋째, 서로 만족하라는 것입니다.

> 그는 사랑스러운 암사슴 같고 아름다운 암노루 같으니 너는 그의 품을 항상 족하게 여기며 그의 사랑을 항상 연모하라_잠 5:19

이 말씀은 아내는 남편을 만족하고 남편은 아내를 만족하라는 말입니다. 솔로몬의 아들은 중년기의 연령층입니다. 그러면 그의 부인도 중년기에 들어간 사람일 가능성이 많습니다. 그런데 중년기에 있는 부인이 사랑스러운 암사슴 같겠습니까? 성경에서 암사슴은 주로 신부를 상징합니다. 동물원에 가서 암사슴을 보면 참 매력적입니다. 그야말로 흠잡을 데 없는 균형미를 갖추고 있습니다. 그런데 대부분 중년기에 접어든 부인은 암사슴과 같은 균형미를 갖추지 못했습니다. 이 말씀은 곧 마음의 눈에 비치는 아내를 말하는 것입니다.

남편이 아내를 진실로 사랑한다면 비록 아내의 외모가 늙어 볼품이 없다고 할지라도 그 마음의 눈에 비치는 아내의 모습은 암사슴 같을 수 있습니다. 아내가 남편을 볼 때 비록 남편의 얼굴에 주름이 지고 흰 머리카락이 보이지만 그 아내의 마음의 눈에는 남편이 돋보이고 자랑스러울 수가 있는 것입니다. 영국의 시인 워즈워스(William Wordsworth, 1770-1850)는 자기 아내를 두고 '아름답지도 아니한, 그러면서도 매일의 양식이 되는 아내'라고 노래했습니다. 겉으로 보기에는 두드러지게 자랑할 만한 것이 없는 아내이지만 없어서는 안 될 귀한 양식과 같다고 노래했습니다.

그렇습니다. 만족이라는 것은 상대방이 완전하다고 찾아오는 것이 아닙니다. 자신이 그만큼 성장하고 훈련이 될 때 비로소 만족하게 되는 것입니다. 아무도 이 세상에서 다른 사람을 만족시켜 줄 만큼 완전한 사람은 없습니다. 우리가 만족할 수 있는 비결은 그만큼 만족할 수 있는 사람으로 성장하는 것이요, 훈련받는 것이요, 질이 높아지는 것입니다. 인간은 누구나 허물투성이입니다. 완전한 사람은 한 사람도 없습니다. 완전한 가정을 이룰 수 있는 부부도 아무도 없습니다. 완전한 행복을 추구할 수 있는 가정도 하나도 없습니다.

그러나 예수 그리스도가 그 가정에 주인이 된다면 모든 것이 가능해집니다. 남편도 주님 앞에서 자기 자신을 살피게 됩니다. 아내도 주님 앞에서 자기 자신을 돌아보게 됩니다. 부부가 주님 앞에서 겸허하게 자신을 검토 받을 때 주님이 부부의 허물을 깨닫게 하시고 또 서로를 사랑할 수 있는 능력을 허락하시는 것입니다. 그리스도를 가정에 모시고 사는 한 그 가정의 행복은 유지될 수 있습니다.

그런데 가정의 주인이 주님이 되지 않은 부부는 불안합니다. 인간의 부패한 본성은 항상 하나님의 뜻을 거스르기 때문에 언제든지 유혹을 받을 수 있습니다. 탈선할 수 있습니다. 자기의 체면을 유지하기 위해 억지로 가정이라는 굴레 속에서 살고 있는 부부가 많습니다. 정말 불행한 사람들입니다. 부부 중에 어느 한 사람이 예수님을 믿지 않는다면 반드시 그를 주님 앞으로 인도해야 합니다. 그를 위한 희생적인 수고를 아끼지 말며 그의 허물을 주님의 사랑으로 덮어 주어야 합니다. 참된 가정의 행복은 부부가 주님 안에서 하나가 되는 것입니다.

우리 가운데 아직도 이기주의적 신앙, 이기주의적 결혼 생활을 고수하고 있는 분이 있습니까? 예수님을 믿는 사람은 그렇게 해서는 안됩니다. 아내가 가지고 있는 가능성이 무엇입니까? 남편이 그것을 발견하여 도와주십시오. 남편이 가지고 있는 잠재력이 무엇입니까? 그것을 위해서 아내가 밑거름이 되시기를 바랍니다. 그럴 때 부부는 균형 있는 성장을 이룰 수가 있으며 서로에게 만족감을 줄 수 있습니다. 아내 혹은 남편을 위해 도와주어야 할 것이 무엇이며 그에게 도움을 요청할 것이 무엇인지 살펴보며 성령께서 도와주시기를 간절히 기도하십시오. 부부가 하나님을 중심으로 마음을 활짝 열고 대화를 나눌 때 문제를 해결하시는 성령의 역사는 일어납니다. 이것이 가정의 행복을 유지하는 부부의 황금률입니다.

9

믿음 좋은 부모,
믿음 없는 자식

부모는 자녀를 말씀으로 훈계하고, 자녀에게 모범을 보여야 합니다.

역대하 32:33-33:9

33 히스기야가 그의 조상들과 함께 누우매 온 유다와 예루살렘 주민이 그를 다윗 자손의 묘실 중 높은 곳에 장사하여 그의 죽음에 그에게 경의를 표하였더라 그의 아들 므낫세가 대신하여 왕이 되니라 1 므낫세가 왕위에 오를 때에 나이가 십이 세라 예루살렘에서 오십오 년 동안 다스리며 2 여호와 보시기에 악을 행하여 여호와께서 이스라엘 자손 앞에서 쫓아내신 이방 사람들의 가증한 일을 본받아 3 그의 아버지 히스기야가 헐어 버린 산당을 다시 세우며 바알들을 위하여 제단을 쌓으며 아세라 목상을 만들며 하늘의 모든 일월성신을 경배하여 섬기며 4 여호와께서 전에 이르시기를 내가 내 이름을 예루살렘에 영원히 두리라 하신 여호와의 전에 제단들을 쌓으며 5 또 여호와의 전 두 마당에 하늘의 일월성신을 위하여 제단들을 쌓고 6 또 힌놈의 아들 골짜기에서 그의 아들들을 불 가운데로 지나가게 하며 또 점치며 사술과 요술을 행하며 신접한 자와 박수를 신임하여 여호와 보시기에 악을 많이 행하여 여호와를 진노하게 하였으며 7 또 자기가 만든 아로새긴 목상을 하나님의 전에 세웠더라 옛적에 하나님이 이 성전에 대하여 다윗과 그의 아들 솔로몬에게 이르시기를 내가 이스라엘 모든 지파 중에서 택한 이 성전과 예루살렘에 내 이름을 영원히 둘지라 8 만일 이스라엘 사람이 내가 명령한 일들 곧 모세를 통하여 전한 모든 율법과 율례와 규례를 지켜 행하면 내가 그들의 발로 다시는 그의 조상들에게 정하여 준 땅에서 옮기지 않게 하리라 하셨으나 9 유다와 예루살렘 주민이 므낫세의 꾀임을 받고 악을 행한 것이 여호와께서 이스라엘 자손 앞에서 멸하신 모든 나라보다 더욱 심하였더라

믿음 좋은 부모,
믿음 없는 자식

불행하게도 우리는 믿음이 좋은 부모 밑에서 믿음이 없는 자식이 나온 경우를 흔하게 찾아볼 수 있습니다. 특별히 그 전형적인 사례를 성경을 통해서 살펴보려고 합니다. 믿음이 좋은 부모 밑에서 믿음이 없는 자식이 나왔을 때, 얼마나 무서운 결과가 나타나는가 하는 것을 이 말씀을 통해서 깨달을 수 있습니다. 더구나 이것은 남의 일이 아닙니다. 자녀를 키우는 우리 모두의 문제입니다. 그렇기 때문에 이 말씀을 통해 하나님이 주시는 교훈은 실로 큰 것입니다.

히스기야라는 사람

본문 말씀은 구약에 나오는 역사적인 사건입니다. 히스기야 왕을 중심으로 전개되는 이야기입니다. 히스기야는 유대의 13대 왕으로서 분열된 이스라엘의 남유다를 29년 동안 다스렸습니다. 탁월한 믿음을 소유했던 다윗 왕 이후 약 3백 년 만에 처음 등장한 믿음이 좋은 왕이었습니다. 그는 왕이 되자마자 종교 개혁을 일으켰습니다. 하나님 앞에서 범죄했던 백성들을 다시 하나님 품으로 돌아오게 했습니다. 하나님이 미워하시던 갖가지 더러운 것들을 남유다 곳곳에서 추방했습니다. 히스기야 왕은 이렇게 선정을 베풀어 백성들로부터 존경을 한 몸에 받았습니다. 그런고로 그가 세상을 떠났을 때 백성들은 히스기야에게 특별한 예우를 했습니다.

히스기야가 그의 조상들과 함께 누우매 온 유다와 예루살렘 주민이 그를 다윗 자손의 묘실 중 높은 곳에 장사하여 그의 죽음에 그에게 경의를 표하였더라 그의 아들 므낫세가 대신하여 왕이 되니라_대하 32:33

백성들은 히스기야 왕을 '높은 곳'에 장사 지냈습니다. 그것은 그의 죽음에 대한 존경의 표시였습니다. 그만큼 히스기야는 드물게 뛰어난 믿음의 소유자였고 선한 왕이었습니다. 히스기야가 세상을 떠나자 새로운 후계자가 탄생했습니다. 그의 12살 난 아들 므낫세가 왕위를 이어받았습니다. 그런데 므낫세가 즉위하자마자 엄청난 이변들이 속출했습니다. 그가 하나님 앞에서 악을 행하기 시작한 것입니다.

여호와 보시기에 악을 행하여 여호와께서 이스라엘 자손 앞에서 쫓아내신 이방 사람들의 가증한 일을 본받아 그의 아버지 히스기야가 헐어버린 산당을 다시 세우며 바알들을 위하여 제단을 쌓으며 아세라 목상을 만들며 하늘의 모든 일월성신을 경배하여 섬기며_대하 33:2-3

므낫세는 그의 부친 히스기야가 왕이 되었을 때 추진했던 업적과는 전혀 다른 일을 하기 시작했습니다. 히스기야와는 반대로 하나님 앞에서 추악한 일만을 저지르기 시작한 것입니다. 그는 자기 아버지가 하나님 앞에서 죄가 된다고 해서 없애 버린 산당과 우상을 다시 세우는 작업을 했습니다. 하나님을 경배해야 할 성전에다가 각종 더러운 우상들을 세웠습니다. 그래서 성전에 들어오는 사람으로 하여금 하나님을 섬기지 않게 하고 우상 앞에 절하게 했습니다. 백성들이 악해서 우상숭배를 했던 것이 아닙니다. 므낫세가 고의로 백성들을 유혹하여 하나님을 떠나게 했으며 죄를 범하게 만들었던 것입니다.

므낫세가 어느 정도로 악한 행동을 했는지, 9절을 읽어보면 그의 죄상이 잘 나타나 있습니다. 하나님이 택하지 아니한 이방 족속들, 즉 주변에 있던 가나안 족속들이 우상숭배를 하던 것보다도 므낫세가 더 우상을 섬겼다고 기록되어 있습니다. 어떻게 부자간에 이렇게 다를 수가 있습니까? 어떻게 한 가문에서 이렇게 기막힌 일이 일어날 수 있습니까? 그것은 마치 천국에서 마귀가 문을 열고 나오는 것 같은 착각을 일으키게 합니다. 아버지의 동상을 아들이 망치를 가지고 마구 부수고 있는 듯한 느낌을 받게 합니다.

히스기야는 아들 하나 잘못 키운 탓으로 나라를 망치는 주역이 되고 말았습니다. 그의 아들 므낫세가 55년 동안 유대를 통치하면서 말년에 가서는 회개하고 종교개혁운동을 일으키기도 했지만, 그 결과는 피상적인 것뿐이었습니다. 남유다는 이미 국운이 기울어 도저히 바로 세울 수 없는 배와 같았습니다. 하나님의 진노를 돌이킬 수가 없었던 것입니다. 므낫세의 사후에 요시야라는 믿음이 좋은 왕이 나라를 일으켜 세우려고 안간힘을 썼지만, 그때는 이미 기회를 놓친 뒤였습니다. 어느 학자가 남유다를 흰개미가 나무속을 다 파먹어 버려서 빈껍데기만 남아 있는 고목으로 비유한 것처럼, 치명타를 맞은 유대는 도저히 기력을 회복할 수가 없었던 것입니다.

그래서 므낫세가 죽은 후 56년 만에 남유다는 멸망했습니다. 바벨론에게 나라를 빼앗기고 백성들의 비참한 노예 생활은 시작되었습니다. 그야말로 기막힌 운명 속에 내동댕이쳐지고 말았습니다. 역사적으로 볼 때 한번 기울어진 나라가 다시 일어나는 예를 좀처럼 찾아보기 어렵습니다. 남유다는 므낫세 이후 예수님이 오실 때까지 4백 년 동안 한 번도 나라를 재건한 예가 없었습니다. 이것은 잘못된 왕 때문입니다. 결국 자식에게 신앙 교육을 바로 하지 못한 히스기야에게 막중한 책임이 있다고 말할 수 있을 것입니다. 자식 하나 잘못 둔 탓으로 하나님의 이름을 온 천하에 욕되게 하고, 나라를 망치고, 백성들을 고생시키고, 유다 왕가의 명예를 더럽힌 그 책임을 히스기야가 면할 수 없는 것입니다.

이러한 사건을 우리가 왕족이 아니라고 해서 마치 남의 이야기처럼 가볍게 들을 수 없습니다. 여기에는 커다란 교훈이 있습니다. 왜 하나님께서 이 말씀을 기록해 두셨는지를 깊이 생각해 보아야 합니다. 우리는 왕도 아니요, 왕자도 아니지만 이 말씀 안에는 만고불변의 진리가 숨어 있다는 것을 알아야 합니다. 그것은 자식 잘 키워야 한다는 것입니다. 믿음이 좋은 부모라고 해서 반드시 믿음이 좋은 자식이 태어난다는 법은 없습니다. 자칫 잘못하면 아무리 믿음이 좋은 부모라고 해도 그 밑에서 므낫세와 같은 아들이 나올 수 있다는 사실을 알아야 합니다. 그런 예를 실제로 한두 번 보는 것이 아닙니다.

자식을 잘못 키웠다고 부모가 망신을 당하는 것만으로 끝난다면 별 문제가 아닐지 모릅니다. 그러나 믿음이 좋은 가정에서 독버섯 같은 자식이 나오면 하나님의 영광에 먹칠을 할 뿐만 아니라 그 사람으로 인해 교회가 어려움을 당할 수가 있습니다. 또 우리가 사는 이 땅에서 그 사람으로 인해 많은 사람이 피해를 당할 수 있으며 여러 가지로 예기치 못한 불행한 일들이 일어날 수가 있는 것입니다.

그러므로 우리는 하나님이 주신 자녀들을 잘 키워야 합니다. 이것은 하나님의 명령입니다. 하나님이 우리에게 자녀를 주실 때는 책임과 소명을 동시에 맡겨 주셨습니다. 자녀를 잘 키우면 하나님께 영광이요, 그렇지 못할 때는 무서운 결과가 올 수 있습니다. 우리는 하나님의 영광을 위해서도 반드시 자녀를 바로 키워야 합니다.

히스기야의 치명적인 실패 요인

믿음이 좋기로 이름난 히스기야가 왜 자식을 그 모양으로 키웠는지 이것이 참 궁금합니다. 성경에는 히스기야가 자녀를 어떻게 키웠다는 이야기는 전혀 없습니다. 또한 므낫세와 같은 악한 왕이 나오게 된 경위를 구체적으로 밝히지 않았습니다. 그러나 히스기야의 일대기를 자세히 검토해 보면 왜 그가 많은 사람을 불행한 자리로 끌고 가는 장본인이 되었는지 대략 두 가지를 발견할 수 있습니다.

첫째, 자식을 너무 귀여워한 나머지 말씀으로 훈계하고 가르치는 일을 등한히 했다는 사실입니다. 우리는 히스기야가 자식을 지나칠 정도로 사랑했을 것이라는 사실을 충분히 상상해 볼 수 있습니다. 그는 39세의 나이에 불치병에 걸려 사형 선고를 받은 적이 있습니다. 오늘날은 환자가 병원에서 가망이 없다는 통고를 받지만, 그 당시는 왕이나 제사장들이 선지자를 통해서 통고를 받았습니다. 그런고로 하나님이 이사야 선지자를 통해서 히스기야에게 죽음을 준비시켰습니다. 이사야 선지자가 그의 병상을 찾아가서 가산을 정리하고 죽음을 맞이할 준비를 하라는 하나님의 메시지를 전했습니다.

그때 히스기야는 대성통곡을 하면서 하나님께 부르짖었습니다. 얼마나 눈물을 흘리며 하나님 앞에 매달렸는지 하나님께서 불쌍히 여겨서 다시 이사야 선지자를 보냈습니다. 그리고 히스기야에게 "내가 네 기도를 들었고 네 눈물을 보았노라 내가 너를 낫게 하리니 네가 삼 일 만에 여호와의 성전에 올라가겠고 내가 네 날을 십오 년을 더할 것이며"(왕하 20:5-6)고 약속하셨습니다. 그래서 히스기야는 병상을 박차고 일어났습니다. 덤으로 얻은 인생을 살게 된 것입니다.

그는 15년 생명을 더 보장을 받은 후 달라졌습니다. 겸손하고 갈급하던 마음이 사라졌습니다. 자신만만하고 기고만장한 사람으로 변했습니다. 그가 이러한 마음의 상태에서 3년 후에 얻은 아들이 므낫세입니다. 다시 말해서, 히스기야의 나이 42세에 얻은 아들이 므낫세입니다. 그러니까 그가 죽을 때까지 12년 동안 므낫세를 슬하에 두고 양육한 셈이 됩니다. 물론 그에게는 아들을 낳을 수 있는 왕비나 처첩들이 1, 2명이 아니었을 것입니다. 그런데도 가장 늦게 낳은 므낫세를 황태자로 임명해서 그를 왕으로 세운 것을 보면 그가 얼마나 므낫세를 총애했었는가 알 수 있습니다. 자기의 목숨이 꺼질 줄 알았는데 다시 살아났고 생명만 연장된 것이 아니라 또 귀여운 옥동자까지 얻었으니 히스기야가 얼마나 의기양양했겠는지 우리가 능히 짐작해 볼 수 있는 일입니다. 그야말로 쥐면 터질까, 불면 꺼질까 하고 애지중지 므낫세를 키웠을 것입니다. 그런고로 그가 자식을 너무 총애한 나머지 치명적인 실수를 범한 것이 틀림없습니다.

부모가 지나치게 총애하는 자식은 징계를 하기가 어렵습니다. 너무 지나치게 귀여워하는 자식에게는 매를 들지 못합니다. 그저 아이가 싫어서 조금만 불쾌한 표정을 지어도 그게 안쓰러워서 못 견디는 것이 부모의 심정입니다. 아이가 미련한 짓을 해도 그것까지도 귀엽게 보일 정도니까 아이가 설혹 잘못해도 나무라지를 못하는 것입니다. 이런 일이 자꾸 이어지면 아이 꼴이 도저히 잘될 수가 없습니다.

채찍과 꾸지람이 지혜를 주거늘 임의로 행하게 버려 둔 자식은 어미
를 욕되게 하느니라_잠 29:15

이 말씀이 히스기야에게 그대로 실현되었습니다. 므낫세가 부모를 욕되게 했기 때문입니다. 자녀를 때려야 한다고 하면 전근대적인 사고방식이라고 비웃는 사람이 있습니다. 그러나 자녀가 잘못했을 때 징벌을 하는 것이 성경적이라는 사실을 알아야 합니다. 하나님은 우리에게 자녀를 주신 분이요, 인간의 본성을 잘 아시는 분입니다. 부패한 아담의 성품을 타고난 인간은 채찍과 꾸지람이 없다면 순순히 하나님의 진리를 받아들이지 않습니다. 그러므로 사랑하는 아들을 징계하는 것, 이것이 바로 하나님의 법칙입니다.

네 자식을 징계하라 그리하면 그가 너를 평안하게 하겠고 또 네 마
음에 기쁨을 주리라_잠 29:17

마땅히 행할 길을 아이에게 가르치라 그리하면 늙어도 그것을 떠나
지 아니하리라_잠 22:6

자식을 말씀으로 바로 교육하면 늙어서도 그 말씀을 떠나지 않는다고 했습니다. 그런데 히스기야의 아들 므낫세는 아비의 시체가 식기도 전에 마귀 짓을 했습니다. 만일 므낫세가 어려서부터 성경 말씀을 제대로 배웠다면 그가 그렇게 무자비한 행동을 할 리가 없습니다. 그런 의미에서 히스기야가 므낫세를 하나님의 말씀대로 키우지 않은 것

이 틀림없다고 볼 수 있는 것입니다.

둘째로, 히스기야가 자식에게 신앙적인 모범을 보이지 못했다는 사실입니다. 불행하게도 히스기야는 병상에서 일어난 다음 영적 암흑기를 걷기 시작했습니다. 이러한 사실은 성경을 통해서 찾아볼 수 있습니다. 그가 하나님의 은혜로 병이 나았고, 하나님의 은혜로 인생을 15년 더 연장을 받았으면 이전보다도 더 하나님을 섬기려고 해야 할 텐데 히스기야는 그렇게 하지를 않았습니다. 오히려 그 반대 방향으로 나갔습니다.

> 그때에 히스기야가 병들어 죽게 되었으므로 여호와께 기도하매 여호와께서 그에게 대답하시고 또 이적을 보이셨으나 히스기야가 마음이 교만하여 그 받은 은혜를 보답하지 아니하므로 진노가 그와 유다와 예루살렘에 내리게 되었더니_대하 32:24-25

히스기야처럼 하나님의 은혜를 받은 사람이 그 은혜에 대한 감격이 식으면 영적으로 잘못되는 것은 순식간의 일입니다. 금방 교만한 사람이 되고 맙니다. 반면에 모든 은혜가 하나님으로부터 왔다고 믿는 사람은 교만할래야 교만하지 못합니다. 그 사람은 어느 하나 좋은 것에 대해서 그 공로를 자기에게 돌리지 않습니다. 모든 영광을 하나님께 돌립니다. 그리고 하나님 앞에서 더 진지하게 살려고 노력합니다. 그러므로 그 사람은 교만해질 여지가 없는 것입니다. 그러나 히스기야는 하나님 앞에서 교만했기 때문에 불행한 삶을 살 수밖에 없었습니다.

히스기야의 일대기를 한번 살펴봅시다. 그가 말년에 가서는 회개하는 모습을 보였지만, 15년을 덤으로 사는 기간 중에 하나님 앞에 아름다운 일을 했다는 기록이 전혀 나와 있지 않습니다. 그가 15년 동안 무엇을 하고 살았는지 성경을 통해서는 아무것도 찾을 것이 없습니다. 겨우 아들 하나 키운 것뿐인데 그것도 남유다 왕 중에서 가장 악한 왕을 배출하는 것으로 그의 생애를 마무리를 지었습니다. 그런 불행한 결과는 히스기야의 믿음이 병들었기 때문입니다.

믿음이 병든 부모가 자식에게 어떤 모범을 보여 준다는 것은 상상하기 어려운 일입니다. 믿음으로 살지 않고 적당하게 거드름을 피우면서 사는 부모에게서 자녀가 무슨 영적인 감화를 받을 수가 있겠습니까? 부모가 하나님 앞에서 습관적인 예배, 형식적인 예배만 드린다면 그 자식도 신앙 교육을 형식적으로 받아들이기 마련입니다. 히스기야가 교만하여 모범적인 삶을 살지 못했는데 어찌 그 자식에게 은혜로운 신앙생활을 기대할 수가 있겠습니까? 도저히 불가능한 이야기입니다.

다윗은 임종 직전까지 그 어린 아들 솔로몬을 병상 옆에 앉혀 놓고 간곡하게 권면을 했습니다. "내 아들 솔로몬아 너는 네 아버지의 하나님을 알고 온전한 마음과 기쁜 뜻으로 섬길지어다 여호와께서는 모든 마음을 감찰하사 모든 의도를 아시나니 네가 만일 그를 찾으면 만날 것이요 만일 네가 그를 버리면 그가 너를 영원히 버리시리라 그런즉 이제 너는 삼갈지어다"(대상 28:9-10상)라며 죽기 직전까지 하나님의 말씀으로 자식을 키우는 데 전력을 다했습니다. 그러나 히스기야가 다윗처럼 자식을 교육했다는 기록은 성경 어디에도 나와 있지 않습니다.

부모의 형식적인 신앙생활은 자녀에게 모범이 되지 않습니다. 자녀들은 굉장히 민감합니다. "우리 부모는 교회를 다니기는 해도 형식적인 신자에 불과해"라고 정확하게 봅니다.

이렇게 자녀들이 예민하게 판단을 하기 때문에 부모들은 수시로 자신의 신앙생활을 점검해 보아야 합니다. 일반적으로 믿음이 좋다는 가정에서 믿음 좋지 않은 자녀가 나오는 것을 보면 그만한 이유가 있습니다. 여러 가지 이유가 있을 수 있지만, 그중의 하나는 부모가 모범이 되지 못했다는 점입니다. 부모의 영적 생활이 어두웠다고 하는 것이 빼놓을 수 없는 실패 요인입니다.

가장 중요한 아동기의 신앙 교육

어렸을 때부터 신앙 교육을 하는 것이 매우 중요합니다. 므낫세는 12세에 왕위에 올랐습니다. 12살 먹은 아이를 철부지로 생각할 수도 있을 것입니다. 그런데 신앙적으로 볼 때는 결코 어린 나이라고 할 수 없습니다. 영국의 통계를 보면 14세 이전에 주님을 영접한 사람이 전체 신자들 중에 74%에 해당한다고 합니다. 그리고 미국에서 1,200명을 대상으로 조사한 결과 12세에서 17세 사이에 중생한 사람이 가장 많았다고 합니다. 또 프랑세스 심프손의 자료는 중요한 데이터를 보여 줍니다. 그것은 부모가 자녀에게 신앙 교육을 제대로 못했을 때 자녀가 교회를 이탈하는 비율이 10대에 가장 많다는 사실입니다. 이러한 자료를 보아도 므낫세가 자라던 시절이 그의 신앙과 인격 형성에 얼마나 중요했는가를 잘 알 수 있습니다. 그런데 불행하게도 히스기야는 자식을 제대로 키울 만큼 영적으로 바로 서 있지를 못했습니다. 히스기야가 영적 암흑기에 빠져 있었기 때문에 아들, 므낫세에게 모범이 될 만한 일을 전혀 하지 못했습니다. 우리는 여기에서 교훈을 받아야 합니다. 자녀에게 영적으로 모범을 보이지 못하는 부모는 아무리 자녀를 하나님의 말씀으로 가르치려고 해도 그 자녀가 말씀에 귀를 기울이지 않습니다. 부모인 우리가 이러한 사실을 꼭 명심해야 합니다.

우리는 지금까지 히스기야가 자식을 잘못 키운 원인을 두 가지로 추리해서 살펴보았습니다. 이 두 가지 문제가 바로 나의 문제가 아닌지 우리 모두는 스스로 자신을 돌아보아야 할 것입니다. 자녀를 하나님보다도 더 높이고 있지는 않는지, 자녀에게 모범이 되지 않는 큰 잘못을 범하고 있지는 않는지 겸허하게 하나님 앞에서 반성하고 기도해야 할 것입니다.

하나님 앞에서 자격이 있는 부모는 어떤 부모인지 에베소서를 살펴보겠습니다.

자녀들아 주 안에서 너희 부모에게 순종하라 이것이 옳으니라_엡 6:1

이 말씀은 우리 부모들이 참 좋아하는 성경 구절입니다. 그런데 여기에는 중요한 전제 조건이 하나 있습니다. 그것은 부모가 어떤 부모인가 하는 문제입니다. 어떤 부모라야 자녀들로부터 순종을 받을 수 있습니까? 그 부모에 대해서는 에베소서 5장 22절이 가르쳐 줍니다. 어떤 어머니입니까? 남편에게 하기를 주께 하듯 하는 어머니입니다. 또 25절에 보면 그리스도께서 교회를 자신을 주심같이 아내를 사랑하는 아버지입니다. 이런 아버지 어머니 밑에서 자라는 자녀가 부모에게 순종하는 사람이 될 수 있다는 말입니다. 그러므로 예수님을 믿는 부모가 말씀대로 사는 모범을 자녀들에게 보이지 않으면서 자녀들을 신앙적으로 바로 가르친다는 것은 논리상 있을 수 없는 일입니다. 그리고 우리 부모들은 다음의 말씀에 유의해야 합니다.

또 아비들아 너희 자녀를 노엽게 하지 말고 오직 주의 교훈과 훈계로 양육하라_엡 6:4

언제 자녀의 마음에 분노가 생기는가?

하나님의 말씀으로 훈계하고 양육하라는 말씀 앞에 자녀를 노엽게 하지 말라는 말씀이 먼저 나옵니다. 여기에 대해서 우리는 깊이 생각해 보아야 합니다. 자녀들이 왜 감정이 상합니까? 왜 분노를 느낍니까? 부모가 자녀를 공정하게 대하지 않으면 그들은 화를 냅니다. 부모가 자녀에게 이해할 수 없는 태도로 다루면 그들은 화를 냅니다. 이것뿐만이 아닙니다. 아주 중요한 것이 있습니다. 부모가 예수님을 믿는다고 하면서 하나님의 말씀대로 살지 못하는 것을 보면 자녀들은 분노를 느낍니다. 실제로 예를 하나 들겠습니다. 한 책에서 본 내용인데 크리스천 부부 교실의 대표인 차호원 목사님 가정의 이야기입니다.

차 목사님의 막내딸이 어느 날부터인가 냉담해졌습니다. 아빠가 무슨 일이냐고 물어도 딸은 입을 열지 않았습니다. 며칠간이나 대화가 없어 부녀 사이가 서먹서먹해지자 아빠가 어느 날 밤, 조용히 딸의 방문을 두드렸습니다. 딸아이의 이름을 불렀습니다. 그런데도 딸은 침대에 누워서 천장만 바라보고 있었습니다. 딸의 행동은 대화를 나누고 싶지 않으니 조용히 나가 달라는 것처럼 보였습니다. 그래도 아빠는 꼭 대화를 해야겠다는 생각으로 침대 가까이에 가서 앉으면서 "윤경아, 무슨 일이지? 내가 잘못한 것이라도 있니?" 하고 물었습니다. "아니요, 아빠가 잘못하신 일이 어디 있어요? 아니에요" 하고 딸아이는 계속 천장만 쳐다보는 것이었습니다. 건성으로 대답한 것이 틀림없어 보였습니다. 아빠는 딸이 마음을 열기를 기다리며 침묵을 지켰습니다. 그런데 조금 후에 딸의 눈에 눈물이 흐르는 것을 발견했습니다. 아빠는 딸아이에게 자기가 모르는 심각한 고민이 있다고 생각하고 근심 어린 표정으로 재차 무슨 일이냐고 물었습니다.

한참 후에 딸아이가 얼굴을 외면하고 대답을 했습니다. "아빠, 저는 며칠 전에 아빠가 엄마를 대하는 태도에 완전히 실망했어요!" 딸의 말이 아빠의 귀에 청천벽력으로 다가왔습니다. 아빠는 너무 놀라 미처 대답을 못했습니다. 한참을 고심하다가 문득 어떤 기억이 떠올랐습니다. 며칠 전 아내가 부엌에서 식사 준비를 할 때, 무슨 일인가 아내에게 화를 냈던 일이 떠올랐습니다. 딸이 옆에 있다는 것도 의식하지 못한 채 지나치게 감정을 폭발했었는데 '목사라는 사람이 뭐 저래' 하고 딸의 마음에 분노가 일어났나 봅니다.

모범이 되지 못하는 부모의 행동을 보면 자녀의 마음에 분노가 일어납니다. 자녀의 마음에 분노가 생기면 부모의 말을 듣지 않습니다. 부모의 말이 권위가 없습니다. "우리 가정 예배 드리자" 하고 아무리 아이를 앉혀 놓고 말씀을 가르쳐도 쇠귀에 경 읽기입니다. 감정이 상한 사람은 천사가 와서 말씀을 가르친다고 해도 받아들이지 않습니다. 그런 까닭으로 예수님을 믿는 부모들의 책임이 얼마나 큰지 모릅니다. 자녀가 부모로 인하여 예수님을 믿는 것에 대해서 혐오감을 느끼지 않도록 우리 부모들은 모범을 보여야 합니다. 부모가 먼저 모범을 보이지 않으면서 자녀를 훈육하는 것은 도저히 불가능한 일이 아닐 수 없습니다.

그러므로 가정 예배를 잘 드리는 가정에서 자라난 자녀 중에는 므낫세와 같은 사람이 없으리라고 봅니다. 가정 예배를 기도회만으로 끝내서는 안 됩니다. 기도회 겸 가족 토의 시간으로 활용하시기 바랍니다. 자녀들은 부모와 솔직한 대화를 나누기를 좋아합니다. 가정에서 온 식구가 한 자리에 모여 하나님의 말씀을 앞에 놓고 진지하게 대화를 나누십시오. 그때 자녀에게 하나님의 말씀을 철저하게 가르칠 수 있는 여건이 형성됩니다. 온 식구가 TV 앞에만 앉아 있지 마십시오. TV가 자녀 교육해 주지 않습니다. 우리에게는 오직 하나님의 말씀뿐입니다. 예수님을 잘 믿는 청소년 치고 가출아, 마약 중독자, 알코올 중독자, 동성연애자, 소매치기, 불량배 같은 사람을 본 적이 없다는 어느 사회학자의 말은 우리의 주목을 끌기에 충분합니다.

미래에 이 세계를 변화시킬 위대한 인물들이 예수님을 믿는 가정을 통해서 많이 배출되기를 바랍니다. 진정 우리 사회를 어두움에서 건져낼 일꾼들이 많이 배출되어야 합니다. 갖가지 분야에서 모든 사람을 옳은 길로 인도할 능력이 있는 인재들이 많이 나오기를 바랍니다. 설령 평범한 삶을 산다고 할지라도 사회 곳곳에서 빛과 소금의 역할을 다하는 인물들이 나오기를 바랍니다. 그 인물을 키울 책임이 바로 우리에게 있는 것입니다.

히스기야가 범했던 실수를 우리가 반복해서는 안 됩니다. 므낫세와 같은 자식을 우리 가문에서는 배출하는 비극이 없어야 합니다. 부모가 모범을 보여야 합니다. 자녀에게 하나님의 말씀을 철저하게 가르치십시오. 매를 들고라도 가르치십시오. 좋은 나무가 좋은 열매를 맺는 법입니다.

10

다윗처럼
강하게 키우라

우리들의 자녀가 말씀으로 훈련을 받는 환경에서 자라게 합시다.
성령의 영감을 체험할 줄 아는 영적 환경에서 자라게 합시다.
하나님 나라와 이 세상을 위해 큰 소명을 가지고 자랄 수 있는 환경에서 양육합시다.

사도행전 13:21-23

21 그 후에 그들이 왕을 구하거늘 하나님이 베냐민 지파 사람 기스의 아들 사울을 사십 년간 주셨다가 22 폐하시고 다윗을 왕으로 세우시고 증언하여 이르시되 내가 이새의 아 들 다윗을 만나니 내 마음에 맞는 사람이라 내 뜻을 다 이루리라 하시더니 23 하나님이 약속하신 대로 이 사람의 후손에서 이스라엘을 위하여 구주를 세우셨으니 곧 예수라

다윗처럼
강하게 키우라

이번 본문의 주인공은 다윗입니다. 다윗의 어린 시절을 살펴보면 우리는 많은 교훈을 얻을 수 있습니다. 다윗이라는 이름은 원래 사랑을 받는 사람이라는 뜻입니다. 그런데 그 이름에 걸맞게 다윗은 하나님의 사랑을 많이 받은 사람이었습니다. 이 세상에서 가장 행복한 사람의 조건은 하나님으로부터 특별한 사랑을 받는 자가 되는 것이라고 말할 수 있을 것입니다. 성경에 수많은 고유 대명사가 나오지만 하나님이라는 이름을 빼놓고 가장 많이 언급되는 이름은 다윗입니다. 성경에 다윗만큼 많이 등장하는 이름이 없습니다. 이러한 다윗에게 하나님이 무엇이라고 말씀하고 계시는지 22절을 보시기 바랍니다.

다윗을 왕으로 세우시고 증언하여 이르시되 내가 이새의 아들 다윗을 만나니 내 마음에 맞는 사람이라 내 뜻을 다 이루리라 하시더니

_행 13:22

하나님이 다윗을 '내 마음에 맞는 사람'이라고 칭찬하셨습니다. 사무엘상 13장 14절에도 하나님의 마음에 맞는 사람이라는 말로 기록되어 있습니다. 마음이 맞는 사람들은 서로 뜻이 통하기 마련입니다. 그런 사람들은 만날 때마다 편안한 마음으로 무엇이든지 터놓고 이야기할 수 있습니다. 이것은 인간관계에 있어서 대단히 중요한 요소가 됩니다. 마찬가지로 하나님과 우리 사이에 있어서도 이와 같은 관계가 두말할 나위 없이 중요한 것입니다.

성경에서 다윗이 처음 등장했을 때는 대략 15세 전후의 소년 시절인 것 같습니다. 흔히 15살의 소년은 아직 판단력이 부족한 철부지로 보곤 합니다. 그런데 하나님은 그때 벌써 소년 다윗을 보시고 마음에 맞는 자라고 칭찬하셨습니다. 하나님이 다윗을 어떤 점을 주목하셔서 다윗이 하나님의 마음에 맞는 자가 되었는지 살펴보겠습니다.

○ ○ ○ ○ ○ ○
강한 소년 다윗

소년 다윗의 가장 뛰어난 특징은 강한 사람이라는 것입니다. 그는 여러 가지 면으로 탁월한 소년이었습니다. 그 당시 다윗이 양을 칠 때 가끔 사자나 곰이 출몰했습니다. 사나운 짐승들이 양을 물고 도망가면 어린 다윗은 작은 주먹을 휘두르면서 끝까지 그놈들을 뒤쫓아가서 잃은 양들을 찾아왔습니다. 맹수가 다윗을 향해 공격해 왔을 때 그는 용기백배하여 맹수를 물고 늘어져서 결국 그놈을 죽이고 말았다고 자기 입으로 고백을 하고 있습니다(삼상 17:34-37 참조). 이것을 보면 다윗은 대단히 강한 소년이었던 것이 틀림없습니다. 다윗은 두려움을 모르는 소년이었습니다. 자연계의 어떤 힘 앞에서도 굴하지 않는 강한 면이 있었습니다. 악한 왕 사울은 마음의 평정을 잃고 미친 듯이 날뛰었지만, 어린 소년 다윗은 수금을 가지고 그 왕을 잠잠하게 할 수 있는 지혜로운 사람이었습니다(삼상 16:14-23 참조). 다윗은 영적으로 강한 소년이었습니다. 골리앗이라는 무서운 장군이 이스라엘 군대를 공포에 떨게 했지만, 그는 작은 물맷돌 하나를 들고 나가서 그를 일순간에 쓰러뜨릴 수 있을 만큼 보이지 않는 무서운 능력이 있었습니다.

우리는 다윗의 전기를 읽을 때마다 한마디로 강한 힘의 소유자라는 느낌을 받게 됩니다. 그러나 다윗의 이와 같은 힘은 어떤 외형적인 풍채에서 나오는 힘도 아니요, 육체에서 나오는 완력도 아니요, 돈이나 권력을 의지하고 나오는 그런 위력도 아니었습니다. 다윗이 갖는 힘은 내면에서 나오는 힘이었습니다. 그것은 어린 소년의 영혼에서, 어린 소년의 정신세계에서 나오는 강한 힘이었습니다.

하나님께서 다윗의 가문에서 왕을 선택하시려고 사무엘이라는 선지자를 보내셨습니다. 사무엘은 다윗의 여러 형제 가운데서 하나님이 왕으로 지정하는 자에게 기름을 부으려고 마음의 준비를 하고 그들을 살펴보았습니다. 다윗의 맏형인 엘리압은 잘생기고 풍채가 좋은 사람이었습니다. 사무엘은 그의 외모를 보고 '이 사람이야말로 하나님이 이스라엘을 위해 세우시는 왕이로구나' 하고 마음속으로 탄성을 외쳤습니다. 그런데 하나님의 뜻은 달랐습니다.

여호와께서 사무엘에게 이르시되 그의 용모와 키를 보지 말라 내가 이미 그를 버렸노라 내가 보는 것은 사람과 같지 아니하니 사람은 외모를 보거니와 나 여호와는 중심을 보느니라 하시더라_삼상 16:7

하나님은 사람의 외모를 보시는 분이 아닙니다. 중심을 보시는 분입니다. 사무엘이 이새의 일곱 아들을 다 만나 보았지만 하나님은 그 어느 아들도 택하지를 않았습니다. 그러자 사무엘이 이새에게 "네 아들들이 다 여기 있느냐"(삼상 16:11상)라고 물었습니다. 다윗의 아버지 이새는 "아직 막내가 남았는데 그가 양을 지키나이다"(삼상 16:11중)라고 대답했습니다. 사무엘이 그를 빨리 데려오라고 명령했습니다. 그 때 불려온 다윗의 모습이 사무엘상 16장 12절에 나옵니다.

> 이에 사람을 보내어 그를 데려오매 그의 빛이 붉고 눈이 빼어나고 얼굴이 아름답더라 여호와께서 이르시되 이가 그니 일어나 기름을 부으라 하시는지라_삼상 16:12

다윗의 외모는 관상학적으로 왕이 될 만한 위엄은 없었던 것 같습니다. 그리고 유별나게 힘이 센 사람으로 보이지도 않았습니다. 그런데 하나님께서 그에게 기름을 부으라고 명령을 하셨습니다. 어떤 사람이 강한 자입니까? 엘리압은 외모로 볼 때 아주 힘이 넘치는 사람처럼 보였지만, 전쟁터에서는 골리앗 장군 앞에서 부들부들 떠는 소인이었습니다. 그러나 다윗은 힘이 약해 보이는 소년이었지만 골리앗을 일격에 쓰러뜨릴 수 있었던 대장부였습니다. 바로 다윗이 더 강한 사람입니다. 그의 이러한 힘은 내면에서 나오는 강한 능력이었습니다. 다윗은 이러한 힘을 가지고 있었던 사람이었습니다.

일제치하에서 주기철(朱基徹, 1897-1944) 목사님은 일본 경찰의 갖은 협박과 압력에도 굴하지 않았던 위인이었습니다. 일본 경찰이 온갖 방법을 다 동원하여 그를 회유하고자 했지만, 그분은 끝내 넘어가지 않았습니다. 그 힘은 주 목사님의 왜소한 몸에서 나오는 것이 아니라 그의 내적인 영적 세계에서 나오는 힘이었습니다. 그 강한 힘은 누구도 막을 수가 없는 것입니다.

자녀들을 어떻게 키워야 하는가 하는 문제는 우리의 최대 관심사입니다. 그런데 요즈음 대부분의 부모는 자녀들의 겉모습에 매우 신경을 씁니다. 자녀가 잘 먹어서 체중이 늘고 신체가 우람해지면 흡족해합니다. 우리는 몸집이 크면 거인이라고 부르고 인격적으로 인물 됨됨이가 크면 거물이라고 합니다. 여러분은 자녀를 어떤 사람으로 키우기를 원합니까? 거인입니까, 거물입니까? 다윗처럼 강한 사람으로 키워야 합니다. 속사람이 큰 거물로 키워야 합니다.

몸집이 큰 것이 나쁘다는 것이 절대 아닙니다. 신체가 건장하면 좋습니다. 그러나 우리가 바라는 것은 육체의 힘이 강한 것보다 보이지 않는 내면의 힘이 더 강한 자녀로 키우는 것입니다. 그것이 정말 강한 사람이기 때문입니다. 어떻게 하면 다윗처럼 강한 인물로 만들 수가 있습니까? 그 해답을 소년 다윗을 살펴봄으로써 찾아낼 수 있습니다. 그에게는 다음과 같은 세 가지 배경이 있었습니다.

○ ○ ○ ○ ○ ○ ○

엄격한 자기 훈련

첫 번째로, 다윗은 훈련을 통해서 얻은 강한 힘을 가지고 있었습니다. 다윗은 막내였습니다. 흔히 막내는 가족들로부터 사랑을 많이 받는 집안의 꽃으로 알지만, 다윗의 가정처럼 아들이 여덟이나 되는 집안의 막내는 천대를 받기가 쉬운 위치입니다. 관습상 장자의 위치를 높이 평가하는 이스라엘의 전통 속에서는 사실 막내를 하찮것없는 존재로 볼 수도 있습니다. 당시 사무엘이라는 귀한 손님을 모시고 제사를 지내는 상황이었지만, 막내인 다윗은 그 자리에 끼지도 못하고 양을 돌보고 있었던 것만 보아도 짐작할 수 있습니다. 결과적으로 그러한 환경이 그를 더욱 강한 사람으로 만드는 조건이 될 수 있었습니다.

다윗은 양을 돌보는 목동이었기 때문에 항상 위험과 대결하는 위치에 놓여 있었습니다. 사자나 곰을 만나 싸워야 했습니다. 그래서 물맷돌을 던지는 기술도 그런 환경에서 배우지 않았나 추측이 됩니다. 그에게는 무엇보다 강한 책임감이 요구되었습니다. 맹수에게 양이 물려가면 양을 다시 찾아와야 하는 책임이 있습니다. 한 마리의 양이라도 잃어버리지 않아야 한다는 책임감이 늘 그를 따라다녔습니다. 다윗은 어릴 때부터 이와 같이 자기 훈련이 필요한 상황 속에서 자랐습니다. 자신을 강하게 만들지 않으면 안 될 환경 속에 놓여 있었습니다. 누구 앞에서도 굴하지 않는 강한 정신력을 키울 수 있는 환경 속에 놓여 있었던 것입니다.

오늘날 우리 주변에서 자녀를 무분별한 사랑으로 키우는 부모들을 많이 봅니다. 지나친 과잉보호로 자녀를 망치는 부모들이 있습니다. 밥을 떠먹여 주고, 양말까지 신겨 주고, 조금만 어두워도 바깥에 못 나가게 하고, 어려운 일은 대신 다 해 주는 부모가 있습니다. 이런 교육 방법은 자녀에게 있어서 훈련의 기회를 박탈하는 어리석은 행동입니다. 자녀를 허수아비로 만드는 교육 방법입니다. 그런 식으로 자녀를 키우면 나중에는 아무 데도 쓸 수가 없습니다.

그러므로 우리는 자녀를 강하게 키워야 합니다. 자녀를 강하게 키우기 위해서는 환경과 훈련이 필요합니다. 자녀를 지나치게 사랑만 해서는 안 됩니다. 매섭게 다룰 때는 매섭게 다루어야 합니다. 잠언서에 보면 어린아이들에게는 미련한 것이 있기 때문에 매를 가지고 다루지 않고서는 그 미련한 것을 뽑지 못한다고 했습니다.

아이의 마음에는 미련한 것이 얽혔으나 징계하는 채찍이 이를 멀리 쫓아내리라_잠 22:15

하나님께서 우리에게 가르쳐 주시는 교육 방법은 2천 년이 지나도 변하지 않는 진리입니다. 아이를 냉정하게 다룰 때는 그렇게 다루십시오. 아이가 꼭 자기의 힘으로 해야 할 일은 어떤 일이 있더라도 대신해 주지 말고 자기 힘으로 해결하는 힘을 기르도록 해야 합니다. 자기가 맡은 책임은 어떤 희생을 치르더라도 스스로 완수해 내는 그런 훈련이 필요합니다. 이와 같이 자녀가 훈련을 받을 수 있는 여건 속에서 자라나면 그는 강해지는 법입니다.

선인장은 습기가 적은 모래밭에서, 햇살이 뜨겁게 내리쬐는 사막 같은 험한 환경에서 잘 자랍니다. 또 짐승들이 식물을 뜯어 먹는 위험한 곳에서도 잘 자랍니다. 왜냐하면 선인장은 자신을 보호하기 위한 많은 가시를 가지고 있기 때문입니다. 선인장을 한 토막 잘라 내어 땅에 심어 보면 쉽게 뿌리를 내리는 것을 볼 수 있습니다. 그만큼 선인장은 생명력이 강한 식물입니다. 미국의 식물학자 바아 뱅크는 이러한 선인장의 생명력에 대해서 여러 가지 실험을 했습니다. 그는 선인장을 아주 색다른 환경으로 옮겨 심었습니다. 따스한 햇살이 비치는 곳에, 집어삼키는 어떤 맹수도 없는 곳에, 습기가 적절하게 잘 조정되는 곳에서 선인장을 키워 보았습니다. 그가 16년 동안 선인장을 실험하여, 좋은 환경에서 자란 선인장에는 날카로운 가시가 아니라 벨벳처럼 부드러운 수염이 난다는 결과를 얻었습니다. 선인장의 가시는 환경에 의해서 만들어지는 것입니다. 그 가시는 환경에 적응하기 위해서 자연적으로 생긴 자기 보호의 수단이라는 것입니다.

우리 자녀들을 가시가 달린 선인장처럼 키워야 합니다. 보들보들한 수염에 싸여 자라나게 해서는 안 됩니다. 우리가 지금은 자유와 평화를 누리고 있지만, 앞으로의 세대가 어떤 상황으로 돌변할지 누가 예측할 수 있습니까? 돈으로도, 그 어떤 수단으로도 자녀의 앞날을 보장할 수 없는 것입니다. 강한 정신력, 강한 내면의 힘이 없다면 도저히 자신을 지탱해 나갈 수 없는 위험한 시기가 찾아올지도 모릅니다. 그러므로 자녀가 어떤 어려움 앞에서도 흔들리지 않는 용기를 가질 수 있도록 부모는 자녀를 강하게 키워야 합니다.

○ ○ ○ ○ ○ ○ ○ ○ ○ ○
영감으로 무장된 소년 다윗

두 번째로, 다윗은 영감을 통해서 오는 강한 힘을 가지고 있었습니다. 다윗이 그와 같이 강했던 까닭은 영감 있는 소년이었기 때문입니다. 영감은 성령의 감동을 받는다는 말입니다. 다윗은 성령의 감동을 받은 사람이었습니다. 사울도 똑같이 영감을 받은 사람이었지만, 그는 다윗처럼 강하지 못했습니다. 두 사람의 차이의 원인은 각자의 신앙 환경에서 찾을 수 있습니다.

　다윗의 혈통은 탁월한 믿음의 가문이었습니다. 믿음의 조상들이 대를 이어 내려오면서 하나님의 말씀으로 후손들을 철저하게 교육했을 것이 분명합니다. 다윗은 어려서부터 하나님의 살아 계심과 그의 선하심과 그를 사랑하는 자가 받는 축복들을 철저히 배웠을 것입니다. 그리고 그가 10대 중반을 접어들면서 성령의 역사를 체험하게 되었는데 그때부터 다윗은 아무도 대항할 수 없는 무서운 소년이 되었던 것입니다. 그가 골리앗 앞에서 용감하게 던진 말을 보겠습니다.

> 다윗이 블레셋 사람에게 이르되 너는 칼과 창과 단창으로 내게 나아오거니와 나는 만군의 여호와의 이름 곧 네가 모욕하는 이스라엘 군대의 하나님의 이름으로 네게 나아가노라_삼상 17:45

이와 같이 강한 능력은 성령의 뜨거운 감동을 받았던 그의 내면의 세계에서 나오는 힘이었습니다. 신약시대를 사는 우리들은 누구나 다윗처럼 영감을 받을 수 있습니다. 예수님을 구주로 고백하는 자는 누구나 다 성령의 감동을 받을 수 있는 것입니다. 흔히들 어린아이는 성령의 감동을 받지 못한다고 착각을 합니다. 그것은 어른들의 잘못된 생각입니다. 실제로 10살이 되기도 전에 영감을 받아 위대한 인물로 준비된 사람들이 역사상 많이 있습니다.

폴리갑(Polycarp, 69-155)이라는 위대한 순교자는 9세 때 영감을 받았던 사람이었습니다. 미국에서 가장 탁월한 지성인 중 한 사람으로 꼽히는 조나단 에드워즈(Jonathan Edwards, 1703-1758)는 7세 때, 모라비안 형제회(Herrnhuter Brüdergemeine)라는 선교 단체로 기독교 사회의 판도를 바꾸어 놓았던 진젠도르프(Nikolaus Ludwig Graf von Zinzendorf, 1700-1760)도 4세 때 성령의 영감을 받았던 사람이었습니다. 그는 연필을 들고 글을 배울 때에 '사랑하는 주님, 주님은 나의 것이요, 나는 주님의 것입니다'라는 뛰어난 문장을 쓸 수 있을 만큼 영감을 받은 아이였다고 합니다.

유명한 주석가 매튜 헨리(Matthew Henry, 1662-1714)는 11세 때, 침례교의 유명한 설교자였던 로버트 홀(Robert Hall, 1764-1831)은 12세 때, 세기적인 설교자였던 스펄전(Charles Haddon Spurgeon, 1834-1892)도 12세 때 성령의 영감을 받은 위대한 인물이었습니다.

무릇 하나님께로부터 난 자마다 세상을 이기느니라_요일 5:4상

중생을 받은 하나님의 자녀는 이 세상을 이긴다고 말씀하고 있습니다. 왜냐하면 세상을 이기는 믿음이 하나님의 자녀에게 있기 때문입

니다. 말씀의 교육과 성령의 영감을 통해서 우리의 자녀들은 가장 강한 사람이 될 수 있습니다. 어릴 때부터 하나님의 말씀을 배우며, 그 말씀을 통하여 자라고, 그 말씀과 함께 성령의 영감을 받으면 우리 자녀들은 비록 나이가 어릴지라도 세상을 이길 수 있게 됩니다. 어떤 불의 앞에서도 골리앗과 같은 원수 앞에서도 뒤로 물러설 줄 모르는 담대한 강자가 될 수 있습니다.

○ ○ ○ ○ ○ ○ ○ ○
소명 받은 자의 능력

세 번째로, 다윗은 소명이 주는 강한 힘을 가진 사람이었습니다. 다윗은 하나님으로부터 이스라엘의 왕이 될 것이라는 놀라운 소명을 받았습니다. 신약시대의 우리 성도들, 예수님을 믿는 모든 자는 왕입니다. 하나님 나라를 위해서 살아야 할 왕입니다. 사람들을 말씀으로 바로 지도하고 하나님 나라를 이 땅 위에 건설해야 할 왕입니다. 이 놀라운 소명을 어려서부터 자녀들의 가슴에 심어 주어야 합니다. "너는 하나님이 택한 거야. 장차 그 나라를 위해서 큰일을 해야지. 하나님 말씀을 잘 듣고 바로 자라야 해." 어릴 때부터 자녀의 마음에 이런 꿈과 소명을 심어 주면 자녀들이 건전하고 바르게 자라나는 것입니다.

부모가 자녀들의 가슴에 소명을 심어 주는 방법은 말보다도 행동입니다. 부모가 모범을 보여야 합니다. 부모가 마치 돈을 위해서 사는 것 같은 인상을 준다든지, 아무 목적의식 없이 그날그날 지쳐서 겨우 살아가는 모습으로 자녀들의 눈에 비친다면 자식이 부모로부터 무엇을 배울 수가 있겠습니까? 또한 그 자녀가 나중에 하나님 나라를 위해서 무슨 위대한 일을 할 수가 있겠습니까?

우리들의 자녀를 소명을 받은 자녀로 키웁시다. 앞으로 이 나라의

지도자가 예수님을 믿는 집안에서 나오게 합시다. 하나님의 공의를 위해서 생명을 바칠 줄 아는 강한 힘을 가진 자녀들이야말로 이 나라를 바르게 이끌어 갈 수 있습니다. 강한 정신력과 믿음을 가진 자녀들이 사회 곳곳에서 자리를 잡을 때 우리의 앞날에 희망이 있습니다.

우리들의 자녀가 말씀으로 훈련을 받는 환경에서 자라게 합시다. 성령의 영감을 체험할 줄 아는 영적 환경에서 자라게 합시다. 하나님 나라와 이 세상을 위해 큰 소명을 가지고 자랄 수 있는 환경에서 양육합시다. 이것이 자녀를 강하게 키우는 방법이요, 하나님 나라를 위해서 위대한 발자취를 남기게 하는 신앙 교육인 것을 잊지 말아야 합니다. 우리와 우리 자손의 미래는 자녀를 강자로 키우느냐, 그렇지 않느냐에 달려 있다는 사실을 잊지 마십시오.

II

위대한
후예

꿈을 가지고 자녀를 키웁시다.
하나님이 그들에게 복을 주시도록 부모 자신이 하나님 앞에 헌신하는 삶을 삽시다.
우리의 생활을 통해서 무엇이 제일 중요한가를 어릴 때부터
자녀들이 보고 느끼도록 가정생활의 본을 보입시다.

창세기 22:15-19

15 여호와의 사자가 하늘에서부터 두 번째 아브라함을 불러 16 이르시되 여호와께서 이르시기를 내가 나를 가리켜 맹세하노니 네가 이같이 행하여 네 아들 네 독자도 아끼지 아니하였은즉 17 내가 네게 큰 복을 주고 네 씨가 크게 번성하여 하늘의 별과 같고 바닷가의 모래와 같게 하리니 네 씨가 그 대적의 성문을 차지하리라 18 또 네 씨로 말미암아 천하 만민이 복을 받으리니 이는 네가 나의 말을 준행하였음이니라 하셨다 하니라 19 이에 아브라함이 그의 종들에게로 돌아가서 함께 떠나 브엘세바에 이르러 거기 거주하였더라

위대한
후예

아브라함은 유대 민족의 조상입니다. 그는 오랫동안 자녀가 없었던 까닭으로 상당히 고독한 생을 살았습니다. 그러나 그가 백 살쯤 되었을 때 하나님께서 기적적으로 아들을 허락하셨습니다. 그 아들의 이름은 이삭입니다. 옥동자가 태어난 이후로 아브라함의 집안 분위기는 생동감이 넘쳐 흘렀습니다. 그것은 마치 꽃을 볼 수 없던 정원에 탐스러운 꽃이 피어난 것이나 다름없었습니다.

○ ○ ○ ○ ○ ○ ○
아브라함의 신앙

그런데 이삭이 태어난 후 15년의 세월이 흘렀을 때의 일입니다. 하나님이 아브라함에게 특별한 지시를 하셨습니다. 그것은 아들 이삭을 데리고 모리아산으로 가서 제사를 지내라는 명령이었습니다.

여호와께서 이르시되 네 아들 네 사랑하는 독자 이삭을 데리고 모

리아 땅으로 가서 내가 네게 일러 준 한 산 거기서 그를 번제로 드리
라_창 22:2

그 당시의 예배는 짐승을 끌고 와서 제사를 지내는 것이었습니다.
그런데 하나님이 짐승 대신에 이삭을 제물로 바치라고 말씀하신 것
입니다. 그것은 시험이었습니다. 하나님께서 아브라함의 의중을 떠
보기 위한 시험이었습니다. 아들 이삭이 태어나기 전까지 아브라함
의 마음에는 하나님 한 분 외에는 없었습니다. 그는 어디를 가나 하
나님과 동행하는 삶을 살았습니다. 그는 세상의 모든 것을 다 잃어버
려도 하나님 한 분만은 놓칠 수 없다는 철저한 신앙을 가지고 산 사람
이었습니다.
　그런데 아들 이삭이 태어난 이후로 아브라함의 마음이 혹시나 달라
지지 않았는지 하나님이 시험해 보시려고 아들을 바치라고 하신 것입
니다. 하나님이 왜 시험을 하실까 하고 이상하게 생각할지 모르지만
사실 우리에게도 이런 시험은 있을 수 있습니다. 신앙생활을 열심히
하려고 하는 자에게 갑자기 경제적인 어려움이 닥친다든지 또는 뜻밖
에 어떤 병이 생기는 것을 보노라면 그 배후에 우리가 모르는 어떤 하
나님의 의중이 작용하고 있다는 느낌을 부정할 수가 없는 것입니다.
　우리가 형통할 때 하나님을 섬기는 것은 쉬운 일입니다. 그런데 형
통하지 않고 고난을 당할 때 하나님을 섬기기란 그렇게 쉬운 일만은
아닙니다. 그래서 하나님은 간혹 우리를 시험하실 때가 있습니다. 고
난을 당할 때도 변함없이 자기를 사랑하는가를 알아보시기 위해서 일
종의 시험을 하는 것입니다. 그러므로 하나님의 시험에 합격해서 더
큰 은혜를 받는 사람이 있는가 하면, 거기에 걸려 넘어져 신앙 자체까
지 포기해 버리는 사람도 볼 수 있습니다.

아브라함은 하나님으로부터 지시를 받자마자 지체하지 않고 하나님의 말씀에 순종했습니다. 그는 아침 일찍 일어나서 제사 때 쓸 땔감을 준비했습니다. 그리고 그것을 이삭의 등에 지웠습니다. 그런 연후에 하인들을 데리고 3일 길을 걸어서 하나님이 지시하신 모리아산으로 갔습니다. 그곳에 도착한 다음 아브라함은 하나님 앞에 정성껏 제사를 지낼 준비를 했습니다. 드디어 이삭을 바치려고 할 때 하나님의 음성이 들렸습니다.

> 사자가 이르시되 그 아이에게 네 손을 대지 말라 그에게 아무 일도
> 하지 말라 네가 네 아들 네 독자까지도 내게 아끼지 아니하였으니
> 내가 이제야 네가 하나님을 경외하는 줄을 아노라_창 22:12

아브라함이 독자를 아끼지 않고 하나님께 바치려는 것을 보고 하나님은 그의 중심을 아셨습니다. 그리고 아브라함의 믿음을 보신 하나님은 그에게 놀라운 축복을 약속하셨습니다. 이 축복의 말씀이 오늘 우리가 읽은 본문에 나오는 말씀입니다.

> 이르시되 여호와께서 이르시기를 내가 나를 가리켜 맹세하노니 네
> 가 이같이 행하여 네 아들 네 독자도 아끼지 아니하였은즉 내가 네
> 게 큰 복을 주고 네 씨가 크게 번성하여 하늘의 별과 같고 바닷가의
> 모래와 같게 하리니 네 씨가 그 대적의 성문을 차지하리라 또 네 씨
> 로 말미암아 천하 만민이 복을 받으리니 이는 네가 나의 말을 준행
> 하였음이라 하셨다 하니라_창 22:16-18

우리는 아브라함 부자의 사건을 보면서 참으로 중요한 몇 가지 사

실을 발견할 수 있습니다. 지금부터 아브라함이 우리에게 가르쳐 주는 교훈을 세 가지로 나누어 살펴보고자 합니다.

○ ○ ○ ○ ○ ○ ○ ○ ○ ○
희망을 가지고 자녀를 보라

첫째, 아브라함은 아들을 통해서 위대한 후예를 보는 비전이 있었다는 것입니다. 그는 이삭을 통해서 앞으로 나타날 위대한 후예들을 믿음의 눈으로 내다보는 식견이 있었습니다. 아브라함은 나이가 많았기 때문에 아마 눈도 침침했을 것입니다. 그러나 아들을 쳐다보는 아버지 아브라함의 눈동자는 힘이 있었고 빛이 났었습니다. '아! 하나님이 이 아들을 통해서 하늘의 별과 같이 위대한 민족을 주신다고 약속하셨어. 이 아들을 통해서 모든 원수의 빗장을 쳐부수고 그 성을 정복하는 위대한 승리의 영광을 안겨 주신다고 약속하셨어. 하나님이 이 아들을 통해서 온 세계 민족이 복을 받을 수 있는 큰 역사를 이루신다고 약속하셨어!' 하고 그는 어린 이삭을 바라볼 때마다 하나님의 약속을 마음에 새겨 보았던 것입니다.

아브라함의 눈은 먼 장래를 꿰뚫어 보는 전망이 있었습니다. 자녀를 보는 눈이 이 정도라면 아마 절망이라는 문제는 없을 것입니다. 하나님이 우리에게도 자녀를 주셨습니다. 우리 자녀들과 이삭이 다른 점이 없습니다. 우리 자녀들도 하나님의 뜻이 있어서 세상에 보냄을 받은 존재들입니다. 그러므로 우리의 자녀들은 하나님의 기업이요, 하나님의 선물이요, 하나님의 상급입니다. 백 세의 아브라함에게 준 이삭의 가치나 오늘날 우리 가정에 주신 자녀의 가치나 다를 바가 없습니다. 똑같이 선택을 받은 하나님의 자녀입니다.

아브라함이 이삭을 보면서 먼 훗날의 영광스러운 후예들을 내다보는 눈이 있었던 것처럼 오늘 우리 역시 가정에서 자라나는 귀여운 아이들을 볼 때마다 이와 같은 눈을 가져야 합니다. 지금은 비록 철없이 자라지만 이 어린 자녀를 통해서 하나님께서 하늘의 백성들을 별과 같이 번창하게 하실 것이요, 이 땅 위에 많은 악의 세력을 정복할 능력이 이 자녀와 자녀의 후대를 통해서 나타날 것이요, 장차 이 자녀를 세상에 내어놓으므로 수많은 사람이 복을 누리게 되고 축복을 받게 될 것이라는 믿음을 가지고 자기의 자녀를 바라본다면 그 자녀의 가치가 분명히 달라 보일 것입니다.

그러나 우리 주변을 돌아보면 낙관적이라기보다는 비관적인 요소가 훨씬 많습니다. 적지 않은 사람들이 내일에 대한 기대를 포기한 채 오늘에만 매달려 살려는 유혹에 빠져 있는 것을 봅니다. 어느 방송 전문가의 말에 의하면 우리 자녀들은 태어나서 대학을 졸업할 때까지 무려 35만 번 이상 라디오 광고를 듣게 된다고 합니다. 더욱더 기가 막히는 것은 우리 자녀들이 16세가 될 즈음이면 15,000번 정도의 살인 사건 소식을 듣게 된다는 사실입니다. 정말 무시무시한 일이 아닐 수 없습니다. 매스컴의 발달은 우리의 정서를 삭막하게 만드는 요소가 되기도 합니다.

로버트 모스킨은 현대 과학이 인간을 말살하는 역할을 하고 있다고 했습니다. 오늘날은 개인의 인격과 가치가 현대 과학 앞에서 무참하게 짓밟힘을 당하는 시대인 것 같습니다. 블라디미르 코스미히 즈보리킨(Vladimir Kosmich Zworykin, 1889-1982)은 텔레비전을 발명한 천재였습니다. 그런데 그가 만든 텔레비전을 보던 어떤 사람이 "당신은 텔레비전을 발명한 사람으로서 특별한 소감이 있을 것입니다. 당신이 텔레비전을 보면서 가장 유익하다고 생각되는 점이 무엇이었나요?" 하고 질문을 했다고 합니다. 그런데 놀랍게도 그의 대답은 "유익한 점이 아무엇도 없었소"였습니다.

오늘날 이런 문명사회 속에서 자라나는 후예들을 바라볼 때마다 우리는 가슴에 어떤 절망감을 느낄 때가 많습니다. 그들은 진달래를 꺾어 들고 자연의 아름다움을 노래하며 자라던 우리 세대와는 도저히 비교할 수가 없습니다. 우리처럼 들판에서 나물을 캐고 시냇가에서 미꾸라지를 잡으며 놀던 세대와는 근본적으로 차이가 있는 것입니다.

얼마 전 어느 분의 이야기를 들은 적이 있습니다. 그 부부는 S백화점에서 큰 가게를 경영한다고 합니다. 그런데 바쁘게 생활하다 보니 고등학생인 자녀들에게 별로 신경을 쓰지 못했나 봅니다. 그러다가 어느 날 집에 있던 패물이 없어졌습니다. 부부가 경찰서에 신고를 했습니다. 얼마 후 범인을 잡았다는 연락이 왔습니다. 경찰서에 가 본 결과 그 범인은 다름 아닌 자기 아들이었습니다. 그 아들은 나중에 친구들과 어울려 패싸움을 하다가 그만 칼에 찔려 죽었다고 합니다.

우리는 주변에서 발생하는 갖가지 사건들을 보면서 앞날에 대해서 조그마한 희망을 가지는 것조차 힘이 들 정도로 자포자기할 때가 있습니다. 그러나 우리 크리스천들은 아무리 주변이 어둡고 희망이 보이지 않는다고 할지라도 그 어두움을 꿰뚫어 볼 수 있는 아브라함의 눈을 가져야 합니다. 여러분은 여러분의 자녀를 볼 때마다 어떤 생각을 가지고 그 자녀를 대합니까? 아브라함이 이삭을 바라보던 것과 같은 눈이 여러분에게 있습니까? 오늘날 우리에게 있어서 근본적인 문제점은 자녀들에게 있는 것이 아니라 바로 부모인 우리에게 있다고 말할 수 있습니다.

부모인 우리가 정신을 차려야 합니다. 꿈을 가지고 자녀를 키워야 합니다. 그저 잘 먹이고 잘 입히고 또 공부시키면 된다는 동물적인 사고방식에 사로잡혀서 자녀에게 공부만 강요하는 부모가 많습니다. 이런 부모는 이상을 가진 부모가 아닙니다. 하나님이 우리 자녀에게 기대를 걸고 있기 때문에 우리도 그 자녀를 믿음의 희망을 가지고 잘 키워야겠다는 부모가 우리 가운데 과연 몇 사람이나 있습니까? 이 시대를 절망하게 하는 것은 어린 청소년들이 아니라 그 자녀를 맡아 키우는 어른들에게 있는 것입니다.

앤 캠벨은 《사랑하는 자녀에게》라는 책에 이렇게 기록했습니다. "너는 내가 해 보지 못한 여행이며, 너는 내가 살 수 없는 진주 목걸이요, 너는 나의 푸른 이태리 호수요, 너는 내가 모르는 하늘의 한 모퉁이로다."

바로 이런 것이 자녀를 향한 부모의 희망일 것입니다. 자라나는 세대에게는 우리 기성세대가 전혀 예측할 수 없는 가능성이 있습니다. 아브라함은 이삭을 통해서 그것을 보았던 것입니다. 이삭이라는 존재는 아브라함에게 있어서 한 사람의 아들로만 머무르지 않았습니다. 그는 아들을 통해서 미래에 대한 무한한 가능성을 발견했던 것입니다.

여러분도 자녀를 볼 때 이런 눈을 가지고 바라볼 수 있습니까? 이런 믿음이 있습니까? 우리에게는 이런 희망이 있어야 합니다. 이것이 있는 이상 우리는 아무리 상황이 어두워도 절망할 필요가 없습니다. 우리들의 문제점은 자녀에게 있는 것이 아니라 바로 우리 자신에게 있습니다. 단적으로 말해서, 부모님 우리가 너무 썩었습니다. 부모들이 너무 수준 이하입니다. 부모들이 너무 경제적인 동물이 되어버렸습니다. 우리에게는 옛날 선조들이 가졌던 고귀한 이상이 없습니다. 자녀들이 그저 다른 사람에게 뒤지지 않을 정도만 되면 된다는 적당한 사고방식을 가진 부모가 되지 맙시다. 만약 그러면 그 자녀는 장차 위대한 인물이 될 수 없을 것입니다.

우리 자녀들을 통해서 위대한 후예가 하늘의 별과 같이 번창하리라는 것을 믿음의 눈으로 바라봐야 합니다. 세상이 아무리 악하다고 할지라도 이 악을 막을 수 있는 큰 잠재력은 우리 자녀들의 후예를 통해서 나타날 것이라는 믿음을 가집시다. 우리 자녀들을 통해서 온 세계가 복을 받을 수 있다는 놀라운 이상을 가지고 자녀들을 키웁시다. 하나님은 우리가 이 믿음의 희망을 가지고 자녀를 키우는 것을 요구하고 계십니다.

부모가 모범이 되는 삶을 살아야 한다

둘째, 아브라함은 하나님의 축복을 보장받을 수 있는 자격자였다는 사실입니다. 하나님께서 아브라함에게 축복을 약속해 주신 동기는 단적으로 모리아산의 헌신이라고 말할 수 있습니다. 아브라함은 하나님을 위해서 자신의 전부를 송두리째 바치고 순종한 사람이었습니다. 그는 자기의 사랑하는 독자까지, 심지어 자기 생명까지도 하나님을 위해서라면 스스럼없이 바칠 수 있었던 사람이었습니다. 결국 그러한 그의 믿음이 자녀에게 복을 끼칠 수 있는 동기가 되었던 것입니다.

그러므로 우리는 여기에서 중요한 진리를 깨달을 수 있습니다. 아브라함이 하나님에게 자기 자신을 송두리째 드리며 살았기 때문에 하나님은 그 대신 그의 아들 이삭을 책임지셨다는 사실을 알 수 있습니다.

아무리 자식을 사랑한다고 해도 자녀의 장래를 보장할 수 없습니다. 교육보험을 들었다고 그 자녀의 교육 문제를 해결할 수 없고, 생명보험을 들었다고 그 자녀의 생명을 보장할 수 없습니다. 그러나 하나님은 아브라함처럼 진심을 바치는 사람의 후손에게는 천대까지 은혜를 베푸신다고 약속하셨습니다.

나 네 하나님 여호와는 질투하는 하나님인즉 나를 미워하는 자의 죄
를 갚되 아버지로부터 아들에게로 삼사 대까지 이르게 하거니와 나
를 사랑하고 내 계명을 지키는 자에게는 천 대까지 은혜를 베푸느니
라_ 출 20:5중−6

여러분은 자식을 사랑합니까? 정말 자식이 복을 받기를 원합니까?
자녀들을 통해 위대한 후예가 하늘의 별처럼 번창하기를 원합니까?
그렇다면 부모인 여러분이 아브라함처럼 하나님께 순종을 잘하시기
를 바랍니다. 부모가 하나님을 위해 순종의 삶을 살 때 하나님은 그의
자녀들에게 축복을 보장해 주십니다.

○ ○ ○ ○ ○ ○ ○ ○ ○ ○ ○ ○
자식을 믿음으로 교육해야 한다

셋째, 아브라함은 자식을 진실하게 키워낸 교육가였습니다. 아브라함
의 교육 방법은 간단했습니다. 한마디로 생활교육이었습니다. 그것은
행동으로 보여 준 교육이었습니다. 이삭은 어릴 때부터 신앙심 깊은
아버지로부터 영향을 많이 받고 자라났습니다. 아버지 아브라함의 생
애가 전적으로 하나님의 뜻에 순종하려는 삶이었다는 것을 이삭은 어
릴 때부터 직접 보고 느끼며 체험했던 것입니다.

이삭이 아버지로부터 위대한 감화를 받았던 증거를 한 가지 말하라
고 한다면 그것은 모리아산의 사건을 들 수 있습니다. 이삭은 아버지
와 함께 모리아산에 제사를 지내러 갈 때 평소와는 달리 짐승을 끌고
가지 않는 것을 마음속으로 이상하게 생각했을 것입니다. 그러나 그
는 어떠한 경우에라도 아버지의 명령을 따르겠다는 마음의 자세를 갖
고 있었습니다. 그는 여러 가지 여건을 놓고 볼 때 자기가 제물이 될

것이라는 사실을 마음속으로 짐작하고 있었지만 결코 저항하지 않았습니다.

만약에 이삭이 아버지를 통해서 하나님을 섬기는 귀한 영적 교훈을 받지 않고 자란 자녀였다면 아마 그는 모리아산에서 이상한 행동을 취했을 것입니다. 절대로 그가 순순히 응하지 않았을 것입니다. 그의 아버지를 해쳤든지 아니면 혼자서 멀리 도망갔을는지도 모릅니다. 그러나 아버지의 인품이나 아버지의 신앙, 아버지의 모든 사상을 너무나 잘 알고 있던 아들은 자기도 아버지를 따라서 하나님을 위해 살겠다는 굳은 마음의 자세가 이미 갖추어져 있었습니다. 어쩌면 그는 자기 스스로 단 위에 올라가서 하나님의 명령대로 하라고 아버지께 간청했을지도 모릅니다.

이삭에게 위대한 생활교육이 없었다면 그와 같은 놀라운 순종이 따라올 리가 없습니다. 우리가 자녀들 앞에서 행동 하나하나를 얼마나 주의해야 하는지를 깊이 명심해야 합니다. 말로만 떠들면 안 됩니다. 부모의 삶이 하나님 중심의 생활이라는 것을 자녀들에게 행동으로 보여 줘야 합니다. 하나님 한 분밖에는 소중한 분이 없다는 것을 자녀들이 느끼고 깨달을 수 있도록 해야 합니다. 이것이 실패하면 부모가 자녀에게 아무리 말로 설득을 하려고 해도 소용이 없습니다.

예를 들어, 주일성수도 제대로 못하는 부모가 자녀에게 신앙생활 잘하라고 말할 수 있겠습니까? 일주일 내내 제멋대로 사는 부모가 어떻게 자녀에게 날마다 하나님의 말씀대로 생활하라고 할 수 있습니까? 이 사회와 국가를 위하여, 나아가 세계를 위하여 위대한 후예들을 이 땅 위에 배출하기 위해서는 우리가 먼저 모범이 되어 하나님 앞에 바로 살아야 합니다. 아브라함처럼 경건한 삶을 통해서 자녀들을 감화시켜야 합니다. 이것 이상 위대한 교육이 없습니다.

미국 프린스턴대학교의 초대 총장이었던 조나단 에드워즈는 가난한 목사였습니다. 그는 미국이 낳은 위대한 사상가요, 교육가였습니다. 아울러 탁월한 설교자였습니다. 예나 지금이나 교역자의 생활은 좀처럼 시간적인 여유가 없습니다. 그는 언제나 분주했습니다. 그렇지만 그는 하루 중 정해 놓은 시간만큼은 꼭 가족들을 위해 할애했다고 합니다. 조용한 밤에 자녀들을 무릎 앞에 앉혀 놓고 같이 대화를 나누기도 하고, 또 그들을 위해 기도해 주는 시간만은 꼭 지켰다고 합니다. 뿐만 아니라 그는 새벽 일찍 일어나서 촛불을 켜 놓고 처자들이 깨어나 그 촛불 가에 둘러앉기를 기다렸다가 함께 예배를 드리는 습관을 소중히 여겼다고 합니다. 그런 환경 속에서 자란 자녀들은 어릴 때부터 위대한 영적 교육을 받으며 성장할 수 있었습니다.

조나단 에드워즈가 떠나간 지도 2백 년이 넘었습니다. 하나님은 그의 후손들에게 큰 축복을 주셨습니다. 그의 후손 중에는 부통령이 1명, 지사가 3명, 시장이 3명, 고위 공무원이 80명, 대학 총장이 13명, 변호사가 백 명, 교수가 65명, 법대 학장이 1명, 판사가 3명, 의사가 36명, 의과대 학장이 1명, 그 외에도 수백 명의 목사와 선교사가 배출되었다고 합니다. 미국의 역사를 주름잡는 지도자들이 조나단 에드워즈의 후손을 통해서 하늘의 별들처럼 쏟아져 나온 것입니다. 한 사람의 순종으로 말미암아 대대로 하나님의 축복을 받을 수 있을 뿐만 아니라 후손에게 신앙 교육을 바르게 하면 그 자녀들을 통해서 하늘의 별과 같이 찬란한 후예들이 쏟아져 나온다는 것을 그가 실제로 증명한 셈입니다.

오늘 우리 후손들이 살아남을 수 있는 길이 무엇입니까? 예수 그리스도를 따르는 것 이외에는 다른 길이 없습니다. 하나님의 뜻을 펴는 복된 사회가 되는 길도 예수님밖에 없습니다. 서울 각 지역에 흩어져 있는 대학교 캠퍼스마다 예수 그리스도의 정신으로 살려는 젊은이들이 뿌리를 내리고 있습니다. 그들 때문에 오늘 대학가가 이 정도라도 정신적인 기틀을 잡고 있다고 우리가 보아야 합니다.

우리 주변에 사회악이 들끓고 많은 사람이 중심을 잃고 비틀거리며 돌아다녀도 우리에게는 희망이 있습니다. 왜냐하면 꿈을 가진 젊은이들이 있기 때문입니다. 훌륭한 인재들, 내일의 꿈을 안고 사는 젊은이들이 있습니다. 아무리 주변이 어두워져도 크리스천 가정에서 배출되는 자녀들이 있는 이상 우리는 절대로 낙심할 필요가 없습니다. 우리는 그들을 통해서 분명히 내일의 희망을 걸 수 있습니다.

예수 그리스도 한 분을 통해서 내일의 세대는 우리에게 엄청난 희망을 약속해 줍니다. 그분이 떠나면 우리에게 내일은 없습니다. 그분이 떠나면 물질주의, 쾌락주의가 판을 치고 이기주의가 폭력을 휘두르는 무서운 사회가 되어 버릴 것입니다. 우리는 그런 세대를 놓고 꿈을 갖지 맙시다.

그러나 예수 그리스도가 있는 내일은 여전히 희망이 있습니다. 아브라함처럼 자녀를 키웁시다. 꿈을 가지고 키웁시다. 하나님이 그들에게 복을 주시도록 부모 자신이 하나님 앞에 헌신하는 삶을 삽시다. 우리의 생활을 통해서 무엇이 제일 중요한가를 어릴 때부터 자녀들이 보고 느끼도록 가정생활의 본을 보입시다. 그러면 대한민국의 내일은 찬란하게 떠오르는 태양처럼 우리 앞에 나타날 것입니다. 그 영광스러운 후예들이 우리의 길을 이어줄 것입니다. 그들이 하나님의 나라를 계속해서 건설할 것입니다. 비록 고된 세상이지만 힘껏 최선을 다해서 우리 후대들을 키웁시다. 우리에게 이 꿈이 있는 한, 우리의 내일은 밝습니다.

12

자녀를 노엽게
하지 말라

왜 우리가 자녀를 노엽게 하지 않도록 주의해야 합니까?
그것은 자녀를 바로 다스리기 위해서입니다.

에베소서 6:4

또 아비들아 너희 자녀를 노엽게 하지 말고 오직 주의 교훈과 훈계로 양육하라

자녀를 노엽게
하지 말라

　　부모인 우리들은 저마다 하나님이 주신 자녀들을 키우고 있습니다. 그런데 근래에 들어와서 자녀 교육 문제를 놓고 많은 부모가 마음에 동요를 느끼고 있는 것이 사실입니다. 어떻게 자녀를 가르칠 것인가에 대해서 분명한 확신이 없기 때문입니다. 과거에는 자신 있게 자녀를 훈육했는데 요즈음에는 그렇지가 않습니다. 부모가 무엇인가 머뭇거리는 기색이 자녀들 앞에 그대로 노출될 때가 많습니다. 자녀들이 부모를 볼 때도 확고한 교육관이 없다는 인상을 느낄 수 있을 만큼 부모인 우리들이 권위를 상실하고 있습니다. 이것은 대단히 심각한 문제입니다.

　　하나님의 말씀으로 사는 크리스천의 가정들이 이상하게도 하나님의 말씀이 가르쳐 주시는 진리의 확신을 갖고 굳게 서기보다는 자꾸 변화해 가는 세상의 교육관에 물들어서 점점 자녀 교육의 문제에 자신을 잃어버리고 있다는 사실을 부정할 수가 없습니다. 이것은 절대 하나님이 기뻐하시는 일이 아닙니다. 하나님이 가르쳐 주신 올바른 가치관에 바로 서 있는지 살펴보는 기회를 이 책을 통해 갖길 바랍니다. 또 하나님의 말씀을 확실히 믿고 가르칠 수 있는지를 다시 한번 검토해 보십시오.

> 또 아비들아 너희 자녀를 노엽게 하지 말고 오직 주의 교훈과 훈계
> 로 양육하라_엡 6:4

본문에서 아비는 아버지만을 뜻하는 것이 아닙니다. 그것은 어버이를 일컫는 말이요, 아버지를 대표로 불렀을 뿐입니다. 옛날에 자녀를 무섭게 다루는 분은 어머니라기보다는 아버지였다는 사실을 우리는 상식적으로 잘 알고 있습니다. 그런데 오늘 우리가 주목해야 할 점은 현대의 교육학자들이 이 말씀을 악용하여 치명적인 피해를 주고 있다는 사실입니다. 많은 학자가 이 말씀을 주관적으로 잘못 해석하여 그릇된 교육 이론을 주장하고 있기 때문입니다.

지금으로부터 3, 40년 전만 해도 자녀 교육 문제가 어느 정도 선이 뚜렷했습니다. 부모가 옳고 그른 것을 분별하여 가르칠 수가 있었습니다. 자녀가 잘못했을 때는 징벌을 가할 수 있었습니다. 또 징벌을 받는 자녀도 그 사실을 당연하게 받아들였습니다. 그러나 최근에 들어와서 교육 이론이 상당히 많이 바뀌었습니다. 과거에 그렇게 강압적으로 자녀를 징벌하던 교육 방법은 이제 합당하지 않다는 견해가 등장한 것입니다. 자녀를 노엽게 해서도 안 되고 구타하거나 벌을 주어서도 안 된다는 이론이 강하게 대두되었습니다.

많은 사람이 성경을 잘못 이해하고 있습니다. 구약의 하나님은 노여워하시는 하나님이지만 신약의 하나님은 사랑의 하나님이므로, 자녀를 가르칠 때도 노여워하는 부모로서 교육을 하지 말고 사랑으로 가르쳐야 한다는 이론이 사람들의 마음을 사로잡고 있습니다. 그래서

요즈음에는 오히려 자녀를 때리는 것을 이상하게 생각하는 풍조가 생겼습니다. 자녀를 과격하게 다스리는 부모를 구시대의 사람으로 보는 경향이 있습니다. 이것은 자녀를 노엽게 하지 말라는 하나님의 말씀을 분명히 잘못 해석하고 있는 것입니다.

어린 자녀라고 선한 것이 아닙니다

자녀를 때려서도 안 되고, 벌을 가해서도 안 되고, 엄하게 다스려서도 안 된다는 이 현대사상 밑바닥에는 인간이 선하다고 주장하는 성선설이 자리를 잡고 있습니다. 사람은 근본적으로 선하므로 잘 계발시키기만 하면 때리지 않아도, 큰 소리를 치지 않아도 자연적으로 선도가 된다는 것입니다. 이런 이론이 타당하고 성경적이라고 생각하십니까? 이것은 완전히 성서에 도전하는 이론입니다. 인간의 본성이 선하다고 말하는 것은 하나님의 진단을 완전히 무시하는 것입니다.

> 여호와께서 사람의 죄악이 세상에 가득함과 그의 마음으로 생각하는 모든 계획이 항상 악할 뿐임을 보시고_창 6:5

여호와께서는 사람이 생각하는 모든 것이 항상 악하다고 보셨습니다. 인간은 근본적으로 악하다고 하는 것이 하나님의 진단입니다. 인간의 마음은 태어날 때부터 전적으로 부패한 마음입니다. 그러므로 인간은 하나님을 떠나서는 구제 불능입니다. 하나님이 인간을 그렇게 보셨기 때문에 인간을 다스리는 방법, 하나님이 그의 자녀를 교육하시는 방법이 특별했습니다. 그는 율법을 가지고 다스렸습니다.

구약을 보면 하나님이 이스라엘 백성을 자기 백성으로 선택하고 그 백성을 거룩한 자녀로 양육하려고 하실 때 율법을 사용하셨습니다. 율법은 해야 할 것, 해서는 안 될 것을 분명히 가르쳐 줍니다. 우리가 해야 할 것을 바로 순종할 때는 축복이, 하지 말아야 할 것을 범할 때는 심판이 따릅니다. 하나님은 이 두 가지를 정해 놓으시고 사람들이 그대로 따르며 살도록 하셨습니다. 그렇게 하지 않으면 인간은 그 악한 마음을 가지고 하나님께 순종도 안 할 뿐만 아니라 바로 성장도 할 수 없다고 판단하셨기 때문입니다. 지금은 신약시대라고 해서 이 율법 정신이 폐지되지 않았습니다.

> 너희가 참음은 징계를 받기 위함이라 하나님이 아들과 같이 너희를 대우하시나니 어찌 아버지가 징계하지 않는 아들이 있으리요 징계는 다 받는 것이거늘 너희에게 없으면 사생자요 친아들이 아니니라_ 히 12:7-8

사랑의 하나님이라고 해서 징계를 하지 않는다고 생각합니까? 하나님은 말씀하시기를 징계를 받지 않는 자녀는 자기 자식이 아니라고 했습니다. 자기 자식은 누구나 다 징계하고 벌을 준다고 했습니다. 이러한 하나님의 법칙이 신약시대나 구약시대나 전혀 달라진 것이 없습니다. 뿐만 아니라 이와 같이 인간의 마음이 악하고 본성이 나쁘기 때문에 하나님께서 국가라는 제도를 주셨습니다. 또 국가 관리들의 손에 칼을 쥐어 주셨습니다. 달리 말하면, 법을 지탱할 수 있는 권위를 주셨다는 말입니다. 예를 들어, 자동차 운전을 할 때 교통 법규를 지키지 아니하고 제멋대로 운전하는 사람에게는 벌금을 매깁니다. 또 음주 운전을 하는 사람에게는 무거운 벌칙을 가합니다. 하나님께서는 인간의 마음이 워낙 악하기 때문에 이런 강한 제도를 허락하셨습니다.

만약에 우리 사회에서 그와 같은 교통법규를 없애 버린다면 이 사회는 하루아침에 무법천지가 될 것입니다. 그러므로 절대 하나님의 법칙에 도전해서는 안 됩니다. 자녀를 노엽게 해서는 안 된다는 말씀을 악용하는 세상의 교육 이론에 무턱대고 현혹되어서도 안 됩니다. 세상의 일부 교육학자들이 성경 말씀을 주관적으로 해석하여 그들의 이론을 정당화하는 까닭으로 인해 선량한 많은 사람이 희생을 당하고 있다는 사실을 우리가 잘 알아야 합니다.

미국이 그런 희생을 당한 최초의 국가가 아닌가 생각됩니다. 미국은 70년대 초반까지도 이런 이론이 크게 성행했습니다. 그런 이유로 교도소에서 죄인을 가볍게 다루어서 사회에 복귀시켜 많은 부작용이 야기되었습니다. 소위 교화를 한다고 해서 벌을 크게 가하지 않고 인격적으로 대우해 주며, 목사나 의사의 도움을 받아 정신적으로 잘못된 부분을 시정해서 다시 사회로 내보냈습니다. 그 결과로 사회 범죄가 급증했습니다. 그래서 요즈음은 좀 달라졌다고 합니다. 중벌을 주는 경향이 나타나고 있습니다. 벌을 받아야 할 사람에게 자칫 잘못 관용하면 도리어 그 반대 결과가 나타나는 경우가 더 많다는 이론이 지금 미국 사법계의 일반적인 견해라고 합니다.

요즘 우리나라의 경우에도 중벌주의를 피하고 있습니다. 죄지은 사람에게 인간적인 대우를 해 주며 품성을 교화하려고 노력을 합니다. 아무리 큰 죄를 지은 사람이라 할지라도 마땅히 인격적인 대우를 해 주어야 합니다. 그렇지만 한 가지 분명한 사실이 있습니다. 벌을 받아야 할 사람이 자기가 마땅히 치러야 할 죗값을 치르지 않아도 된다는 생각을 하는 제도라면 벌써 그 자체가 모순을 안고 있다는 것입니다.

오늘날 대한민국 사회에서 이렇게 청소년 범죄가 범람하는 이유가 어디에 있습니까? 가정에서부터 자녀들을 바로 가르치지 못하기 때문입니다. 자녀를 노엽게 하지 말라는 하나님의 말씀을 잘못 이해하고 있는 데에 문제점이 있는 것입니다.

교훈과 훈계로 양육하기 위한 자격은?

자녀를 노엽게 하지 말라는 이 말씀을 똑바로 이해해야 합니다. 자녀를 노엽게 한다는 말은 자녀의 마음속에 반감을 갖게 한다는 뜻으로 해석할 수 있습니다. 달리 말하면, 자녀의 가슴속에 복수심을 갖게 한다는 뜻과 같습니다. 이 말씀은 자녀를 때리지 말라는 의미가 아닙니다. 자녀를 나무라지 말라는 의미도 아닙니다. 그런데 이 말씀 다음에 나오는 말씀이 매우 중요합니다. "주의 교훈과 훈계로 양육하라"에서 교훈과 훈계는 둘을 나누어서 생각할 수 없는, 매우 밀접한 관계를 나타내는 단어들입니다. 교훈이 없는 훈계는 잘못된 것이요, 훈계가 없는 교훈 또한 의미를 없기 때문입니다.

그런데 우리말로 교훈이라고 번역한 것이 별로 적합하지 않습니다. 그 단어의 원래 뜻은 우리말의 징벌에 해당하는 것입니다. 헬라어 연구의 최고 권위자인 토헨치는 이 단어를 징벌로 해석했습니다. 그런즉 자녀가 법과 규칙을 제대로 지킬 때는 칭찬하고 격려하지만, 그것을 범하고 부모의 권위에 도전할 때는 징계를 가하는 것이 이 교훈이란 단어가 가지고 있는 뜻입니다. 왜 우리가 자녀를 노엽게 하지 않도록 주의해야 합니까? 그것은 자녀를 바로 다스리기 위해서입니다. 징벌을 바로 하기 위해서입니다. 잘못할 때는 잘못한 대로 그 대가를 치르도록 하여 자식이 잘못했다는 것을 깨닫고 고치도록 하기 위해서입니다. 이것을 하기 위해서 우리는 자녀를 노엽게 하지 말아야 한다는 말입니다. 이것은 대단히 중요한 진리입니다.

사실 우리가 자녀들을 주님의 말씀에 기초해서 징벌하는 것은 쉬운 일이 아닙니다. 요즈음 대부분의 부모가 "자녀를 때려서는 안 돼. 지금은 봉건적으로 자녀를 다루는 시대가 아니야"라고 말을 합니다. 이것은 많은 부모가 자녀를 하나님의 말씀으로 교육하려고 노력하지 않는 데서 오는 현상입니다. 하나님의 말씀은 자녀가 잘못을 범했을 때 징벌해야 할 것은 징벌해야 한다고 가르칩니다. 그런데 세상의 교육 이론은 인간의 생각을 하나님의 말씀보다 더 중요시하는 까닭으로 우리에게 무서운 결과를 초래하는 것입니다. 오늘날 청소년 세계가 무법천지가 되어 가는 원인은 우리가 자녀를 하나님의 말씀으로 가르치지 않기 때문입니다.

우리는 흔히 미국인들은 자녀를 때리지 않는다고 생각합니다. 전적으로 그렇지만은 않습니다. 미국에는 두 가지 이론이 팽팽하게 맞서 있습니다. 일반 심리학자들과 크리스천 심리학자들 사이에도 이론이 맞서 있습니다. 한쪽은 자녀를 때려서는 안 된다고 하고, 다른 한쪽은 때려야 한다고 주장합니다. 때리지 말아야 한다고 주장하는 학자의 견해를 보겠습니다. 발루세코라는 학자는 자녀에게 절대 매질을 해서는 안 된다고 가르칩니다. 매질은 사회악의 원인이 되기 때문에 자녀를 때려서는 안 된다고 그는 말합니다. 달리 말하면, 가정에서 자녀들을 부모가 때리면 그 자녀가 매질하는 것을 배운다는 것입니다. 그래서 매질을 배운 사람이 나중에 사회에 나가서 다른 사람을 구타하고 해친다는 것입니다. 그러므로 가정에서 그런 식으로 가르치면 오히려 사회악을 조장하는 결과를 가져온다고 주장하는 것입니다.

저는 발루세코의 주장에 동의할 수 없습니다. 현실적으로 너무나 동떨어진 이야기를 하고 있기 때문입니다. 성경적으로 보면 발루세코

자녀를 노엽게 하지 말라

의 이론은 오히려 반대가 된다고 할 수 있습니다. 자녀가 잘못을 범했을 때 그 자녀를 징벌하지 않기 때문에 오히려 자녀가 잘못되는 경우가 더 많습니다. 많은 부모가 이러한 점에서 실패하고 있습니다. 자녀를 사랑하는 부모는 그 자녀가 잘못했을 때 합당한 징벌을 할 수 있어야 합니다.

자녀를 바로 징벌하기 위해서는 부모가 자격을 갖추어야 합니다. 부모가 자녀를 노엽게 하는 일을 하지 않을 만한 자격을 갖추어야 합니다. 자녀를 바로 징벌하고 바로 책망하고, 바로 교육하기 위해서는 자녀를 노엽게 하는 요소를 부모가 가지고 있지 않아야 한다는 말입니다. 만약에 자녀를 징벌할 때 자녀가 원한을 품도록 매를 때렸다면 그것은 부모가 벌써 때리는 자로서 자격을 상실한 것입니다. 그리고 징벌을 한 다음에 반드시 훈계를 해야 합니다. 훈계는 하나님의 말씀으로 가르치는 것입니다. 신명기 6장 6절 이하에 하나님께서는 우리에게 가르치는 직책이 있다는 것을 말씀하셨습니다. 앉았을 때나 일어섰을 때나 누웠을 때나 길을 갈 때에나 어디서든지 자녀를 말씀으로 가르치라고 했습니다. 이것이 하나님께서 우리 부모들에게 주신 중요한 책임입니다.

오늘 내가 네게 명하는 이 말씀을 너는 마음에 새기고 네 자녀에게 부지런히 가르치며 집에 앉았을 때에든지 길을 갈 때에든지 누워 있을 때에든지 일어날 때에든지 이 말씀을 강론할 것이며_신 6:6-7

살인하지 말라는 하나님의 명령은 중요하게 여기고 지키지만, 자녀를 말씀으로 가르치고 교육하라는 하나님의 명령은 등한히 할 때가 많습니다. 매질만 하는 것은 교육이 아닙니다. 그것은 학대입니다. 본문 말씀에 나오는 교양, 즉 징계가 바로 되기 위해서는 훈계가 따라야 합니다. 훈계가 있을 때 징계가 바로 되는 것입니다. 내용이 없는 책망은 책망이 아니요, 그것은 잔인한 행위입니다. 이렇게 훈계를 바로 하고 징계를 바로 하기 위해서 우리는 자녀를 노엽게 하지 않을 만한 부모로서의 자격을 갖추어야 합니다.

그러면 어떤 경우에 자녀가 마음에 원한을 갖는지 한번 돌려놓고 생각해 봅시다. 예를 들어, 부모의 변덕스러운 성격으로 인해서 자녀에게 매를 댄다든지 꾸중을 하면 그 자녀의 마음에 원한이 생깁니다. 어머니가 어제만 해도 사랑스럽다고 뽀뽀를 해 주셨는데 오늘은 뚜렷한 이유도 없이 막 야단을 친다면 자녀는 마음을 잡지 못합니다. 달리 말하면, 부모의 인격을 신뢰하기 어려운 것입니다. 너무 변화무쌍하니까 신뢰를 못합니다. 그럴 때 자녀가 매를 맞든지 욕을 들으면 그는 부모의 성격 때문에 혼이 난다는 피해 의식을 갖게 됩니다. 그러면 자녀의 마음속에 분함이 치밀어 올라오는 것입니다. 원한이 쌓이기 시작하는 것입니다. 특히 어머니들은 남편 때문에 기분 상한 것을 자녀에게 푸는 실수를 절대 하지 말아야 합니다. 자녀들은 굉장히 예민하게 봅니다. 너무나 무서운 아이들입니다. 자녀들 앞에서 부모가 인격적으로 신뢰할 수 없는 부모로 비쳤다면, 자녀를 엄하게 다루면 다룰수록 그 자녀의 마음에는 더욱 분노가 치솟는 것입니다.

○ ○ ○ ○ ○ ○ ○ ○ ○ ○ ○ ○ ○ ○

잘못을 납득시킨 다음에 징벌하라

또 한 가지 유의해야 할 점이 있습니다. 매를 들기 전에는 반드시 분명한 이유를 제시해야 한다는 것입니다. 합당한 이유가 없이 매를 댄다든지 욕을 하면 자녀의 마음은 노여움으로 가득 차게 됩니다. 부모가 공정하지 못하다고 여기기 때문입니다. 아무리 아이가 잘못한 일이 있더라도 부모는 인내해야 합니다. 자녀를 불러서 이유를 분명히 밝혀야 합니다. 그리고 자녀가 무엇을 잘못했는지를 자기 스스로 시인하도록 만들어야 합니다. 그런 다음에 부모가 징벌을 하면 자녀는 자기가 당연히 벌을 받아야 할 사람이라는 것을 인정하게 됩니다.

저의 부친은 몹시 엄하신 분이라 저는 어렸을 때 매를 많이 맞았습니다. 지금은 그때 맞은 것을 감사히 여기고 있습니다. 왜냐하면 맞을 짓을 많이 했기 때문입니다. 그런데 어떤 때는 아버지가 왜 그러셨는지 이유를 도무지 알 수 없는 매를 맞을 때가 있었습니다. 그때 저는 굉장히 분했습니다. 얼마나 화가 났는지 순간적으로 아버지가 빨리 죽어 버렸으면 좋겠다고 생각할 정도였습니다. 그게 바로 원한이라는 것입니다. 마음에 분노가 일어났다는 것입니다. 그것은 분명히 아버지의 실수였습니다. 자녀를 노엽게 하지 말라는 말씀에 어긋난 행동을 한 것입니다. 그러므로 자녀가 잘못했을 때는 반드시 자녀의 잘못을 납득시킨 다음에 징벌을 해야 합니다. 그렇지 않고 자녀에게 무조건 매를 댈 때는 자녀가 원한을 갖습니다.

예를 들어서, 신경질적으로 자녀를 때리는 부모가 있습니다. 무분별하게 손에 잡히는 대로 아이를 막 때립니다. 이것은 인격 모독입니다. 짐승이라도 그렇게는 안 때립니다. 성경에 보면 사람을 때려도 40대 이상의 태장은 때리지 말라고 했습니다. 이것은 사람을 짐승처럼 다루지 말라는 경고라 할 수 있습니다. 자녀는 하나님이 주신 고귀한 인격인 동시에 선물입니다. 내 것이 아닙니다. 자녀를 나의 것이라고 여기는 망상을 버리시기를 바랍니다. 자녀는 하나님의 필요로 그분이 이 세상에 보내 주신 하나의 인격체입니다. 부모는 단지 자녀를 맡아서 하나님의 명령대로 양육하는 책임만 있을 뿐입니다.

자녀의 인격을 존중해야 합니다. 자녀는 자녀대로 살아야 할 자기 생활이 있고, 하나님 앞에서 해야 할 사명이 있습니다. 그러므로 자녀의 말을 귀담아 들어주고 인격을 존중해 주어야 합니다. 손은 자녀에게 사랑의 표현을 하는 도구입니다. 자녀를 안아 주고 쓰다듬어 주는 데 사용되어야 할 손을 가지고 분을 주체하지 못하고 마구 때리는 것은 부모로서 몰상식한 태도입니다. 양심이 있는 부모는 손으로 때리지 않습니다. 회초리를 사용합니다. 우리가 잔혹하게 자녀를 다룰 때 자녀의 마음에 원한이 쌓이는 것입니다. 인격을 존중하는 부모는 매를 들어야 할 때는 반드시 그 자녀의 마음에 노여움이 생기지 않도록 예비 조치를 합니다. 왜 맞아야 하는지를 설명하고 맞아도 좋다는 자녀의 동의를 얻습니다.

돕슨의 책에 이런 일화가 실린 것을 보았습니다. 어떤 부부가 자녀 둘을 데리고 외식을 하러 식당에 갔습니다. 음식을 주문하고 기다리고 있는데 5살 난 꼬마가 고함을 지르고 물을 쏟으면서 장난을 쳤습니다. 아빠가 타일러도 소용이 없었습니다. 그는 거듭 강경하게 아이에게 말했습니다. 아이는 한순간 조용하더니 또 장난을 쳤습니다. 아이가 연속 네 번을 그렇게 하자 그는 아이를 데리고 바깥으로 나갔습니다. 주차장에 있는 자기 차 옆에 아이를 세워 두고 종아리를 걷어 올렸습니다. "너 지금 아빠가 왜 때리는지 알지?" "예, 알아요." "내가 몇 번 하지 말라고 했지?" "네 번이요." "너 아빠가 때려도 할 말이 없지?" "예." 그는 아이의 종아리를 때리기 시작했습니다. 아이는 종아리를 맞고 아파서 팔딱팔딱 뛰며 소리 내어 울었습니다.

그런데 마침 그 주변을 지나가는 여인이 있었습니다. 그 여인이 뛰어오더니 "애를 이렇게 때리는 법이 어디 있어요? 경찰을 부르겠어요" 하면서 매를 그만 때리라고 야단을 치는 것이었습니다. 그러자 매를 맞던 아이가 갑자기 울음을 뚝 그치더니 하는 말이 "아빠, 저 아줌마가 왜 그러는 거야?" 하고 그 여인을 이상하다는 듯이 쳐다보았습니다. 그 아이는 자기가 잘못했으니까 당연히 아빠로부터 매를 맞아야한다는 것을 잘 알고 있었던 것입니다.

우리 한국인들은 자녀 교육 문제에 있어서 어떤 면에는 너무 훈련이 안 된 부분들이 있는 것 같습니다. 언젠가 어떤 외국인이 "너희 나라 사람들은 자식을 귀여워할 줄은 알면서 왜 제대로 훈련할 줄은 모르냐?"라며 가시 돋친 말을 했습니다. 그 사람의 지적이 옳습니다. 제가 미국의 한인 교회에서 자녀를 좀 엄하게 다스리라고 했더니 남의 나라에 와서 서러움 받는 것도 가슴이 아픈데 집에서조차 자녀를 때리고 야단치면 아이들이 기가 죽어서 어떻게 되겠느냐고 반문했습니다. 그들은 주일예배 시간에 아이가 법석을 떨고 교회 기물을 파손해도 가만히 둡니다. 너무 지나칠 정도로 아이에게 관대합니다. 어떤 경우는 한심하기까지 합니다. 지금 우리나라에서도 많은 부모가 아이들을 너무 귀여워할 줄만 알았지 바로 징계하지 못하는 사람들이 많습니다. 벌써 부모의 권위를 잃어버린 것입니다. 그것은 하나님의 방법이 아닙니다. 우리가 자녀의 잘못을 징계할 권위도 잃었고, 징계할 정당한 이유를 납득시킬 만한 아량조차 없다면 우리의 자녀 교육은 인격교육이라기보다 가지고 노는 것에 지나지 않을 것입니다.

2세나 3세가 되면 벌써 부모에게 도전하는 심리가 싹튼다고 합니다. 예를 들어, 부모가 가지 말라고 하면 아이는 일부러 가 봅니다. 도전하는 것입니다. 그런 본성이 있기 때문에 하나님께서 자녀를 바로 다스리라고 하십니다. 자녀를 귀여워만 하면 나중에는 감당할 수 없는 상황에 이르게 됩니다. 자녀를 징계하는 것을 두려워하지 마십시오. 그러나 매를 맞는 자녀가 원망이 없이 달게 맞을 수 있도록 납득을

시키고 징계해야 합니다. 이때 반드시 기억할 것은 매를 맞는 자녀를 사람대우하라는 것입니다.

자녀에게 모범을 보이는 부모

또 한 가지 우리가 명심해야 할 일이 있습니다. 부모가 된 우리가 훈계나 징계를 하기 전에 인격과 삶을 가지고 자녀에게 먼저 모범을 보여야 한다는 것입니다. 자녀들이 부모를 볼 때 신뢰할 수 있고 부모의 사랑을 분명히 확신할 수 있도록 삶의 모범을 보여야 합니다. 부모를 신뢰하는 자녀는 부모가 매를 때려도 그 사랑을 의심하지 않습니다. 부모가 책망을 하더라도 당연하게 부모를 이해합니다. 그렇게 하려면 부모가 자녀에게 모범을 보여야 하는데 이것이 쉬운 일이 아닙니다. 그러나 우리가 절대로 피해 갈 수 없는 책임이라는 것을 알아야 합니다. 부모가 사랑으로 깊이 있게 자녀를 다룰 때 그 자녀는 어떤 징계라도 달게 받는다는 사실을 잊지 마시기를 바랍니다.

오래전에 이어령(李御寧) 씨의 글을 인상 깊게 읽은 적이 있습니다. '내밀성이 사라진 가정에는 인생이란 없다'라는 말이었습니다. 그는 어느 심리학자의 말을 인용해서 인간에게는 모든 사물을 들여다보고 싶어하는 의지가 있다고 말합니다. 예를 들어, 모든 자녀의 마음에는 엄마 아빠의 마음을 알고 싶은 호기심이 작용한다고 합니다. 그런데 불행하게도 현대 인간은 그 속이 너무 얕아서 들여다볼 가치가 없다는 것입니다. 이것은 요즈음 부모는 깊이가 없다는 말로 해석할 수 있을 것입니다.

즉, 돈밖에 모르는 부모, 자나 깨나 공부만 강요하는 부모, 자녀에게는 관심도 없이 바쁘게 돌아다니는 부모, 자식과의 진정한 대화가 이미 끝나 버린 부모 등 그 속이 너무 빤히 들여다보이는 것입니다. 이런 부모를 보며 자녀가 느끼는 것이 무엇이겠습니까? 그들이 본받아야 할 부분이 얼마나 되겠습니까? 이런 판국에 자식이 돈만 보면 정신을 못 차린다고 나무랄 수 없습니다. 무엇이나 아낄 줄 모르고 낭비한다고 훈계할 수 없습니다. 그런 부모는 자녀를 향해 매를 들지 못합니다. 모범의 권위가 퇴색한 마당에 큰소리를 칠 수 없는 것입니다. 엄하게 꾸짖을 수 없습니다. 그렇게 했다가는 자녀를 더 망치게 할지도 모릅니다.

우리가 자녀를 바로 징계하고 바로 교육하기 위해서는 자녀를 노엽게 하는 요소들을 우리 자신에게서 제거해야 합니다. 그러하기 위해서 우선 모범을 보여야 합니다. 생활에 모범이 될 뿐만 아니라 바른 가치관을 가져야 합니다. 그럴 때 자녀를 바로 징계하고 훈계할 수 있습니다. 이것은 우리 모두의 책임입니다. 하나님이 기뻐하시는 거룩한 삶을 통해서 자녀들이 스스로 머리를 숙일 수 있도록 성령께서 부모인 우리에게 은혜를 주시기를 바랍니다. 우리에게 잃어버린 징계의 권위, 모범의 권위를 다시 회복시켜 주시기를 바랍니다. 자녀가 부모의 징벌을 사랑의 채찍으로 받아들일 수 있도록 부모로서의 능력과 지혜를 가질 수 있기를 바랍니다.

그리스도인의 가정에서 자녀가 바로 자라나지 못한다면 우리나라의 장래는 너무 암담합니다. 그러므로 우리의 사명이 막중합니다. 아무도 자녀를 잘 교육할 수 있다고 자신 있게 말할 수 없습니다. 그러나 하나님의 말씀대로 자녀를 가르친다면 염려할 필요가 없습니다. 부모로서의 사명을 한시도 잊지 말고 주님이 말씀하신 대로 교훈과 훈계를 해야 합니다. 자녀의 마음에 분노를 일으킬 수 있는 어떠한 잘못도 범하지 않는 부모가 되도록 노력해야 합니다.

13

어머니의
사랑

위대한 꿈과 비전을 자녀들에게 심어 줍시다.
자녀들의 고통에 함께 동참합시다.
그리고 부모의 사랑을 통해서 하나님의 사랑을 가르쳐 줍시다.

사무엘하 21:7-14

7 그러나 다윗과 사울의 아들 요나단 사이에 서로 여호와를 두고 맹세한 것이 있으므로 왕이 사울의 손자 요나단의 아들 므비보셋은 아끼고 8 왕이 이에 아야의 딸 리스바에게서 난 자 곧 사울의 두 아들 알모니와 므비보셋과 사울의 딸 메랍에게서 난 자 곧 므홀랏 사람 바르실래의 아들 아드리엘의 다섯 아들을 붙잡아 9 그들을 기브온 사람의 손에 넘기니 기브온 사람이 그들을 산 위에서 여호와 앞에 목 매어 달매 그들 일곱 사람이 동시에 죽으니 죽은 때는 곡식 베는 첫날 곧 보리를 베기 시작하는 때더라 10 아야의 딸 리스바가 굵은 베를 가져다가 자기를 위하여 바위 위에 펴고 곡식 베기 시작할 때부터 하늘에서 비가 시체에 쏟아지기까지 그 시체에 낮에는 공중의 새가 앉지 못하게 하고 밤에는 들짐승이 범하지 못하게 한지라 11 이에 아야의 딸 사울의 첩 리스바가 행한 일이 다윗에게 알려지매 12 다윗이 가서 사울의 뼈와 그의 아들 요나단의 뼈를 길르앗 야베스 사람에게서 가져가니 이는 전에 블레셋 사람들이 사울을 길보아에서 죽여 블레셋 사람들이 벧산 거리에 매단 것을 그들이 가만히 가져온 것이라 13 다윗이 그곳에서 사울의 뼈와 그의 아들 요나단의 뼈를 가지고 올라오매 사람들이 그 달려 죽은 자들의 뼈를 거두어다가 14 사울과 그의 아들 요나단의 뼈와 함께 베냐민 땅 셀라에서 그의 아버지 기스의 묘에 장사하되 모두 왕의 명령을 따라 행하니라 그 후에야 하나님이 그 땅을 위한 기도를 들으시니라

어머니의
사랑

이번 본문은 대단히 어려운 말씀 중의 하나입니다. 먼저 본문의 배경을 간단히 소개하겠습니다. 다윗의 통치를 받던 이스라엘에 갑자기 기근이 몰아닥쳤습니다. 만 3년이 넘도록 기근이 계속되자 다윗은 견디다 못해 하나님 앞에 부르짖었습니다. 왜 이스라엘에 기근이 왔는지 그 원인을 가르쳐 달라고 간절히 매달려 기도했습니다. 하나님께서 다윗의 기도에 응답하셨습니다. 사울이 기브온 백성들을 아무 이유 없이 학살했기 때문에 그 죗값을 치르는 것이라고 가르쳐 주셨습니다.

여호수아가 이스라엘 백성을 이끌고 가나안을 정복할 당시에 이 기브온 백성들과 평화조약을 맺은 적이 있었습니다(수 9:3-27 참조). 백성들을 이스라엘에서 쫓아내지 않고 그들을 죽이지도 않겠다는 약속이었습니다. 그 평화조약 덕분으로 기브온 백성들은 수백 년 동안을 별걱정 없이 잘 지낼 수 있었습니다. 그런데 사울이 왕이 되고 나서부터 평화로운 분위기는 깨졌습니다. 그가 아무 죄도 없는 기브온 백성들을 무자비하게 학살했기 때문입니다. 하나님은 자신의 이름을 걸고 맹세한 평화조약을 함부로 깨뜨리는 일을 큰 악으로 다루었습니다. 그 결과 이스라엘에 기근이 몰아닥치게 되었던 것입니다.

이스라엘을 향한 하나님의 징계 이유를 알게 된 다윗은 기브온 백성 중에서 대표자 몇 명을 불렀습니다. 그리고 그들에게 "어떻게 하면 당신 백성들의 억울함을 풀어줄 수가 있겠소?" 하고 물었습니다. 그때 기브온 대표자는 "사울의 자손 중에서 아들 7명을 택해서 제물로 내주시면 우리가 그들을 나무에 달아 죽임으로 맺힌 원한을 풀겠소" 라고 답변했습니다. 다윗이 협상 조건을 수락하고 사울의 자손 중에서 아들 7명을 내주었습니다. 그러자 기브온 사람들이 그 7명을 사울의 고향인 기브아에 있는 어느 동산의 나무에 매달아 죽였습니다. 그래서 그들은 오랫동안 가슴에 품고 있었던 원한을 풀 수 있었습니다.

이러한 본문의 배경을 살펴보면서 우리는 한 가지 의문점을 갖게 됩니다. 그것은 조상의 죄 때문에 왜 후손이 원통한 일을 당해야 하는가 하는 문제입니다. 구약시대에는 이와 같은 사례들이 많았습니다. 예를 든다면, 솔로몬이 범죄한 대가를 그의 아들 르호보암이 받았다든지, 아합이 범죄한 죗값을 그의 아들과 형제들이 받은 것 등을 들 수 있습니다. 후손들이 조상의 죗값을 보응을 받는지 그 이유를 묻는다면 저도 분명하게 설명을 드릴 수가 없습니다. 하나님이 왜 그렇게 하시는지 그 깊은 진의를 정확하게 깨닫기란 참으로 어렵습니다. 그렇다고 우리가 잘 깨닫지 못한다고 해서 하나님이 공의로우신 분이 아니라는 말은 절대 성립될 수 없습니다. 하나님의 뜻을 바로 깨달을 만할 능력이 우리에게 없기 때문에 이해를 못할 뿐입니다. 하나님의 공의는 영원히 변함이 없습니다.

리스바의 영원한 모정

사울의 아들 7명이 나무에 달려 죽은 후 놀라운 일이 벌어졌습니다. 그것은 사울 때문에 비참하게 두 아들을 잃어버린 어떤 어머니에 관한 이야기입니다. 그의 이름은 리스바입니다. 그 여인은 아들이 사형을 당했던 언덕에 올라가서 천막을 치고 아들의 시체를 지키는 일을 했습니다. 낮에는 새들이 시체를 해치지 못하게 막았고, 밤에는 짐승들이 시체를 습격해 올까 봐 뜬눈으로 밤을 지새웠습니다. 약한 여자의 몸으로 봄부터 가을까지 6개월 동안을 아들의 시체 곁을 떠나지 않고 지켰습니다. 이 리스바의 사건은 구약에서 가장 비극적인 어머니의 사랑을 보여 주는 애절한 한 토막의 이야기라 할 수 있을 것입니다.

원래 율법에 의하면 나무에 달린 죄인의 시체는 해가 지기 전에 끌어내려 장사를 지내게 되어 있습니다(신 21:22-23 참조). 그런데 당시 사건은 아마 특별한 경우였나 봅니다. 일반적인 원칙을 따르지 않고 시체가 매달린 채 부패하여 저절로 산화될 때까지 그대로 두게 했습니다. 이것이 어디에 근거한 법인지는 성경에 나와 있지 않지만, 하여튼 이 7명의 시체는 6개월 동안 나무에 달려 있었습니다. 그러니 그 시체가 나중에 다 부패하여 뼈만 남았습니다. 얼마나 비참한 장면입니까? 그것을 두 아들의 어머니인 리스바가 지켜보고 있었던 것입니다.

리스바의 이야기는 곧 널리 퍼져 나갔습니다. 이 슬픈 어머니의 이야기는 이스라엘 백성들을 감동시켰습니다. 다윗 왕도 크게 감동한 나머지 리스바의 마음을 달래 주려고 위로할 방도를 찾기 시작했습니다. 드디어 그가 내린 결정은 사울 왕 부자와 나무에 달려 죽은 일곱 아들의 유골을 거두어서 성대한 장례식을 치르게 한 것이었습니다. 한 어머니의 애틋한 사랑이 결국 아들의 죽음을 욕되지 않도록 만들었던 것입니다.

리스바의 아들에 대한 사랑은 정말 놀랍기만 합니다. 정말 눈물겹습니다. 이 세상에서 어머니가 아니고서는 어떻게 그런 일을 할 수가 있겠습니까? 우리는 이 사건을 통해서 어머니의 사랑만이 지닌 특징을 발견할 수 있습니다. 그것을 대략 세 가지로 나누어 살펴보기로 하겠습니다.

하나님의 사랑을 가장 닮은 사랑

첫째, 어머니의 사랑은 하나님의 사랑에 가장 가까운 사랑입니다. 리스바가 나무에 달려 죽은 아들 곁에서 6개월 동안 떠나지 않고 시체를 돌보며 그 고통을 견디는 모습은 인간의 죄 때문에 십자가에 달리신 예수님의 그 참혹한 죽음을 내려다보시면서 극진한 사랑을 표현했던 하나님의 사랑과 닮은 데가 많습니다. 우리가 약할 때 하나님이 먼저 우리를 사랑했고, 우리가 원수 되었을 때 하나님이 먼저 우리를 불러 주셨고, 우리가 아직 죄인 되었을 때 하나님이 우리를 대신해서 자기 아들을 희생시키셨습니다. 아무 조건 없이 우리를 사랑하는 것이 하나님의 사랑입니다. 어머니의 사랑 역시 마찬가지입니다. 어머니의 사랑만큼 이 세상에서 무조건적인 사랑이 없습니다. 부부간의 사랑이나 형제간의 사랑이나 친구 간의 사랑이 조건적인 성격을 띠고 있지만 어머니의 사랑만큼은 무조건적입니다.

죄에 빠진 인류에게는 하나님의 사랑이 생명입니다. 이처럼 자녀들에게는 어머니의 사랑이 생명 그 자체입니다. 그러므로 어머니의 사랑은 자녀들의 인격과 생애를 결정짓는 중요한 관건이 되는 것입니다. 훗날 지나온 인생을 회고해 볼 때 다른 기억은 다 사라질지라도 어머니의 사랑만은 남아 있습니다. 그 사랑의 흔적은 자녀의 마음 깊은 곳에 지워지지 않고 그리움으로 남아 있는 것입니다.

시인이자 영문학자였던 피천득(皮千得, 1910-2007) 씨의 어머니에 대한 글은 퍽 감동적입니다. 그의 어머니는 아깝게도 30대에 세상을 떠났습니다. 그런데 글로 표현한 그의 마음의 어머니는 너무나 아름답습니다. "30대에 세상을 떠난 우리 어머니는 얼마나 젊고 아름다웠는지 모릅니다. 내가 새 한 마리도 죽이지 않고 살아온 것은 엄마의 자애로운 마음이요, 햇빛 속에 웃는 나의 미소는 엄마한테서 배운 웃음입니다. 나의 간절한 희망이 있다면 엄마의 아들로 다시 세상에 태어나는 것입니다."

자녀들의 마음은 이렇게 어머니의 사랑에 대해서 향수를 느끼게 마련입니다. 이것은 누구나 다 한결같이 가지고 있는 마음입니다. 그만큼 그 사랑은 우리의 생명이나 다름없는 큰 힘이 있습니다. 왜냐하면 하나님의 사랑을 닮은 사랑이기 때문입니다. 하나님의 사랑을 가장 정확하게 가르쳐줄 수 있는 지름길은 어머니의 사랑입니다. 어머니의 사랑을 잘 이해하는 사람은 하나님의 사랑에 대해서도 잘 깨달을 수가 있습니다.

프랑스는 역사상 69명의 왕이 집권을 했다고 합니다. 그런데 그 가운데서 세 사람의 왕만이 백성들로부터 존경을 받았다고 합니다. 그 세 왕의 공통점을 분석해 보면 모두 친어머니의 손에 의해 양육된 왕이라는 사실입니다. 다른 66명의 왕은 모두 외부 사람들의 보살핌을 받으며 자란 왕들이라고 합니다. 이 예화는 어머니를 통해서 진정한 사랑을 체험한 왕이 그 사랑 때문에 백성들을 사랑할 수 있게 된다는 것을 말해 줍니다. 그 왕의 마음에 어머니의 사랑이, 나아가 하나님의 사랑이 심어져 있기 때문에 백성을 사랑하는 왕이 된 것입니다.

이 세상에서 가장 두려운 것이 무엇인지 한번 생각해 보신 적이 있습니까? 그것은 어머니의 사랑을 모르는 사람들이 이 땅 위에 가득해지는 것입니다. 물론 일찍이 어머니를 여의고 외롭게 자란 사람들 가운데서도 얼마든지 그 사랑 이상으로 큰 은혜를 아는 사람이 있습니다. 부모의 사랑을 받고 자란 사람들보다 더 풍성한 사랑을 가슴에 담고 살아가는 사람도 있습니다. 그것은 정말 특별한 은혜라고 말할 수 있을 것입니다.

북한 사회를 보면 대부분의 아이들이 젖먹이 때부터 탁아소에 맡겨져 양육되는 상황에 놓여 있습니다. 어머니의 사랑이 심어져야 하는데 세뇌 교육을 통해 공산주의가 자리를 잡게 되는 것입니다. 어릴 때부터 총 쏘는 연습이나 하고 자란 아이들이 나중에 사회에 가득하게 된다면 얼마나 무시무시한 일이 벌어지겠습니까? 무섭고 포악한 사회가 되지 않으려면 어머니들이 자녀들을 사랑으로 잘 양육하는 사회가 되어야 합니다.

그런데 오늘날 어머니의 사랑도 많이 타락한 것 같습니다. 이기적이고 조건적으로 변했습니다. 다 그런 것은 결코 아니지만 어머니의 사랑이 자녀들의 가슴 깊숙이 박히지 못하는 예를 종종 봅니다. 그 사랑이 타락했기 때문입니다. 어머니의 사랑에 감동을 받지 못한 자녀가 하나님의 사랑에 대해서도 잘 모르는 채 자라나고 있는 것이 현실입니다. 이것은 앞으로 무서운 위기를 초래할 것입니다.

오늘날 10대 청소년들이 저지르는 범죄는 너무나 끔찍합니다. 소년원에 가서 그들이 왜 나쁜 행동을 했는지 그 까닭을 살펴보십시오. 부모로부터 순수한 사랑을 받지 못했기 때문에 그 마음이 포악하게 된 것입니다. 그러나 예수님을 바로 믿는 가정의 자녀들은 다를 수밖에 없습니다. 부모가 하나님의 사랑을 알기 때문에 가슴 가득하게 그 사랑을 담아 어린 자녀들에게 쏟아 주면 자녀들이 놀라운 사랑의 감화를 받게 됩니다. 점점 하나님의 사랑을 알게 되고 하나님의 사랑 안에서 자라납니다. 결국은 남에게 사랑을 베풀 수 있는 아름다운 하나님의 자녀들이 되는 것입니다.

자식의 고통에 동참하는 사랑

두 번째, 어머니의 사랑은 자식의 고통을 함께 나누는 사랑입니다. 어머니의 사랑은 자식의 고통을 자기의 고통으로 받아들이는 사랑이라는 말입니다. 리스바는 아들의 수치와 고통을 같이 나누기를 마다하지 않은 어머니였습니다. 모든 사람이 달려 죽은 아들의 저주스러운 주검을 보고는 침을 뱉고 도망갔을 것이 분명하지만 이 어머니만은 자식의 수치와 고통을 같이 겪는 자리에 서 있었던 것입니다. 이 리스바의 이야기를 소재로 하여 조셉 루드야드 키플링(Joseph Rudyard Kipling, 1865-1936)이라는 시인이 쓴 시가 있습니다.

> 만일 내가 가장 높은 언덕 위에서
> 목이 매달려 죽는다면
> 어머니, 오 나의 어머니
> 마지막까지 변함없이
> 나를 사랑할 자 누구인지 내가 압니다
> 오! 어머니, 나의 어머니

이 짧막한 시구가 노래하는 것처럼 모정 가운데 가장 강한 일면은 바로 자녀의 고통에 동참하는 것입니다. 1963년에 상관을 사살한 혐

의로 최 모 일병이 사형 선고를 받은 사건이 있었습니다. 그때 어머니가 아들의 범죄 소식을 들었습니다. 그런데 그 어머니는 아들이 이미 사형을 당한 줄도 모르고 한강에 투신을 했습니다. 그리고 그가 벗어 놓은 고무신 속에 편지 한 통을 남겼습니다. '선생님들이여, 내가 아들 대신 죽을 테니 제발 내 아들놈 좀 살려 주십시오'라는 짤막한 글이었습니다. 자식의 수치와 고통에 눈물로 동참했던 어머니의 마지막 유서였습니다.

로버트 R. 브라운이라는 시인은 《십자가의 기적》이라는 책에서 예수님이 십자가에 달려서 고통받는 자리에 서 있는 마리아를 묘사하고 있습니다. 많은 사람이 예수님을 향해 조소하며 침을 뱉었지만, 어머니 마리아만은 예수님의 몸에서 흘러내리는 피로 몸을 적시며 아들의 신음을 들으며, 그 고통에 동참하며 서 있는 대목입니다. 그 순간을 로버트 R. 브라운은 인간적인 측면에서 이렇게 묘사했습니다. "십자가에 달린 예수님과 그 발치에 서 있는 어머니는 생명을 주는 관계에 있었다. 아들은 육신이 못 박혔지만 어머니는 그 영이 못 박혀서 서로가 고통에 참여하므로 어머니는 그 아들을 지탱해 주고 아들은 어머니를 지탱해 주었다. 여기에 영원한 승리가 있었다."

저는 브라운의 주관적인 해석이 퍽 의미가 있다고 생각합니다. 물론 예수님께서 십자가에서 고통을 참으신 것이 인간적인 사랑 때문은 아닙니다. 그것은 하나님께서 주신 능력이었습니다. 그런데 아들과 어머니라는 관계에서 볼 때 브라운의 묘사가 얼마든지 가능할 수 있습니다. 고통을 같이 나누는 자리에는 위대한 승리가 따라옵니다. 또 그 위대한 승리를 가져오는 데는 어머니의 사랑만이 갖는 위대한 힘이 있는 것입니다. 아무리 방탕한 자식이 있다고 할지라도 어머니가 아들을 위해 눈물을 흘린다면 아들은 바른 길로 돌아올 것입니다. 그 어머니의 눈물 속에는 놀라운 사랑이 숨어 있기 때문입니다.

그 예로 '눈물의 자식은 망하지 않는다. 기도하는 자식은 망하지 않는다'라는 명언을 남긴 어거스틴(Augustine 354-430)의 어머니를 잘 알고 있습니다. 이 말은 자녀의 부끄러웠던 인생행로를 따라다니면서 그 수치와 고통에 함께 동참했던 어머니의 간증입니다. 이것은 아들 어거스틴을 결국 새사람으로 변화시킨 어머니 모니카(Saint Monica, 332-387)의 눈물의 고백이었던 것입니다. 이처럼 모성애가 얼마나 위대한 것인지는 말로 다 설명할 수 없습니다.

그런데 오늘날 이 위대한 힘이 점점 상실되어가고 있다는 느낌을 지울 수가 없습니다. 이기주의에 사로잡혀서 자녀들을 돌보지 않는 부인을 흔히 만날 수 있습니다. 자기의 입장이 불리하면 얼마든지 자식을 버릴 수 있는 어머니, 자식의 수치와 실패 앞에서 그것을 마치 남의 일처럼 등을 돌리는 어머니들도 있습니다. 그렇기 때문에 이 사회는 그만큼 악해지는 것입니다. 어머니의 사랑이 없는 가정에서 자라난 자녀들이 나중에 가서 무서운 일을 저지르지 않는다는 보장이 어디 있습니까? 그것은 마치 불을 보듯 뻔한 일인 것입니다.

자녀의 실패를 치유할 수 있는 능력이 우리에게 있습니다. 자녀의 무능력을 치유할 수 있는 능력이 우리에게 있습니다. 자녀의 고통을 기쁨으로 변화시킬 수 있는 능력이 우리에게 있습니다. 이 일은 리스바처럼 자녀의 고통에 동참하므로 가능합니다. 어머니의 사랑만이 갖는 힘, 이 위대한 사랑의 힘을 우리는 회복해야 합니다.

○ ○ ○ ○ ○ ○ ○ ○ ○ ○
위대한 뜻을 가진 어머니

세 번째, 어머니의 사랑은 뜻을 가진 사랑입니다. 리스바가 아들의 시체 곁에서 6개월 동안을 지낼 수 있었던 것은 그에게 강한 의지가 있었기 때문입니다. 그 의지에는 자식의 죽음을 헛되게 하지 않겠다는 강한 의지가 있었습니다. 조상의 죄 때문에 목이 달려 죽은 자식이지만 그의 죽음이 헛되어서는 안 된다는 어머니의 강한 신념이 작용한 것입니다. 결국 그 사랑의 의지는 성대한 장례를 치르는 것으로 보답을 받기에 이르렀습니다.

그리고 그 어머니에게는 또 다른 성격의 강한 의지가 있었습니다. 그것은 아들의 희생으로 말미암아 나라의 기근이 끝날 수만 있다면 아들의 죽음은 보람되다는 신념을 가지고 있었던 것입니다. 그렇기 때문에 하나님이 비를 내려 주시는 그때까지 그 자리를 떠나지 않고 아들의 시체를 지켰습니다. 정말 강한 의지입니다.

우리가 잘 아는 바와 같이 어머니의 가슴에 담겨 있는 꿈은 그 어머니의 손에서 양육을 받는 자녀들의 가슴에 그대로 전달됩니다. '아빠는 기계를 만드나 엄마는 인물을 만든다'라는 속담이 있습니다. 어머니의 존재가 중요합니다. 천박한 생각만 하는 엄마에게는 천박한 자식이 태어나기 마련이고 꿈이나 비전이 없이 돈만 아는 엄마에게는 속물 같은 자식이 태어나는 법입니다. 역사적으로 어머니의 사랑 속에 담겨 있는 강한 의지와 비전을 배우며 자라난 자식이 훗날 훌륭한 인물로 성장한 사례를 쉽게 찾아볼 수 있는 것입니다.

존 웨슬리(John Wesley, 1073-1791)는 영국이 자랑하는 위대한 종교 지도자입니다. 그는 영국을 도덕적 위기에서 구출해 낸 부흥가였습니다. 그에게는 훌륭한 어머니가 있었습니다. 웨슬리가 옥스포드 대학에 다닐 때 어머니로부터 받은 편지 내용 중에 '내가 너희들을 키울 때 한 가지 중요한 뜻이 있었다. 그것은 너희들이 하나님께 의무를 다하고, 이웃에 의무를 다하게 만드는 것, 이것이 내 자식 교육의 초점이었다'라는 구절이 있습니다. 그의 어머니는 19명의 자녀들을 키웠는데 그가 자식 교육을 했던 사례들을 살펴보면 정말 놀라운 것이 많습니다. 그런데 그 19명의 자녀들이 한결같이 훌륭한 인물로 자라났습니다. 뜻이 있는 어머니에게는 이렇게 훌륭한 인물이 나오기 마련입니다.

만약 "어이구, 이놈의 자식. 어쩌다가 태어났지? 이 빌어먹을 놈!" 하고 욕을 하는 부인이 있다면 그런 부인은 꿈이 없는 어머니입니다. 자녀를 왜 키우는지, 자녀를 왜 사랑해야 하는지 전혀 의식이 없는 어머니입니다. 그런 어머니 슬하에서 어떻게 자식이 건강한 미래를 설계할 수가 있겠습니까?

모세의 어머니는 모세가 어렸을 때만 키웠지만 얼마나 철저하게 자식 교육을 했는지 모릅니다. 그런 까닭으로 모세는 성인이 되어서도 어릴 때 어머니의 품에서 배웠던 이스라엘 정신을 한시도 잊은 적이 없었습니다. 결국 그가 어머니의 뜻을 이어받아 바로 왕국의 부귀영화를 다 버리고 조국 이스라엘을 위하여 칼을 들고 나선 모습을 성경을 통하여 볼 수 있습니다. 어머니의 가슴속에 있는 뜻, 어머니의 사랑 속에 담겨 있는 이상이 얼마나 무서운지 실감해 볼 수 있는 역사적인 사건입니다.

미국의 16대 대통령 아브라함 링컨(Abraham Lincoln, 1809-1865)은 어머니의 사랑을 많이 받고 자라지는 못한 사람이었습니다. 그러나 그가 훗날 어머니를 회고하면서 쓴 글 중에 '하나님이여, 내 어머니를 축복하소서. 오늘의 나의 전부, 그리고 내일의 내가 소원하는 전부는 다 천사 같은 내 어머니로부터 온 것입니다'라는 글이 있습니다. 링컨이 인류 역사상 위대한 인물이 될 수 있었던 것은 무엇보다도 어머니의 영향이 컸다고 합니다. 어린 아들의 손에 성경을 쥐어 주면서 세상을 떠났던 그의 어머니의 교훈을 링컨이 평생 잊지 않았기 때문입니다.

나폴레옹(Napoléon Bonaparte, 1769-1821)이 프랑스를 점령할 당시의 이야기입니다. 그때는 여러 가지 국가적인 위기 앞에서 사회가 몹시 부패했습니다. 보다 못한 나폴레옹이 이렇게 말했습니다. "지금 프랑스에서 가장 필요한 것이 무엇인 줄 아느냐? 선한 어머니들이야!" 나폴레옹의 이 말이 무엇을 뜻하고 있습니까? 선한 뜻을 가진 어머니, 진정으로 자녀를 꿈을 가지고 키울 수 있는 어머니가 많이 있었다면 나라가 그렇게 타락하지 않았을 것이라는 말입니다. 국가를 위기에서 건질 수 있는 힘이 선한 어머니들의 손에 달려 있습니다. 사회의 모든 병폐를 치료할 수 있는 수단이 바로 어머니의 사랑이라는 점을 우리 모두는 명심해야 합니다.

또 한 가지 가슴 찡한 일화가 있습니다. 6·25 전쟁 직후 강릉이 함락되던 당시의 일입니다. 어떤 국군 장교가 급하게 차량을 몰고 시골의 자기 집으로 달려갔습니다. 그곳에서 그는 너무나 다급해서 신발도 벗지 않고 어머니에게 빨리 피난을 떠나자고 재촉을 했습니다. 그런데 어머니는 아들의 말을 듣지 않았습니다. 아들이 아무리 사정을 해도 어머니의 태도는 변함이 없었습니다. 아들이 답답한 나머지 화를 내니까 어머니는 이렇게 말을 했습니다. "얘야, 이 어미는 너를 믿고 여기에 남으련다. 내가 이 마을을 떠나면 네가 뭣 때문에 목숨을 걸고 이 땅을 찾으려고 하겠니? 나는 여기에 남아 있으마. 그래야 네가 이 어미가 있는 이 땅을 생명을 걸고 찾으려고 할 것이 아니야?" 비록 무명 장교의 어머니였지만 자식에게 나라 사랑의 도리를 깨우쳐 준 훌륭한 어머니였습니다.

오늘날 어머니들의 가슴속에 이와 같은 정신이 있다면 자녀들이 그렇게 타락하지는 않을 것입니다. 인물을 키운다고 해서 누구나 다 가능한 것은 아닙니다. 크리스천 가정에서 인물을 제대로 키우지 않으면 오늘 이 땅 위에 희망이 없습니다. 물질적인 사고방식이 판을 치는 이 세상에서 진정한 정신을 소유한 인물을 키울 수 있는 가능성이 어디에 있습니까? 하나님을 바로 찾을 수 있는 방도는 우리 그리스도인들이 각성하고 자녀를 잘 키우는 방법밖에 없다는 것을 명심하시기 바랍니다.

여러분의 자식 사랑에는 깊은 뜻이 있습니까? 비전과 꿈이 있습니까? 꿈이 없는 자식 사랑은 짐승들도 할 수 있습니다. 지금 이 말씀은 그런 본능적인 사랑을 말하는 것이 아닙니다. 하나님의 말씀을 통해서 깊은 뜻을 배워야 합니다. 비전을 찾아야 합니다. 아름다운 정신을 소유해야 합니다. 그리고 그 정신을 사랑에 담아서 자녀들에게 쏟아줄 때 자녀들이 훌륭한 인물로 자라날 수 있습니다. 이 국가와 세계를 위해서, 영원한 하나님 나라를 위해서 꼭 필요한 인물로 성장할 수 있는 것입니다.

위대한 꿈과 비전을 자녀들에게 심어 줍시다. 자녀들의 고통에 함께 동참합시다. 그리고 부모의 사랑을 통해서 하나님의 사랑을 가르쳐 줍시다. 우리 크리스천 가정에서 올바른 자녀가 나오지 않으면 이 땅은 지옥이 되고 말 것입니다. 특히 어머니들의 책임이 너무나 큽니다. 세상의 모든 아버지들도 이 책임을 회피할 수는 없습니다. 우리 모두 이 책임을 잘 감당하는 부모가 되도록 하나님께서 은혜를 베풀어 주시기를 바랍니다.

14

제5계명

어느 시대나 부모공경을 하지 못하는 부패한 사회에서는
하나님을 공경하는 신앙조차 자취를 감추게 되는 것이 일반적인 경향이었습니다.
이 둘은 서로 공존하기 때문이요, 그만큼 밀접한 관계를 유지하고 있기 때문입니다.

출애굽기 20:12

네 부모를 공경하라 그리하면 네 하나님 여호와가 네게 준 땅에서 네 생명이 길리라

제5계명

하나님은 자신을 위해서, 또 우리들을 위해서 율법을 만드셨습니다. 달리 말하면, 하나님 자신이 얼마나 거룩한 분인가를 나타내기 위해 또 인간이 얼마나 죄인인가를 나타내기 위해서 율법을 만드신 것입니다. 이 율법 가운데서 가장 대표적인 것은 십계명입니다. 이 십계명 중 처음 나오는 네 가지 계명은 하나님과 인간과의 관계를, 그리고 나머지 계명은 인간과 인간 사이의 관계를 다루는 율법이라고 말할 수 있습니다.

부모에 대한 불순종이 얼마나 큰 죄인가?

부모를 공경하라는 것은 하나님의 명령입니다. 이 계명은 인간과 인간 사이에서 지켜야 할 율법 중 제일 처음 나오는 계명입니다. 성경에는 부모 공경에 대해서 자주 언급을 하는 편은 아닙니다. 그러나 하나님은 이 사실을 드문드문 깨우쳐 주시면서도 굉장히 엄하게 말씀하고 계십니다.

자기의 아버지나 어머니를 저주하는 자는 반드시 죽일지니라

_출 21:17

사람에게 완악하고 패역한 아들이 있어 그의 아버지의 말이나 그 어
머니의 말을 순종하지 아니하고 부모가 징계하여도 순종하지 아니
하거든 그의 부모가 그를 끌고 성문에 이르러 그 성읍 장로들에게
나아가서 그 성읍 장로들에게 말하기를 우리의 이 자식은 완악하고
패역하여 우리 말을 듣지 아니하고 방탕하며 술에 잠긴 자라 하면
그 성읍의 모든 사람들이 그를 돌로 쳐 죽일지니 이같이 네가 너희
중에서 악을 제하라 그리하면 온 이스라엘이 듣고 두려워하리라

_신 21:18-21

정말 무서운 말씀입니다. 하나님은 이렇게 부모를 공경하지 않는
자를 중벌로 다스렸습니다. 그런데 부모를 거역하고 순종하지 않는
자에게 가해지는 중벌이 하나님에 대해서 잘못하는 자에게 주어지는
벌과 동일하다는 점을 우리가 알아야 합니다. 이것은 대단히 중요한
진리입니다.
　너는 이스라엘 자손에게 말하여 이르라 누구든지 그의 하나님을 저
주하면 죄를 담당할 것이요

너는 이스라엘 자손에게 말하여 이르라 누구든지 그의 하나님을 저
주하면 죄를 담당할 것이요 여호와의 이름을 모독하면 그를 반드시
죽일지니 온 회중이 돌로 그를 칠 것이니라 거류민이든지 본토인이
든지 여호와의 이름을 모독하면 그를 죽일지니라_레 24:15-16

율법은 이르기를 하나님을 모독하는 자를 반드시 죽이라고 합니다. 또 부모에게 순종하지 않는 자도 죽이라고 합니다. 곧 부모의 권위는 하나님이 주신 권위라는 뜻입니다. 부모를 저주하는 것은 하나님을 모독하는 것이요, 부모에게 고의로 불순종하는 것은 하나님께 고의로 불순종하는 것과 같다고 간주한 것입니다. 어느 시대나 부모 공경을 하지 못하는 부패한 사회에서는 하나님을 공경하는 신앙조차 자취를 감추게 되는 것이 일반적인 경향이었습니다. 이 둘은 서로 공존하기 때문이요, 그만큼 밀접한 관계가 있기 때문입니다.

성경에는 아름다운 효도 이야기가 나옵니다. 그중에 가장 아름다운 서사시와 같은 것이 구약에 있는 룻기입니다. 오늘날 현대사회의 문제 중 하나가 고부간의 갈등입니다. 그런데 룻기에는 신앙과 부모 공경, 신앙과 고부간의 문제가 너무나 멋있게 조화를 이루고 있습니다. 그것은 마치 한 폭의 그림을 보는 것처럼 정감이 넘쳐흘러 아름다운 가정을 꿈꾸는 이들이 꼭 읽어봐야 합니다.

효도의 본이 되신 예수 그리스도

신약에 나오는 아름다운 효도 이야기는 바로 예수님이 보여 주신 효도입니다. 우리가 잘 아는 바와 같이 예수님의 어머니인 마리아와 정혼했던 요셉은 그렇게 장수하지 못한 사람이었습니다. 학자들은 그가 일찍 세상을 떠났을 것이라고 추측하고 있습니다. 그런 까닭으로 가정의 모든 책임이 아들인 예수님께로 넘어왔을 것입니다. 그러므로 예수님은 30세가 될 때까지 목수로서 가족을 부양해야 했습니다. 그는 성심껏 어머니와 동생들을 돌보았습니다. 그런데 복음을 증거하기 시작한 후부터 3년 동안은 가정을 떠나 있었습니다. 그때는 예수님이 가족을 부양할 수가 없었습니다.

그러나 예수님의 마음은 항상 어머니에 대한 자식의 의무를 생각하고 있었던 것 같습니다. 십자가상의 사건을 통해서 그 사실을 잘 알수 있습니다. 예수님은 십자가에 못 박혀 죽음을 맞기 직전, 말할수 없는 고통 가운데에도 불구하고 눈을 떠서 곁에 있던 어머니를 보셨습니다. 그때 그의 심정은 형언할 수 없도록 아팠을 것입니다. 그리고 예수님이 또 다른 쪽으로 눈을 돌리자 거기에는 제자들 가운데서 가장 부유했던 요한이 서 있었습니다. 그래서 예수님께서 마지막으로 부탁하시는 장면이 성경에 나옵니다.

예수님은 어머니를 향해 "여자여, 보소서 아들이니이다"라고 하시며 제자를 가리키셨고, 또 제자를 향해서는 "보라, 네 어머니라" 하여 두 사람을 연결시켜 주셨습니다. 그때부터 그 제자가 마리아를 자기집에 모셨다고 했습니다(요 19:26-27). 이런 사실로 미루어 볼 때 예수님의 가정에 동생들이 있기는 했지만, 어머니를 부양할 만한 처지가 아니었던 것 같습니다. 예수님은 효도 면에 있어서도 우리의 모범이 되셨습니다.

우리 자식들의 가슴속에 날마다 반짝거리는 등불 하나만 말하라고 한다면 우리는 그것을 어머니의 사랑이라 말할 것입니다. 솔직히 아버지의 사랑은 어머니의 사랑만큼 우리에게 고향을 느끼게 하는 것 같지는 않습니다. 어머니의 사랑이야말로 하나님이 특별하신 선물일 것입니다. 남편에게 억압을 받고 사회에서 멸시를 받으며 자식을 키우느라 온 생을 바친 우리 어머니들의 자식 사랑을 결코 자녀들이 잊지 않도록 하나님께서 그 자녀들의 가슴에 모정의 등불을 밝혀 주신 것이라고 생각합니다.

약 10여 년 전에 장한 어머니로 뽑힌 어느 부인의 이야기를 소개할까 합니다. 그분의 아들은 6·25 전쟁 때 학도병으로 참전을 했습니다. 그런데 그가 군복무 중에 휴가를 나와보니 집안 형편이 말이 아니었습니다. 어머니는 병상에 누워 계시고 동생들은 굶주려서 쓰러지기 일보 직전이었습니다. 귀대 날짜가 다가왔는데도 이 청년은 도저히 군대로 돌아갈 수가 없었습니다. 그래서 휴가중의 날짜를 자기가 임의로 바꾸었습니다. 그때가 전시여서 군법이 얼마나 엄했는지는 가히 짐작하고도 남음이 있습니다. 그 냉혹한 현실 앞에서 청년은 무기징역을 선고받았습니다.

한이 맺힌 어머니는 아들이 갇혀 있는 교도소 근방에다 셋방을 얻어 놓고 살았습니다. 떡 장사, 과일 장사를 하며 매주 아들을 면회 다녔습니다. 그런데 아들이 삶에 지쳐서 인생을 포기하는 것을 보고 어머니는 아들에게 그림 공부를 하도록 간절히 권유했습니다. 아들이 그 요청에 못 이겨 열심히 그림을 공부하기 시작했습니다. 세월이 흐른 후 드디어 그가 국전에 입상했습니다. 이런 소문이 퍼지자 아들이 감형을 받아서 출옥을 하게 되었습니다. 투옥된 지 19년 만의 일이었습니다. 그리고 그의 손에는 국전 입상의 대가로 거금 8백만 원이 쥐어져 있었습니다. 그런데 그 어머니가 아들에게 부탁을 했습니다. "얘야, 그 돈 네가 쓰지 말고 너처럼 억울한 일을 당하고 감옥에서 고생하고 있는 사람들을 위해 유용하게 쓰지 않으련?" 이 어머니의 뜻을 받들어 그 아들은 그 후로 불우한 형제들을 위하여 헌신하는 삶을 살고 있습니다.

이 이야기는 전쟁을 겪어야 했던 우리나라에서 일어난 비극 중의 비극입니다. 아울러 우리의 어머니, 그 한국적인 어머니상이 눈물겹게 그려져 있습니다. 이 슬프고도 애틋한 어머니의 사랑이 우리의 심금을 울립니다. 우리는 앞으로 자식 때문에 어떤 일을 당할지 아무도 예측하지 못합니다. 물론 잘 키우면 잘 키우는 것만큼 열매가 있겠지만, 부모가 자식 때문에 어떤 운명에 처하게 되는지 아무도 자신만만하게 장담하지 못하는 것입니다. 그럼에도 불구하고 분명히 말할 수 있는 것은 어머니의 사랑, 그것은 정말 위대하고 강하다는 사실입니다.

어떤 청년이 군 입대를 앞두고 이런 말을 들려주었습니다. "목사님, 군대에서 달밤에 보초를 서다가 달을 보면 누가 제일 먼저 생각나는지 아세요? 흔히들 애인인 줄 알지만 안 그렇대요. 군대 갔다 온 선배들 얘기를 들으니 자기도 모르게 어머니라는 말이 먼저 나온대요." 누구의 가슴속에나 어머니는 강한 이미지로 남아 있습니다.

어떤 분이 재미있는 이야기 하나를 들려주셨습니다. 그분은 공군 조종사 출신이었습니다. "제가 비행기 조종 훈련을 받을 때 있었던 일화인데, 고된 훈련을 마치고 훈련소에 돌아오면 가끔 우리는 자기에게 온 편지를 공개하는 일이 있었습니다. 그중에 지금까지 잊혀지지 않는 편지가 하나 있어요. 우리 동급생 어머니가 아들에게 보낸 것인데, '애야, 되도록이면 낮게, 되도록이면 천천히 비행기를 몰아라'라는 내용이었어요. 우리가 얼마나 많이 웃었는지 모릅니다. 왜냐하면 비행기는 높이 뜰수록, 또 빠를수록 안전하거든요. 어머니가 이 사실을 알 리가 있겠어요?" 그때 들은 그분의 말이 퍽 인상적이었습니다. 그런 어머니들이 바로 우리를 키우신 어머니들입니다. 우리에게 있어서 이 어머니가 없다면 오늘날 우리의 가슴은 벌써 북극의 빙산처럼 차갑게 변해 버렸을 것입니다.

그렇다고 해서 어머니만 위하고 아버지는 냉대해도 된다는 교훈은 성경에 한곳도 없다는 사실을 기억해야 합니다. 유대의 랍비들은 율법주의자들이었습니다. 굉장히 차가운 사람들이었습니다. 그런데 그들의 가슴에도 어머니의 사랑은 가득했는지 성경을 퍽 의미 있게 해석했습니다. 출애굽기 20장 12절의 부모를 공경하라는 말씀에서는 아버지라는 단어가 어머니라는 단어보다 먼저 나옵니다. 그런데 레위기 19장 3절을 찾아보면 거기에는 어머니라는 말이 먼저 나옵니다. 우리나라 말은 부모(父母)라고 나와 있는데 이것은 잘못된 번역입니다. 원문대로 하자면 모부(母父)입니다. 원문에는 '네 어머니와 아버지를 공경하라'(새번역 참조)라고 되어 있습니다.

왜 출애굽기에는 아버지를 먼저 앞세우고, 레위기에서는 먼저 어머니를 앞세웠습니까? 흔히 그 이유를 이렇게 해석합니다. 자식을 통해서 공경을 받고 사랑을 받는 면에 있어서는 아버지나 어머니나 차이가 없다는 것을 하나님이 가르쳐 주시기 위해서 한곳에서는 아버지를, 다른 곳에서는 어머니를 앞세워 표기를 했다는 것입니다. 자녀들을 통해서 존경을 받는 것은 아버지나 어머니나 차이가 없어야 하는 것이 당연합니다.

○ ○ ○ ○ ○ ○   ○ ○ ○ ○ ○ ○
붕괴일변도 - 우리의 가정 윤리

우리가 살고 있는 지금 이 세대는 제5계명이 수난을 당하고 있습니다. 부모와 자식 사이에 벌어지기 시작한 틈바구니는 점점 커져서 자식 편에서 부모를 인정하는 면이 점점 줄어들고 있는 형편입니다. 한마디로 하나님이 주신 부모의 권위가 자녀들에 의해 평가절하를 당하고 있는 것입니다.

몇 년 전에 미국의 미시간주의 어느 일간지에 이런 앙케트가 실렸습니다. '요즈음 부모들이 자식들에게 "안 돼"라고 거절하는 정도가 적당하다고 생각하십니까? 아니면 단호하게 거절하지 못한다고 생각하십니까?'라는 문항이 있었습니다. 그런데 75%에 해당하는 사람들이 자식을 향하여 단호히 거절하지 못한다고 응답했습니다. 단적으로 말해서, 오늘날 부모들은 자녀들에게 "NO!"라는 말을 잘하지 못한다는 뜻입니다. 그만큼 부모의 권위가 떨어졌다는 뜻입니다. 그만큼 자녀들의 반발이 강해졌다는 의미로 볼 수도 있습니다. 우리 사회는 미국처럼 심각한 지경까지 이르지는 않았지만 분명한 것은 그러한 위기가 닥쳐오고 있는 것이 사실입니다.

우리에게 당면한 위기는 노부모에 대한 효도 문제입니다. 세계 각국에서 노인들이 발붙일 곳이 없는 정신적인 방랑아가 되어 가고 있는 실정입니다. 오늘날은 노인들의 수난기라 할 수 있습니다. 백발을 영화의 면류관이라고 했지만(잠 16:31), 오늘날은 영화의 면류관은 고사하고 천대의 면류관이 된 듯한 느낌이 들 정도입니다. 성경은 노인을 지혜자라고 예찬하고 있습니다(욥 12:12 참조). 그러나 현실적으로 노인들의 지혜를 높이 사려고 귀를 기울이는 사람은 많지 않습니다.

제가 이 부분을 준비하면서 노인 문제에 대해서 쓴 책이 있나 하고 여러 큰 서점을 둘러보았습니다. 우리말, 영어 서적을 다 뒤져도 자녀 교육과 부부 문제에 관한 책들은 나와 있는데 노부모에 대한 책은 거의 없었습니다. 도무지 찾을 수가 없었습니다. '이것이야말로 관심 밖의 세계구나, 버림받은 불모지구나' 하는 느낌을 받았습니다. 현재 전 세계적으로 노인 문제가 심각한 고민거리로 등장하고 있습니다. 그런데 한 가지 재미있는 현상은 요즈음 선진국에서 경제적인 이유로 노인에 대한 관심이 높아지고 있다는 것입니다.

1977년 6월에 미시간 대학교에서 노인학의 권위자로 불리는 한성수 박사를 만났습니다. 그때 그분이 저에게 들려준 이야기가 생각납니다. 당시에 미국의 노인 인구수는 약 2백만 명이었다고 합니다. 또 국가가 그들을 위해 쓰는 1년 예산이 약 5백억 달러라고 했습니다. 그의 말에 따르면 이 5백억 달러는 당시 1977년도 한국 정부 예산의 20배에 가까운 재정이라고 합니다. 미국 정부가 노인들을 위하여 그렇게 많은 투자를 아끼지 않는 것입니다.

그런데 노인을 보는 시각이 우리의 생각과는 다릅니다. 경제성장에 따라 장수하는 노인이 증가하다 보니까 노인의 저력을 어떻게 하면 경제성 있게 활용할 수 있느냐 하는 것을 국가적으로 집중 연구한다고 합니다. 그것이 노인학입니다. 쉽게 말하면, 타산적인 의미에서 노인에게 관심을 기울이는 것입니다. 노인을 공경해야 한다는 윤리적 의미에서 노인들이 관심의 대상이 된다면 얼마나 좋겠습니까? 그러나 현실은 그렇지 않습니다. 우리는 마땅히 성경적인 관점에서 노인 문제를 살펴보아야 할 것입니다.

부모를 공경하지 않는 것은 바로 하나님의 법을 어기는 것입니다. 만일 우리 사회에서 이런 풍조가 만연해져서 자꾸만 하나님의 뜻에 어긋나는 방향으로 이 사회가 달려간다면 그것을 구제할 마지막 보루는 교회입니다. 그러나 이상하게도 교회 안에 신앙이 좋다는 분들마저도 부모님에게 효도를 잘하지 못하는 경우를 많이 봅니다. 예수님을 믿는 사람들까지 모범을 보이지 못한다면 이 사회에서 누구를 바라볼 수 있겠습니까? 정말 답답한 일이 아닐 수 없습니다. 요즈음 사회 풍조가 얼마나 노인을 푸대접하는지 모릅니다. 그러나 그중에는 지탄의 대상이 될 만한 노인들도 없잖아 있습니다. 예를 들어, 얼마 전에 아들이 자기 모르게 며느리한테 용돈을 14,000원 줬다고 자살한 어머니가 있었습니다. 세상에 그런 어머니를 어떻게 하면 좋단 말입니까? 어떻게 한 집에 모시고 오순도순 재미있게 살 수가 있겠습니까? 이것은 정말 언급을 회피하고 싶은 이야기입니다.

제5계명

●

231

부모 공경에는 조건이 없다

그러나 우리가 성경에 근거해서 살펴볼 때 부모님의 품행을 수, 우, 미로 등급을 매겨서 적당히 공경하라는 말은 절대로 나와 있지 않습니다. 부모님이 어떠하든지 간에 자식은 반드시 부모님을 공경해야 한다고 가르치고 있습니다. 우리가 부모님을 바르게 공경하기 위해서는 다음과 같은 세 가지 요소를 갖추어야 합니다.

첫째는, 부모님을 존경해야 합니다. 다르게 표현하자면, 부모님을 천대하거나 멸시하지 말라는 교훈입니다. 있는 힘을 다해 부모님을 공경하십시오. 그래야만 나중에 후손들로부터 천대를 받지 않습니다. 솔직히 말해, 우리는 미리 마음을 먹고 대비를 하면 나중에 서러움이 덜할는지 몰라서 벌써 다음 세대로부터 좋은 대우를 받을 생각은 아예 단념하고 산다고 해도 지나친 말은 아닐 것입니다. 그러나 지금의 부모님은 미처 준비를 못한 분들이라 서러움이 많으시리라 생각합니다. 그들은 세상이 이렇게 빨리 변할 줄은 모르셨을 것입니다. 그들은 오랫동안 유교의 사상에 깊이 젖어 있던 분들입니다. 다음과 같은 유교의 가르침을 보면 지금 그들이 얼마나 부모로서 인격적인 대우를 제대로 받지 못하고 있는지 짐작이 갈 것입니다.

"부모에게 잘못된 것이 있을 때에는 세 번 간하고, 듣지 않았을 때는 울면서 따라다녀야 한다. 또 부모가 병들었으면 자식이 머리를 빗지 않고, 길을 다닐 때는 활개를 펴지 않으며, 말을 함부로 하지 않으며, 거문고를 타지 않으며, 고기를 먹되 맛이 변할 만큼 많이 저장하지 않으며, 술을 취하도록 마시지 아니하며, 큰소리로 웃지 아니하며, 화가 나지만 꾸짖지 않는다."

우리의 노부모님들은 현대사회에서도 자식들이 전통적인 효도관을 따라 주기를 원하실 것입니다. 그런데 세상이 워낙 정신없이 변하고 있기 때문에 소원대로 되지를 않는 것입니다. 그래서 더 외롭고 더 고통스러움을 느끼실지 모릅니다. 하지만 믿는 자녀들은 세상을 탓하지 말고 주 안에서 부모님을 기쁘게 해 드려야 합니다. 주 안에서 부모님을 기쁘게 해 드립시다. 이것이 하나님을 공경하는 기본자세입니다.

둘째로, 부모님께 순종해야 합니다. 이것은 주 안에서 부모님의 말씀에 순종하는 것입니다. 솔직히 말해서, 연세가 많으신 부모님의 말씀에 순종하기란 너무나 어렵습니다. 현실에 닿지 않는 말씀을 하실 때는 정말 그대로 다 용납할 수가 없을 것입니다. 그러나 순종이 무엇입니까? 부모님 앞에서 "예, 그렇게 하겠습니다" 하는 마음의 자세를 보이는 것이 순종입니다. 우리가 부모님의 마음을 상하지 않게 한다는 것은 대단히 중요한 일입니다.

현실을 사는 주역은 우리 젊은이들입니다. 연세가 많으신 부모님들이 아닙니다. 그렇기 때문에 현실을 살아가는 데 있어서 부모님들의 의견을 다 수렴하지는 못합니다. 그런 면에서는 부모님들은 자식의 말을 들으셔야 하겠지만 가끔 자기 고집대로 하시려고 할 때가 있습니다. 설득을 해도 잘 안 들으시면 그렇다고 우리가 부모님께 대들수가 있겠습니까? 부모님께 최대한 순종하는 자세를 보여야 합니다. 그러면 부모님은 "내 자식만은 부모 말을 듣고 살아" 하면서 자부심을 가지게 될 것입니다. 이것이 순종하는 자세입니다.

셋째로, 부모님을 부양해야 한다는 것입니다. 이것은 제가 설명할 필요 없이 모두가 잘 알고 있는 사실이라고 생각합니다. 한 가지 예를 들어보면 시장에서 바나나를 사 와서 자식들에게 실컷 먹이고 나머지 시든 것을 부모님께 갖다 드리는 자식이 있습니다. 얼굴은 번드르르하지만 그 속에는 짐승이 들어가 앉아 있는 것입니다. 예수님 당시에도 이런 못된 사람들이 있었습니다. 마가복음 7장 11절부터 13절에 고르반이라는 말이 나옵니다. 바리새인들이 얼마나 율법의 근본 정신을 어기고 있었는지에 대해서 예수님이 경고하시는 말씀입니다. 당시에 고르반 의식을 행한 경우에는 가령 부모를 부양하는 데 필요한 돈이라고 할지라도 그것을 인정치 않았습니다. 그래서 당시 많은 사람이 이 봉헌의 맹세를 악용하여 부모에 대한 의무를 게을리했습니다. 노부모가 찾아와서 좀 도와 달라고 해도 이 재산은 벌써 성전에 고르반 의식이 끝난, 하나님께 구별된 재산이라는 핑계를 대고 부모에게 한푼도 드리지 않았습니다. 그리고는 자기들은 마음대로 그 재물을 사용했습니다. 그런 못된 기질들이 2천 년 전에도 있었습니다. 이것은 오늘날의 세대도 마찬가지입니다. 다음의 말씀을 통해 우리는 경각심을 가져야 할 것입니다.

> 스스로 속이지 말라 하나님은 업신여김을 받지 아니하시나니 사람
> 이 무엇으로 심든지 그대로 거두리라_갈 6:7

이 말씀이 뜻하는 바와 같이 불효를 심는 자에게는 그 열매가 자기에게로 돌아오는 법입니다. 부모님께 불효한다면 나중에 여러분이 그런 불행을 당할 것입니다. 하나님은 절대로 속지 않는다고 했습니다.

◦ ◦ ◦ ◦ ◦ ◦ ◦ ◦ ◦ ◦ ◦ ◦ ◦ ◦
효도는 하나님을 섬기는 기본 자세

또 한 가지 명심해야 할 사실이 있습니다. 부모님을 공경하지 못하는 자는 하나님을 섬길 자격이 없다는 것입니다. 만약 부모 문제가 해결되지 않은 분들은 하루빨리 이 문제를 해결하십시오. 그런 문제가 발

목을 잡고 있으면 여러분은 바른 신앙생활을 할 수 없습니다. 보이는 부모님을 공경하지 못하는 사람이 어떻게 보이지 않는 하나님을 공경할 수 있겠습니까? 만약 이 사실을 부정하는 사람이 있다면 그는 성경적으로 완전한 거짓말쟁이가 되고 말 것입니다.

부모를 공경하지 못하는 가정은 이미 가정 윤리가 깨어진 가정입니다. 그 가정이 어떻게 세상의 빛이 될 수 있겠습니까? 윤리적인 면에서 이미 진실을 상실한 가정은 올바른 가정이 아닙니다. 한 가정으로서 갖추어야 할 자격과 책임을 잃어버린 가정은 불행한 가정이 될 수밖에 없습니다.

네 이웃을 네 자신과 같이 사랑하라_막 12:31중

이 말씀은 하나님의 지상명령입니다. 우리 중에 이 말씀을 모르는 사람이 없습니다. 그런데 이웃 중에서 가장 가까운 이웃은 바로 부모님입니다. 그러므로 부모님을 잘 섬기지 못하면 율법 전체를 어기는 사람이 되고 말 것입니다.

반면, 하나님은 부모에게 효도하는 자를 위해서 장수의 축복을 허락하셨습니다. 부모님께 효도하는 사람이 장수하는 것을 보셨습니까? 부모 공경 잘하는 사람이 빨리 죽는 것을 보셨습니까?

저의 아버지는 효자로 이름난 분이었습니다. 그러나 회갑이 되기도 전에 돌아가셨습니다. 하나님의 말씀에는 분명히 부모에게 효도하는 사람은 장수한다고 했는데 왜 이 말씀대로 되지 않았겠습니까? 여기에 대한 대답으로 칼뱅(John Calvin, 1509-1564)의 말을 인용하고자 합니다. "우리가 다 이해하지 못해서 모순같이 보이지만 하나님 나라에 올라가면 다 이해하게 된다. 부모 공경을 하지 않는데도 오래 사는 것은 사는 것 자체가 하나님의 벌이다"라고 칼뱅이 말했습니다. 만약 우리 가운데 부모님을 공경을 하지 않는데 장수하는 분이 있다면 그분은 사는 것 자체가 벌이라는 것을 알아야 합니다.

하나님의 말씀에는 거짓이 없습니다. 부모님께 순종하십시오. 성의를 다해 부모님께 효도하십시오. 그것이 하나님을 공경하는 바른 자세라는 사실을 잊지 말아야 합니다. 지금 부모님이 생존해 계신다면 최선을 다해 부모님을 공경하시고 이미 고인이 되셨다면 생전에 효도하지 못한 것을 하나님 앞에 깊이 반성하시기 바랍니다. 우리 모두가 후손들을 위해서 좋은 신앙의 유산을 남기는 부모가 되도록 하나님께서 은혜를 베풀어 주시기를 기도합니다.

│ **일러두기** │

본문의 성경은 《성경전서 개역개정판》을 주로 사용하였습니다.

이 책은 고(故) 옥한흠 목사의 설교를 바탕으로 구성한 것입니다.

설교 영상/오디오 자료는 QR코드를 참고하십시오.

전쟁을 모르는 세대를 위하여

옥한흠 지음

국제제자훈련원

차례

I

전쟁을
모르는
세대를
위하여

사사기의 역사는 패배와 수치, 부패의 역사입니다.
하나님을 모르는 세대가 나라를 말아먹은 역사입니다.
우리는 이 부끄러운 역사로부터 전쟁을 아는 세대와
전쟁을 모르는 세대가 어울려 사는 법을 배워야 합니다.

사사기 3:1-6

1 여호와께서 가나안의 모든 전쟁들을 알지 못한 이스라엘을 시험하려 하시며 2 이스라엘 자손의 세대 중에 아직 전쟁을 알지 못하는 자들에게 그것을 가르쳐 알게 하려 하사 남겨 두신 이방 민족들은 3 블레셋의 다섯 군주들과 모든 가나안 족속과 시돈 족속과 바알 헤르몬산에서부터 하맛 입구까지 레바논산에 거주하는 히위 족속이라 4 남겨 두신 이 이방 민족들로 이스라엘을 시험하사 여호와께서 모세를 통하여 그들의 조상들에게 이르신 명령들을 순종하는지 알고자 하셨더라 5 그러므로 이스라엘 자손은 가나안 족속과 헷 족속과 아모리 족속과 브리스 족속과 히위 족속과 여부스 족속 가운데에 거주하면서 6 그들의 딸들을 맞아 아내로 삼으며 자기 딸들을 그들의 아들들에게 주고 또 그들의 신들을 섬겼더라

전쟁을 모르는
세대를 위하여

1919년 자주독립을 외치며 궐기했던 3·1운동이 올해 84주년을 맞이했습니다(이 책은 2003년 5월 17일에 초판 발행되었다). "吾等(오등)은 玆(자)에 我(아) 朝鮮(조선)의 獨立國(독립국)임과 朝鮮人(조선인)의 自主民(자주민)임을 宣言(선언)하노라"라는 장엄한 말로 낭독된 독립선언문을 기억하실 것입니다.

독립선언문을 작성하고 배포하며 만세를 부를 때만 해도 우리 민족은 하나였습니다. 거기에는 어떠한 지역감정도 없었습니다. 아날로그시대, 디지털 시대라는 세대 간의 격차도 없었습니다. 잘사는 사람, 못사는 사람이라는 계층 간의 갈등도 없었습니다. 독립선언문에 서명한 33인(기독교 16명, 천도교 15명, 불교 2명)이 그랬습니다. 그들은 끌려가서 고문을 당하거나 옥살이를 하고 심지어 죽기도 했습니다. 나라가 위기에 처했을 때 우리는 하나였습니다. 누구도 너와 나를 생각하지 않았습니다.

그러나 지금은 사분오열이라는 말을 실감할 정도로 지역 간, 계층간, 세대 간의 갈등이 심각한 상태입니다. 대선에서 드러난 세대 간의 갈등도 점점 더 증폭되고 있는 것 같습니다. 미국의 사회학자 잉글하트(Ronald F. Inglehart, 1934-2021)가 이런 말을 했습니다. "전 세계에서 세대별 가치관의 격차가 가장 심한 나라는 한국이다." 쉽게 말해, 세계에서 한국만큼 세대 간의 거리가 먼 나라도 없다는 이야기입니다. 부모와 자식 사이, 선배와 후배 사이만 보아도 실감할 수 있습니다.

뿐만 아니라 이 사실을 뒷받침하나 하듯 세대 차이를 표현하는 단어나 용어들이 점점 더 난폭하고 살벌하게 사용됩니다. '세대 차이'를 시작으로 이제는 '세대 갈등' '세대 불신' '세대 분열' '세대 대립' '세대 전쟁' '세대 혁명'이라는 말로 발전하기에 이르렀고 이런 말을 자연스럽게 주고받을 정도로 살벌한 세상이 되었습니다.

누가 이 기막힌 현실을 책임져야 합니까? 교회가 먼저 책임져야 합니다. 이 나라 국민의 25%가 기독교인이고, 새로 들어선 정부도 대통령을 제외한 많은 고위 간부들이 신실한 크리스천들로 구성되어 있습니다. 외교를 담당한 장관이나 경제를 담당한 부총리도 신실한 크리스천입니다. 이처럼 기독교가 이 나라의 중심축을 이루고 있다는 사실은 아무도 부인할 수 없을 것입니다. 사분오열하여 세대 간에 날카로운 대립을 하고 있는 이 현실을 놓고 바로 예수님을 믿는 우리가 먼저 가슴을 쳐야 합니다. 우리가 먼저 옷을 찢어야 합니다.

○ ○ ○ ○ ○ ○ ○
서로 다른 두 세대

이런 상황에서 사사기는 한 줄기 빛을 던져 줍니다. 우리가 처한 모든 문제에 대해 세밀하게 대답하고 있지는 않지만 주목해야 할 가치 있는 진리가 있습니다. 사사 시대란 이스라엘이 국가적인 체계를 갖추기 전 약 4백 년 동안 하나님께서 사사, 요즘 말로 재판관이라 불리는 지도자를 세워 나라를 다스리던 과도기적인 한때를 가리킵니다. 그리고 그때 있었던 일을 기록한 것이 사사기입니다.

사사기 초반에는 서로 다른 두 세대가 공존하고 있었습니다. 이를 가리켜 성경은 '전쟁을 아는 세대'와 '전쟁을 모르는 세대'라고 부릅니다. 전쟁을 아는 세대는 기성세대를 말합니다. 요즘 말로 하면 오프라인(off-line) 세대로, 그들은 광야에서 태어나 길게는 40년 이상 광야 훈련을 받았습니다. 또한 하나님께서 직접 통치하시는 신정국가의 정치, 경제, 문화를 경험한 사람들입니다. 그들은 하나님의 영광을 직접 보았습니다. 하나님의 음성을 직접 들었습니다. 그리고 많은 기적을 체험했습니다. 이것이 광야 세대였습니다.

그들은 하나님께서 아브라함에게 약속하시던 젖과 꿀이 흐르는 땅에 이르기 위해 손에 칼을 들고 싸웠던 젊은이들이기도 했습니다. 그 당시 대부분 2, 30대였던 그들은 전쟁을 아는 세대였습니다. 그들은 가나안을 정복할 때까지 수년 동안 전쟁의 긴장 속에서 살았습니다.

어느 정도 땅을 얻자 그들은 아침부터 저녁까지 힘들게 일해서 나라의 기초를 세우기 시작했습니다. 그들이 일하고 싸우면서 흘린 땀과 피의 대가로 삶이 어느 정도 안정되기 시작했고, 나라의 기틀도 잡혔습니다. 그들에게 꿈이 있다면 '강한 나라, 잘사는 나라를 후손에게 전해 주는 자랑스러운 선조가 되고 싶다'라는 것이었습니다.

전쟁을 아는 세대는 한마디로 일과 전쟁만 하다가 인생을 다 보낸 세대라고 할 수 있습니다. 이런 독특한 경험과 배경 때문에 그들의 정치관은 자연히 보수적이었습니다. 전통을 중시하고 변화나 개혁을 쉽게 받아들이지 못했습니다. 그들의 종교관은 유일신 사상이었고, 그들의 문화는 폐쇄적이었습니다. 자기네 문화 외에는 배타적인 태도를 보이는 사람들이었습니다. 이것이 전쟁을 아는 세대들의 특징입니다.

그들은 우리나라의 기성세대와 비슷한 점이 많습니다.

한편 가나안에 정착하면서 새로운 세대가 등장했습니다. 그들을 일컬어 전쟁을 모르는 세대라고 합니다. 4, 50년이 지나자 그들이 그 나라의 오피니언 그룹(opinion group)이 되었고, 주도 세력이 되었습니다.

그들은 광야의 살벌한 생활을 경험하지 못했습니다. 하늘에서 떨어지는 만나를 먹어 본 일이 없습니다. 바위에서 솟아나는 샘물을 구경한 일도 없습니다. 그들은 하나님의 음성을 직접 듣지도 못했고, 하나님의 영광을 보지도 못했습니다. 그들은 기적을 체험한 일도 없습니다. 모든 초자연적인 현상들은 전쟁을 아는 세대인 그들의 부모에게서 들어서 알고 있을 뿐이었습니다. 그들은 안정된 환경에서 태어났습니다. 농사를 짓고 양을 치는 평화로운 목가적인 분위기에 젖어 아름다운 꿈을 먹으면서 자란 세대였습니다.

그들은 부모가 땀과 피를 흘려 뿌린 씨앗을 거두면서 행복을 누리고 그들의 젊음을 즐기는 것을 너무나 당연하게 생각했습니다. "우리 세대는 아버지 세대와 달라. 아버지 세대는 아버지 세대고, 우리 세대는 우리 세대야." 마치 오늘날 우리나라의 전쟁을 모르는 세대들의 의식 세계와 비슷합니다.

전쟁을 아는 세대와 전쟁을 모르는 세대의 갈등과 대립은 50여 년 동안 계속되었습니다. 기성세대가 보기에 신세대는 정말 위험하고 불안한 존재들이었을 것입니다. 반대로 신세대들에게는 기성세대가 변화와 개혁이 필요한 대상으로 보였을 것입니다. 그러면서 서로 보이지 않는 갈등과 대립이 생긴 것입니다. 그러나 시간은 신세대 편이었습니다. "우리가 광야에 살 때는 말이야", "우리가 가나안 전쟁을 한창할 때는 그렇지 않았는데" 하는 말을 귀가 아플 정도로 반복하던 구세대는 이제 역사의 무대에서 사라졌습니다. 그리고 전쟁을 모르는 세대가 이 나라의 중심이 되어서 새로운 역사를 펼치기 시작했습니다.

그로부터 2, 3백 년 후 이전 세대가 다 죽고 나자 결국 하나님 없는 역사가 시작되었습니다.

백성이 여호수아가 사는 날 동안과 여호수아 뒤에 생존한 장로들 곧 여호와께서 이스라엘을 위하여 행하신 모든 큰일을 본 자들이 사는 날 동안에 여호와를 섬겼더라_삿 2:7

그 세대의 사람도 다 그 조상들에게로 돌아갔고 그 후에 일어난 다른 세대는 여호와를 알지 못하며 여호와께서 이스라엘을 위하여 행하신 일도 알지 못하였더라_삿 2:10

아무런 감동도 주지 못한 채

사사기의 역사는 패배와 수치, 부패의 역사입니다. 속된 말로 하나님을 모르는 세대가 나라를 말아먹은 역사입니다. 우리는 사사기를 통해 몇 가지 역사적인 교훈을 배울 필요가 있습니다. 사사기에는 전쟁을 아는 세대와 전쟁을 모르는 세대가 공존하는 사회에서 배우고 생각해야 할 진리가 있습니다.

가나안 정복을 거의 마무리하자 전쟁을 아는 세대는 손에서 칼을 내려놓게 되었습니다. 그들은 평안하고 행복한 삶을 누리면서 자기도 모르게 변질되기 시작했습니다. 결국 다음 세대에게 모범이 되지도, 감동을 주지도 못했습니다. 신앙은 희미해졌고 신앙과 삶이 일치하지 않는 모순을 드러내기 시작했습니다. 세상 사는 즐거움을 조금씩 맛보면서 그들의 신앙과 도덕성, 선민의식도 주변에 있는 잡족들과 다를 바 없는 수준으로 낮아졌습니다.

여호수아의 유언에서 이에 대한 우려의 소리를 들을 수 있습니다. 여호수아는 애굽에서 나올 때 40세에 가까웠으며, 40년간 광야 생활을 했습니다. 따라서 여호수아가 가나안 땅에 들어와 이스라엘 백성들을 진두지휘할 때는 85세에 가까운 노인이었습니다. 이 노인이 가나안 정복을 끝내고 세상을 떠날 때가 110세였으므로 가나안에서 지낸 시간은 2, 30년 정도입니다. 그렇다면 광야에서 태어나 2, 30여 년을 광야에서 살아온 사람들은 가나안 전쟁을 치를 때 2, 30대의 전사들이었을 것입니다. 손에 칼을 들고 싸우던 2, 30대가 어느덧 5, 60대로 접어들었습니다. 전쟁을 아는 세대가 이제 그 나라의 중심이 된 것입니다.

그들을 앞에 놓고 여호수아는 죽기 전에 이런 말을 했습니다.

> 만일 너희가 너희의 하나님 여호와께서 너희에게 명령하신 언약을 범하고 가서 다른 신들을 섬겨 그들에게 절하면 여호와의 진노가 너희에게 미치리니 너희에게 주신 아름다운 땅에서 너희가 속히 멸망하리라 하니라_수 23:16

곧 숨을 거둘지 모르는 절박한 상황에서 희망적이고 긍정적인 말 대신 이런 불길한 말을 한 데는 이유가 있습니다. 전쟁을 아는 기성세대가 영적으로 병이 들었기 때문입니다. 벌써 해이해져 하나님의 말씀에 순종하지 않고 있기 때문입니다. 이대로 가다가는 이 나라가 망하겠기에 편안히 눈을 감을 수 없는 불안이 여호수아의 마음에 있었던 것입니다.

이어서 이런 말까지 했습니다.

이제 너희 중에 있는 이방 신들을 치워 버리고 너희의 마음을 이스라엘의 하나님 여호와께로 향하라_수 24:23

여호수아가 눈을 시퍼렇게 뜨고 있는데도, 기성세대는 주변의 잡족들이 섬기는 신들을 받아 자기 집에 가져다 놓았던 것입니다. 옛날 광야에서 전쟁을 한참 치르던 긴장된 상황에서는 상상도 할 수 없는 일입니다. 그러나 이제 살 만해지고 배가 부르며 돈이 많아지자 점점 해이해져 마음이 하나님으로부터 떠났습니다. 그래서 우상을 집안에 가져다 놓고 남몰래 섬기며 가나안 잡족들의 부패한 행동을 모방했던 것입니다. 이 정도로 순수성이 변질되고 세상과 타협하는 이중적인 태도를 지닌 선배를 모범으로 생각할 후배는 아무도 없을 것입니다. 그런 부모를 존경스러운 눈으로 바라보는 자손도 없을 것입니다. 모범이 없으면 감동도 따라오지 않습니다. 사사 시대에 전쟁을 모르는 세대가 당한 어려움은 바로 이런 것이었습니다. 그들은 이전 세대로부터 아무런 감동을 하지 못했습니다. 계속되는 회의와 갈등 속에서 비판 의식이 생겨났고, 끝내는 이전 세대를 거부하는 의식으로까지 발전했습니다.

○ ○ ○ ○ ○ ○ ○ ○ ○ ○ ○
2세대의 눈에 비친 1세대

그렇다면 우리가 살고 있는 사회는 어떻습니까? 오늘날 우리 기성세대는 참혹한 전쟁을 치른 세대입니다. 극심한 가난을 딛고 일어나 이제 세계에서 15위 안에 드는 경제 대국으로 발돋움하는 데 이바지한, 썩는 밀알과 같은 세대였습니다. "잘살아 보세!"를 외치면서 일만 했을 뿐 여가나 취미생활이라는 것이 없었습니다. 한마디로 일만 하며 살아온 세대입니다.

그러나 이 세대로 2, 30년 전부터 살 만하고 여유가 생기자 신앙의 순수성이 변질되었습니다. 전쟁할 때만 해도 신앙이 삶을 지배하는 유일한 원칙이었습니다. 가난할 때는 오직 하나님만 믿고, 하나님의 영광만 위하겠다는 원칙이 있었습니다. 그러나 자가용을 타고 큰 집을 지으며 여가를 즐기고 재산을 쌓으면서 하나님을 섬기는 신앙만이 내 삶을 유지한다는 원칙이 흔들리기 시작했습니다. 그래서 신앙과 생활이 겉도는 모순을 보이기 시작했습니다. 전쟁을 모르는 2세들이 볼 때 이것은 이중인격자의 모습이었습니다.

바로 오늘의 기성세대가 이런 모습입니다. 그래서 전쟁을 모르는 다음 세대에게 모범이 되지 못하고 감동을 주지 못하는 것입니다. 참 부끄러운 일이 아닐 수 없습니다. 왜 오늘날 의식이 있는 젊은이들이 개혁의 우선 대상으로 교회를 꼽습니까? 왜 대형 교회를 개혁해야 할 영순위로 봅니까? 그들에게 교회는 말씀대로 살지 못하는 부패한 집단이기 때문입니다. 물론 그들의 시각이 다 옳은 것은 아니지만, 교회는 이를 부인할 만큼 결백하지도 않습니다.

한국갤럽에서 젊은이들을 대상으로 "당신이 장차 종교를 갖게 된다면 무슨 종교를 선택하겠는가?"를 조사했다고 합니다. 그 결과 대다수가 불교라고 응답했고, 그다음이 로마 가톨릭교회였는데, 기독교는 극소수에 지나지 않았다고 합니다. 그만큼 기독교에 대해서 호감을 가지고 있지 않다는 것입니다.

또한 유니세프(Unicef)에서 아시아 지역 중 17개국을 대상으로 조사한 내용입니다. "정말로 부모를, 어른을 존경하는가?"라는 질문에 존경한다고 대답한 사람은 우리나라 젊은이들 가운데 17%밖에 안 됐다고 합니다. 반면에 다른 나라의 경우 평균 수치가 72%에 달했다고 합니다. 이것은 오늘날 예수님을 믿든, 믿지 않든 전쟁을 아는 기성세대는 전쟁을 모르는 다음 세대에게 아무런 감동을 주지 못한다는 이야기입니다. 모범은커녕 모순을 안고 있는 세대로, 변화와 개혁의 대상으로 보는 것입니다. 바로 이런 시대에 우리가 살고 있습니다.

기성세대는 하나님 앞에 회개해야 합니다. 우리의 모습을 말씀을 통해 진단을 받으면서 부끄럽게 생각해야 합니다. 우리를 비판하는 젊은 세대를 놓고 나무라기만 하거나 섭섭하게 여겨서는 안 됩니다. 대신 우리 자신이 얼마나 잘못되었는가를 발견해야 합니다. 사사 시대에 전쟁을 아는 세대가 잘못했던 것처럼 오늘 우리도 문제가 있다는 것을 인정해야 합니다.

전쟁을 모르는 세대 역시 반성이 필요합니다. 완전한 모범이란 이론으로는 존재하지만 실제로는 존재하지 않습니다. 아무도 완전한 모범이 될 수 없습니다. 그러면 모범이 되지 못한다고 해서 전부 틀렸습니까? 비록 모범이 되지 못하는 부분이 있지만 그렇다고 해서 그 사람이 틀린 것은 아닙니다.

오늘날 기성세대는 냄새가 나고 형편없고 시대에 뒤떨어진 무리로 보일지 모릅니다. 그러나 이 나라를 가난에서 일으키고, 전쟁에서 구한 세대에게는 배워야 할 위대한 덕목이 있습니다. 꿋꿋함이 있습니다. 용기가 있습니다. 양심이 있습니다. 신앙이 있습니다. 나라를 사랑하고 자녀들을 사랑하는 뜨거운 열정이 있습니다. 이런 면에 주목해야 합니다. 그리고 그들의 좋은 점을 배우려고 노력해야 합니다. 앞선 세대로부터 하나라도 좋은 점을 발견하며, 그것을 겸손히 배울 때 그들의 잘못에 대해 비판할 자격이 생기는 것입니다.

병든 사회를 유산으로

사사기의 전쟁을 아는 세대는 다음 세대가 짊어지기에는 너무나 무거운 짐을 남겨 놓았습니다. 전쟁을 아는 세대는 전쟁에서 승승장구했습니다. 수십 개의 성을 점령했습니다. 살 만해지자 하나님께서는 그들에게 가나안 땅에 있는 모든 부족을 멸하라고 하셨습니다. 이스라엘 백성은 거룩한 선민이기 때문에 남아 있는 잡족들과 공생하면 안 된다는 것이었습니다. 그래서 이 땅을 깨끗이 평정한 후, 하나님의 나라를 세우라고 명령하셨습니다.

따라서 전쟁을 아는 세대는 희생이 따르더라도 끝까지 싸워서 가나안 부족이 발붙이지 못하도록 해야 했습니다. 그러나 그들은 몇 년간 전쟁을 하면서 지쳤기 때문에 중간에 주저앉고 말았습니다. 땅과 성을 차지하고 살 만해지자 '이 정도면 됐지. 자꾸 피를 흘릴 이유가 어디 있어? 이만하면 됐지' 하며 하나님의 명령을 뒷전에 두고 자족감에 취해 전쟁을 꺼렸습니다.

그 결과 가나안 족속들이 그 땅 구석구석에 남아 있게 된 것입니다. 성경에는 7족속이라고 했지만, 여호수아서와 사사기를 보면 20족속이 넘습니다. 물론 이스라엘 백성들에게 조공을 바치면서 종살이를 했지만, 여전히 남아 있는 것입니다. 그 족속들은 그들에게 굉장히 위험한 존재였습니다.

> 그들이 너희 옆구리에 가시가 될 것이며 그들의 신들이 너희에게 올무가 되리라_삿 2:3하

하나님은 옆구리의 가시와 올무가 이스라엘 백성들의 거룩을 더럽

전쟁을 모르는 세대를 위하여

힐 수 있는 가장 무서운 존재라고 경고하셨습니다. 그들을 사정없이 쫓아내고 그 땅을 거룩하게 해야 했는데 그러지 못했습니다. 그러고 는 전쟁을 모르는 다음 세대에게 다 떠넘긴 것입니다.

전쟁을 모르는 세대는 20족속이나 되는 가나안 잡족들과 공생하지 않으면 안 되는 어려운 상황에 놓이게 되었습니다. 그 결과 잡족들의 다양한 종교를 접하게 되었고, 나중에는 그들의 신을 받아들여 다원주의에 물들어 갔습니다. 하나님만이 유일한 신이라는 생각 대신 모든 신을 인정하고 어느 종교에나 구원이 있다는 다원주의에 빠졌습니다. 하나님의 말씀이 절대 진리라는 원칙을 버리게 되었습니다.

사사기를 보면 두 군데에 재미있는 말이 나옵니다.

> 사람마다 자기 소견에 옳은 대로 행하였더라_삿 17:6 하

> 사람이 각기 자기의 소견에 옳은 대로 행하였더라_삿 21:25

현대 용어로 바꾸면, 상대주의입니다. 내가 좋으면 선이요 내가 싫으면 악이라는 것입니다. 하나님의 말씀이 선악을 판단하는 기준이 아니라 오직 내가 기준입니다. 그래서 자기 의견에 좋은 대로 하는 것입니다.

이런 상대주의가 오늘날만 기승을 부리고 있는 것이 아닙니다. 사사 시대에도 상대주의가 젊은이들의 마음과 생각을 버려 놓았습니다. 바로 전쟁을 모르는 세대가 상대주의 가치관에 빠졌던 것입니다. 뿐만 아니라 다양한 문화와 교류하면서 고유의 색깔을 잃어버리고 혼합주의를 받아들였습니다. 이전 세대가 가나안 잡족들을 남겨 놓음으로 후손들은 이렇게 끔찍한 대가를 치러야 했고, 결국 하나님의 심판을

받는 자리에까지 나아갔던 것입니다. 그 일차적인 책임이 과연 누구에게 있습니까? 바로 전쟁을 아는 세대에게 있습니다. 갈렙처럼 믿음을 가지고 끝까지 싸웠더라면 그 나라가 그렇게 오염되지 않았을 것입니다.

오늘날 우리의 상황은 어떻습니까? 전쟁을 아는 기성세대가 전쟁을 모르는 다음 세대에게 떠넘겨야 할 짐이 너무 무거운 것 같습니다. 살맛 나는 사회, 살맛 나는 국가를 물려주지 못하고 병이 든 사회를 떠넘기고 있기 때문입니다.

○ ○ ○ ○ ○ ○ ○ ○ ○
이전의 실패를 발판 삼아

대구 지하철 참사를 겪으면서, 임현진(林玄鎭) 교수는 우리 사회의 문제점을 다음과 같이 지적했습니다. 그는 우리 사회를 '모험추구사회'라고 정의하면서 "이 사회에서는 안전보다도 속도를, 내실보다도 외형을, 과정보다도 결과를, 미래에 부과될 비용보다도 현재의 비용 절약을 더 중요한 덕목으로 삼는다"라고 말했습니다. 이 나라는 병든 사회가 되어버렸습니다. 그래서 졸속으로 건설한 거대한 구조물들이 언제 어디서 어떻게 무너질지 모르는 러시안룰렛(Russianroulette) 같은 위험에 노출되어 있다고 임 교수는 지적했습니다.

이것은 건물이나 시설물에만 해당하는 말이 아닙니다. 우리의 정신세계, 가치관도 마찬가지입니다. 심지어 우리의 신앙관에도 그래도 적용됩니다. 기초를 충실히 닦기보다는 일을 빨리 해치우기 위해 속도를 내는 데만 신경을 곤두세웁니다. 은밀히 보시는 하나님 앞에서 성실하기보다는 사람들의 눈에 띄고자 의식합니다. 과정보다도 한탕을 해 보겠다고 결과에만 집중합니다. 왜 이러한 상황들이 벌어집니까? 잘못된 가치관 때문입니다.

이 사회를 보십시오. 양심이 살아 있습니까? 정치 고위 관리가 국민 전체를 상대로 거짓말을 할 수밖에 없다면 차라리 입을 다무는 편이 낫습니다. 1달러도 보낸 일이 없다고 말하고는 나중에 어마어마한 돈을 보냈다고 실토하면 도대체 젊은 세대가 어떻게 생각하겠습니까? 거짓말이 공공연히 통용되고 인정받는 사회라면 그것은 병든 사회입니다. 젊은 세대가 이런 사회를 떠맡아서 앞으로 끌고 갈 책임을 지게 되었습니다. 마치 가나안 족속들을 떠맡은 것과 똑같습니다.

이 사회를 보십시오. 가치관이 뒤틀린 사회가 아닙니까? 가난해도 떳떳하게 살 수 있습니까? 자랑스럽지 못한 방법으로 돈을 번 졸부들이 온통 사치하고 방탕한 바람에 나라 전체가 '돈! 돈!' 하는 열병을 앓고 있습니다. 전쟁을 아는 세대가 전쟁을 모르는 세대에게 이런 병든 사회를 떠넘기고 있는 것입니다.

대구 지하철 사고를 보면서 우리가 가슴을 치는 이유가 있습니다. 기본적인 원칙 하나만 제대로 지켰더라도 저렇게 끔찍한 일은 없었을 텐데. 저렇게 무고한 생명이 희생을 당하진 않았을 텐데. 대충대충 하면서 원칙과 기본에 충실하지 않았기 때문에 그만 이러한 참상이 벌어진 것입니다. 게다가 지난 5년 동안 종합방재훈련을 한 번도 실시하지 않은 지하철공사에 정부가 안전 대상을 수여했다니 어이가 없습니다. 안타까운 것은 이런 말도 안 되는 일을 하면서도 부끄러운 줄 모르는 사회가 되어버렸다는 것입니다.

젊은 소리를 대변하는 인터넷 신문 〈오마이뉴스〉에 다음과 같은 말이 올라왔습니다. "우리 386세대의 변화와 열망은 기성세대가 파산낸 조국의 도덕적 원칙과 상식을 다시 바로 세우려고 하는 소박한 바람에 불과하다." 얼마나 무서운 말입니까? 젊은 세대가 보기에 기성세대는 도덕적 원칙보다 상황적 이익에 목을 매는 비뚤어진 세대이기에 이를 고쳐야겠다는 것입니다. 이렇게 모든 것이 뒤틀리고 잘못된 사회와 나라를 지금 젊은 세대에게 넘기고 있는 것입니다. 이제 젊은 세대가 이 나라를 어깨에 메고 끌고 가야 합니다. 얼마나 짐이 무겁겠습니까? 그래서 저는 젊은 세대를 동정합니다. 그리고 동시에 이런 짐을 떠넘기게 된 기성세대를 부끄럽게 생각합니다.

○ ○ ○ ○ ○
마지막 제언

전쟁을 모르는 세대에게 전하고 싶은 말이 있습니다. '실패학'이란 말이 있습니다. 실패도 연구 대상이 될 말한 가치가 있다는 말입니다. 기성세대는 어떻게 보면 실패학의 연구 대상입니다. 실패는 성공의 어머니라는 말처럼 그들의 실패를 연구 대상으로 삼고 연구하면, 이전의 잘못을 반복하지 않고 이 나라와 하나님 나라를 더 아름답게 세울 수 있습니다.

어느 세대나 다음 세대에게 짐을 남겨 놓지 않는 법은 없습니다. 지금의 신세대도 3, 40년 후에 지금의 기성세대보다도 더 무거운 짐을 후대에 남겨 놓고 갈 수도 있습니다. 그러므로 비판만 하지 말고, 큰소리만 치지 말고, 앞서가는 세대의 잘못을 연구 대상으로 놓고 그 실패를 반복하지 않겠다는 각오로 노력하면 이 나라를 구원할 수 있는 길이 생길 것입니다.

사사기를 보면 하나님을 부정한 세대는 망했습니다. 사회 전반에 만연한 무신론 사상이 사사 시대를 암흑의 시대로 만들어 버렸습니다. 지금도 마찬가지입니다. 마음에서부터 하나님을 추구해야 합니다. 바츨라프 하벨(Václav Havel, 1936-2011) 체코 대통령이 표현한 것처럼 오늘 이 세대는 인류 역사상 처음으로 등장한 무신론 문명입니다. 모든 사람의 의식에서 하나님을 추방하고 있습니다. 사회 각 분야에서 하나님의 존재를 인정하지 않으려고 합니다.

어디에서 인간성이 파괴됩니까? 하나님이 계시지 않는 데에서 인간성이 파괴됩니다. 누구의 마음에서 증오와 복수가 불탑니까? 하나님을 인정하지 않으려는 마음에서 복수의 불길이 타오릅니다. 누구에게서 성매매나 음란의 죄악들이 날마다 반복됩니까? 하나님이 계시지 않는 자의 마음에서 그런 죄가 반복됩니다. 어디에서 사치와 한탕주의가 생겨납니까? 하나님의 존재를 인정하지 않고 내 마음대로 살고 싶다는 유혹을 받을 때 그런 무서운 일들이 일어나는 것입니다. 하나님 없는 곳에서는 무엇이든지 가능합니다. 세상의 모든 악이 가능한 자리가 바로 하나님이 없는 자리입니다. 그러나 종국에 하나님을 부정하는 개인과 가정은 망하고 말 것입니다.

전쟁을 아는 세대와 전쟁을 모르는 세대가 살길은 하나님을 받아들이는 것입니다. 그리고 예수님 안에서 하나가 되는 것입니다. 전쟁을 아는 세대는 전쟁을 모르는 세대를 이해하고 불쌍히 여겨야 합니다. 자신의 잘못을 하나님 앞에 회개해야 합니다. 다음 세대 앞에 눈물을 흘리고 자신의 실패를 인정해야 합니다.

동시에 전쟁을 모르는 세대는 예수님 안에서 기성세대를 이해하고 포용하며 그들의 좋은 점을 배울 뿐만 아니라, 그들의 실패를 통해서 더 나은 역사를 창조하기 위해 노력해야 합니다. 그래서 예수님 안에서 두 세대가 함께 만나 새로운 부흥이 일어나는 내일의 역사를 창조해야 합니다. 이럴 때 교회, 나라, 우리 세대가 삽니다.

2

소돔과
의인 열 사람

소돔과 고모라의 성적인 타락 앞에서 롯은 고통받았습니다.
그들의 문화에 동화되지 않고 자신을 지켰습니다.
그러나 멸망의 날에 하나님은 소돔과 고모라에서 롯 외에는
단 한 사람의 의인도 찾을 수 없었습니다.

창세기 18:22-23

22 그 사람들이 거기서 떠나 소돔으로 향하여 가고 아브라함은 여호와 앞에 그대로 섰더니 23 아브라함이 가까이 나아가 이르되 주께서 의인을 악인과 함께 멸하려 하시나이까

소돔과 의인
열 사람

소돔과 고모라는 성적으로 타락한 도시, 문란한 성문화(性文化)의 대명사입니다. 실제로 그 도시가 어떻게 성적으로 타락했는지 성경은 구체적으로 설명하고 있지 않지만, 그 도성이 망하기 직전에 일어났던 일련의 사건들만 보아도 성적으로 갈 데까지 간 문화였음을 알 수 있습니다.

한번은 두 천사가 남자의 모습으로 그 성(城)에 들어갔습니다. 그러자 그곳 사람들이 천사들이 유숙한 롯의 집 앞에 모여들어 그 두 천사를 끌어내 공개적으로 성폭행하길 원했습니다. 최근 카투사에 입대한 청년을 미군 병사 3명이 끌고 가서 성폭행했다는 기사와 비슷한 상황입니다. 이 정도만으로도 성적으로 얼마나 타락한 도시인지 짐작할 수 있습니다.

역사적으로 돌이켜보면 타락한 성문화가 소돔과 고모라에만 있었던 것은 아닙니다. 그 성들보다 몇 배 더 타락한 시대, 문화, 도시도 있었습니다. 그럼에도 불구하고 하나님께서는 특별히 소돔과 고모라를 모델로 선택하셔서 타락한 도시를 어떻게 다루셨는지 성경에 기록하시고, 오늘을 사는 우리에게 값진 교훈을 주십니다.

> 소돔과 고모라 성을 멸망하기로 정하여 재가 되게 하사 후세에 경건
> 하지 아니할 자들에게 본을 삼으셨으며_벧후 2:6

곧 후세의 성적으로 타락한 사람들에게 본을 보이셨다는 이야기입
니다. 이런 의미에서 소돔과 고모라 사건은 우리가 마음을 열고 살펴
보아야 할 몇 가지 중요한 교훈을 담고 있습니다.

○ ○ ○ ○
우리 시대

오늘의 우리 역시 소돔과 고모라 성에 살고 있습니다. 소돔과 고모라
는 과거에 존재했다가 사라진 도성이 아닙니다. 현재 우리가 살고 있
는 도시, 나라, 현대 문명이 소돔과 고모라입니다. 오늘 우리는 그때
만큼 심각한, 아니 더욱 타락한 성문화를 접하면서 살고 있습니다.

몸의 일부분에 있던 악성종양이 갑자기 전이되어 온몸에 퍼지면 생
명은 위협을 받게 됩니다. 수년 전만 해도 성적 타락은 극소수의 사람
이나 특정 지역에만 해당하는 일이었습니다. 그러나 인터넷이 대중화
되면서 타락한 성문화가 급속도로 사회 전반으로 전이되어 이제 우리
생활 구석구석에 퍼지고 있습니다.

7살만 되어도 컴퓨터 앞에 앉아 마우스를 움직이면 민망한 장면들
로 가득한 동영상을 볼 수 있는 시대입니다. 인터넷을 검색하다 보면
일부러 포르노 사이트에 접속한 것도 아닌데 민망한 장면들이 모니터
의 화면을 가득 채우는 일을 경험한 적이 있을 것입니다. 게다가 매일
쏟아지는 스팸메일은 차단 프로그램을 통해서도 완전히 걸러지지 않

습니다. 이처럼 우리는 인터넷을 매개로 한 음란한 성문화의 공격을 무차별적으로 받고 있습니다. 국가가 법적으로 대응해서 형사처벌을 하지 않는 한 막을 도리가 없습니다. 우리가 사는 세상의 형편이 이렇습니다.

최근 한국형사정책연구원에서 충격적인 내용을 발표한 바 있습니다. 우리나라에서 성매매를 통해 얻는 총수입이, 우리나라의 모든 농사를 짓는 분들이 1년 동안 땀 흘려 번 돈, 그리고 생명을 걸고 고깃배를 타고 나가서 고기를 잡아 번 돈을 합한 돈과 맞먹는다는 것입니다. 성매매를 통해 올리는 전체 수입이 24조 원인데, 이것은 현대자동차가 1년 내내 자동차를 만들어 국내외로 판매한 액수보다 더 많습니다. 윤락행위에 종사하는 여성만 3만 명으로, 이것은 2, 30대 여성 백 명 중 4명에 해당하는 꼴입니다. 그리고 20-60대에 해당하는 남자들 10명 중 2명이 평균 한 달에 네댓 번씩 돈을 주고 자신의 성적 욕구를 채운다고 합니다. 그런데 이것은 정부가 발표한 숫자에 지나지 않습니다. 시민 단체들의 주장에 따르면 실상은 훨씬 심각합니다.

한국사이버중독예방센터 김영숙 소장의 보고에 따르면, 채팅을 시작한 지 3개월이 넘은 주부들의 경우, 거의 100%가 남편 모르게 애인을 갖게 된다고 합니다. 그리고 이러한 목적으로 개설된 채팅 클럽에 가입한 회원 수는 현재 1,820만 명에 이른다고 합니다. 더욱 심각한 것은 주부 중 90%가 몰래 채팅을 하는데, 그 가운데 반은 불륜 관계로 이어진다는 것입니다.

○ ○ ○ ○

타락의 끝

소돔 성이 하나님의 심판을 받아 멸망했듯이 음란한 이 사회도 이대로 두면 망하고 맙니다. 성경에 기록된 대로라면, 소돔 성 외에 음란하다는 이유로 하늘로부터 유황불이 떨어져 멸망한 곳은 없을 것입니다. 그럼에도 불구하고 하나님께서 이렇게 특별한 방법으로 소돔 성을 다루신 데에는 이유가 있습니다. 성적으로 타락한 개인이나 사회, 나라, 문화는 반드시 망한다는 것을 선언하기 위해서입니다.

오늘 우리 주변을 보십시오. 성에 대한 사람들의 생각이 얼마나 개방적이고 대담해졌는지 모릅니다. 간음하지 말라는 하나님의 명령도 이제는 자유를 구속하는 악법으로 생각합니다. 행복을 추구할 수 있는 자유, 즐기고 싶으면 마음대로 즐길 수 있는 자유만이 중요하다고 생각합니다. 굴레에 매여 끌려다니는 것은 바람직한 현대인의 모습이 나며, 내가 선택한 자유에 따라 행동하는 것이 무엇보다 중요하다고 주장합니다.

종교든지, 법이든지, 국가든지 사생활을 제재할 수는 없다고 생각하는 사람들이 증가하고 있습니다. 좋은 예가 간통에 대한 형사처벌을 없애자는 사람들입니다. 수년 전부터 그런 소리가 나오더니 이제는 점점 힘을 실어 이야기하고 있습니다. 물론 아직 법적 처벌은 있지만(간통죄는 2015년 2월에 위헌판결로 폐지되었다), 양쪽이 합의하면 금방 풀려나옵니다. "간통이 무슨 죄입니까? 그걸 가지고 왜 법적으로 억압합니까? 자기 자유인데"라며 간통을 특별한 죄로 여기지 않습니다. 성매매 알선업자들은 법적으로 저촉되어도 약식기소가 되어 약간의 벌금만 물면 나옵니다. 이것이 오늘 우리의 현실입니다. 이처럼 사회 전체가 성문란을 부추기고 동조하고 있습니다.

이렇게 성적으로 타락하면 제일 먼저 피해를 입는 곳은 가정입니다. 가정이 망하면 가족들의 인격이 무너지고, 한생이 완전히 멍들고 망가집니다. 다음은 미국의 어느 유명한 잡지에 실린 만화에 나온 젊은이들의 대화입니다. "오빠, 내가 제안하는 것은 그냥 결혼하는 것이지 평생을 약속하자는 것은 아니야. 영원한 약속은 지금 할 수 없어. 그러나 오늘 하루만은 약속할 수 있어." 결혼 생활을 유지하기 위해 치러야 할 값을 책임지지 않겠다는 것입니다.

이렇게 출발한 가정이 깨지는 것은 시간문제입니다. 결국 이런 가정은 성적으로 타락하고 잘못된 길로 가기 마련입니다. 그럴 때 자녀들은 탈선하게 됩니다. 미국의 통계에 의하면 편부모 가정의 아이들이 가난해질 확률은 그렇지 않은 가정의 아이들에 비해 6배나 높아, 편부모 가정의 자녀들의 절반은 극빈 생활을 하고 있다고 합니다. 이혼 가정의 자녀들은 청년이 되어서 심리치료를 받아야 할 확률이 정상의 가정에서 자란 사람보다 2배나 될 정도로 높습니다.

붕괴된 가정의 자녀들은 학업이나 행동 면에서 문제를 일으킬 확률이 높고, 고등학교를 중퇴할 비율도 20%나 됩니다. 편부모 가정에서 자라난 소녀들이 미혼모가 될 확률은 정상적인 가정의 경우보다 3배나 높다고 합니다. 강간범의 60%, 살인범의 72%, 장기수의 70%가 아버지가 없는 가정에서 자란 자녀들입니다. 이것만큼 무서운 심판이 어디 있습니까? 가정이 망한다는 말은 그 가정 출신의 후손들이 망한다는 것입니다.

성적 타락은 가정만 파괴하는 것이 아니라 사회까지 파괴합니다. 음주, 마약, 동성애, 에이즈, 성매매 등은 전부 성적으로 타락한 사람들, 도덕의식이 마비된 사람들이 저지르는 일들입니다. 바로 이런 사람들로 인해서 사회가 멍들고 무너져 내리는 것입니다. 인간성, 도덕성, 정신이 붕괴되는 것입니다. 하나님께서 이런 사회는 간섭하지 않겠다고 로마서 1장 28절에서 말씀하셨습니다. 과연 하나님의 인자와 긍휼이 떠난 사회가 망하지 않고 얼마나 버틸 수 있겠습니까? 지난 수

천 년 역사를 돌아보면 위대한 문명을 자랑하던 나라들은 외부의 적에 의해서가 아니라 자기 스스로 무너졌습니다. 하나같이 성적으로 타락했을 때 나타나는 붕괴 현상이었습니다. 우리도 정신 차리지 않으면 망하고 말 것입니다.

○ ○ ○ ○ ○
의인 열 사람

지금 우리 사회에는 의인 열 사람이 필요합니다. 아브라함은 소돔과 고모라 성을 멸하겠다고 작정하신 하나님께 간절히 탄원했습니다. 그곳에는 사랑하는 조카 롯과 그의 가족들이 있었습니다. 아브라함은 어떻게 하면 조카 롯을 살릴 수 있을까 하고 안타까운 마음으로 하나님을 붙들고 탄원했습니다.

"하나님, 의인과 악인을 함께 심판하시는 것은 공의로운 하나님답지 않습니다. 만일 그 성에 의인 50명이 있다면 어떻게 하시겠습니까?" 그러자 하나님께서는 의인 50명만 있으면 그 성을 멸하지 않겠다고 말씀하셨습니다. 이에 힘을 얻은 아브라함이 계속 붙들고 하나님께 요청했습니다. 45명, 40명, 30명, 20명, 그리고는 10명까지 내려갔습니다. 적어도 그 성에 의인 10명 정도는 있을 것 같았습니다. 롯과 그 아내, 딸과 애인 1, 2명 그리고 가까운 친구들까지 합하면 충분할 것 같았습니다. 하지만 결국 진정한 의인은 롯 1명뿐이었습니다.

하나님이 의인 10명이 있으면 소돔과 고모라 성을 멸하지 않겠다고 하신 이면에는 또 한 가지 의미가 있었습니다. 하나님의 손에 붙들린 거룩한 의인 10명만 있으면 그 성이 망하지 않도록 영향력을 끼칠수 있다는 하나님의 확신이 있었던 것입니다. 의롭게 살려는 거룩한 백성 10명만 있으면 소돔 성이 망하지 않는다는 것입니다. 그 10명의 영향으로 그 성은 깨끗해질 수 있고 새로워질 수 있다는 확신을 갖고 계셨습니다.

오늘 이 사회에서 하나님이 찾는 의인 열 사람은 누구입니까? 바로 우리들이요 교회입니다. 교회는 거룩한 성령을 모신 하나님 자녀들의 공동체입니다. 하나님은 교회를 통해 세상에 빛을 비추고, 소금이 되어 썩어 가는 이 세상에 뿌려지길 원하십니다. 하나님께서는 이 거룩한 교회를 통해서 세상의 어두움을 물러가고, 음란하고 더러운 세상이 하나님 앞에 돌아와 새로운 세계가 되길 원하십니다. 이를 위해서 의인 열 사람이 필요합니다. 하나님의 이름을 부르는 백성 열 사람이 필요합니다. 하나님은 하나님의 손에 붙들린 거룩한 열 사람을 원하십니다.

온탕 속 개구리

한국 교회는 지금 의인 열 사람의 역할을 하고 있느냐고 사회가 우리에게 묻는다면 어떻게 대답해야 하겠습니까? 한국의 교회는 5만 개가 넘습니다. 의인 열 사람과는 비교가 안 될 정도로 엄청난 숫자의 하나님의 자녀들이 있습니다. 하지만 과연 한국 교회가 의인 열 사람의 역할을 하고 있습니까?

먼저 미국 교회의 예를 살펴봅시다. 미국 교회에 이와 같은 질문을 한다면, 크게 두 가지 반응이 나옵니다. 하나는 긍정적인 반응이고, 다른 하나는 부정적인 반응입니다. 부정적으로 반응하는 쪽의 견해는 이렇습니다. "오늘날 미국 교회는 열 사람의 역할을 못하고 있다. 그래서 미국이 이렇게 음란하고 타락한 것이다."

부정적인 반응을 하는 이들은 오늘날 미국 교회가 온탕 속에 있는 개구리와 같다고 말합니다. 냄비에 물을 담고 따뜻하게 한 다음 개구리를 넣습니다. 그러면 개구리가 들어가서 바닥에 네 발을 펴고 따뜻한 물 속에서 기분 좋게 헤엄칩니다. 그러면 서서히 냄비에 열을 가합니다. 온도의 변화를 느끼지 못한 개구리는 가만히 있습니다. 주어진 상황에 익숙해진 개구리는 온도가 올라가는지도 모르는 것입니다. 한참 온도를 올린 후에 보면 개구리가 익어서 죽어 있습니다. 바로 이것이 온탕 속의 개구리입니다.

온 세계가 음란해지는데, 그 속에 있는 교회가 그 환경에 점점 익숙해지는 것과도 같은 이야기입니다. 교회는 하나님이 명령하신 절대 진리에 복종하는 그리스도인답게 이 사회를 끌고 가야 하는데, 오히려 '내가 좋으면 선이다'라는 상대주의적인 가치관을 가진 사람들에게 끌려가는 것입니다. 결국 교회는 그런 사회에 익숙해져 나중에는 생각도, 도덕성도 그와 비슷하게 되어 가는 것입니다.

한국도 마찬가지입니다. 30년 전만 해도 이혼이라면 다들 깜짝 놀라는 사건이었습니다. 누가 이혼했다고 하면 '세상에 그런 법이 어디 있어?' 하고 난색을 표했습니다. 교회 안에서 이혼했다고 하면 '그것은 치리 감이야' 하고 생각했을 정도입니다. 그런데 오늘날은 성경이 허용하는 사유가 아닌, 막연히 '성격이 달라서'라는 이유로 이혼하는 일이 비일비재합니다. 교회 안에서도 마찬가지입니다. 온탕 속의 개구리처럼 주변의 환경에 계속 함몰되어 가고 있습니다.

보통 문제가 아닙니다. 세상적인 가치관에 계속 끌려가고 있습니다. 우리의 기준이 낮아지고 있습니다. 요즘에는 성적으로 탈선했다, 누가 어려운 일을 당했다고 하면 '세상이 악하니까 그럴 수도 있지'라는 식으로 반응합니다. 우리도 모르게 세상에 동화되어 가는 것입니다. 그러면서 오늘날 교회가 이 사회에서 의인 10명의 구실을 제대로 하지 못하고 있다고 탄식합니다.

반면에 긍정적인 평가도 있습니다. 하버드 대학의 리처드 프리먼(Richard Barry Freeman) 교수는 연구 결과를 통해 기독교 신앙은 범죄 감소율과 깊은 연관성이 있다고 합니다. 술집이 많은 곳은 범죄가 많지만, 교회가 많은 곳은 범죄가 적습니다. 교회에 적극적으로 동참하고, 열심히 신앙생활을 하는 남녀의 경우 혼외정사나 혼외 임신을 할 확률이 아주 낮다고 말합니다. 이런 의미에서 기독교는 범죄에 대해 억제 작용을 할 수 있는 윤리적 기준을 가르침으로 사회에 긍정적인 역할을 한다고 보고하고 있습니다.

저 역시 이런 긍정적인 견해를 받아들이고 싶습니다. 적어도 한국 교회는 이 세상을 구원할 수 있는 유일한 의인 열 사람이요, 방파제입니다. 우리는 선지자적인 의식을 가지고 이 사회를 치유하고 구원하기 위해서 하나님 앞에 부르짖는 사람이 되어야 합니다. 그리고 필요한 대가를 치를 각오를 해야 합니다.

○ ○ ○ ○ ○
홀로 있는 섬

롯처럼 처신하면 안 됩니다. 베드로후서 2장 7절을 보면, "무법한 자들의 음란한 행실로 말미암아 고통 당하는 의로운 롯"이라고 말합니다. 소돔과 고모라 사람들의 성적 타락상을 보고 롯은 많이 괴로워했습니다. 그는 그들의 문화에 동화되지 않고 자신을 지켜 갔습니다. 그래서 의로운 롯이라고 말합니다. 어떻게 보면 굉장한 사람처럼 보이지만, 한편 너무나 소극적인 사람입니다. 자기 구원만 아는 사람이요 자기 경건만 지키는 사람입니다. 그 결과 수십 년 동안 소돔 성에서 살면서도 자신과 같이 의로운 사람을 한 사람도 못 만들었던 것입니다.

이런 사람은 수백만 명, 수천만 명이 있어도 이 사회를 치유하고 구원하지 못합니다.

기독교는 외로운 섬이 아닙니다. 예수님을 믿는 사람은 홀로 있는 섬이 아닙니다. 우리는 세상 속에 있습니다. 따라서 우리는 이 세상의 악에 대해 행동해야 합니다. 기독교는 행동의 종교이기에 적극성을 띠어야 합니다. 에베소서 2장 10절에 보면 우리를 그리스도 예수 안에서 선한 일을 위하여 지으셨다고 말씀합니다. 우리가 하나님의 새로운 피조물이 된 목적이 바로 여기에 있습니다. 내가 구원을 받기 위해서, 내가 기도를 많이 하는 사람이 되기 위해서가 아닙니다. 하나님의 선한 일, 곧 하나님의 뜻을 이 땅에 이루기 위해서입니다.

우리가 음란한 세상을 하나님의 복음으로 고치고 치유하고 구원하는 것이 선한 일입니다. 그 일을 위해서 우리는 곳과 달리 적극성을 띠어야 합니다. 우리나라 초대 교회의 선배들을 보십시오. 나라를 잃고 절망에 빠진 젊은이들이 날마다 술을 마시면서 가슴속의 울분을 달래고 있던 시절, 기독교가 금주운동을 벌이면서 이 사회에 깃발을 들었습니다. 그 결과 기독교를 통해서 알코올 중독에서 벗어난 젊은이들이 얼마나 많았는지 모릅니다. 우리의 선배들은 축첩제도를 폐지하기 위해 과감하게 개혁을 외치고 나섰습니다. 그래서 이 사회에서 축첩 제도가 서서히 사라지게 되었습니다. 또한 절제 운동을 통해 검소한 생활을 권하고 이웃에게 사랑의 봉사를 실천하면서 거룩하고 아름다운 삶의 모범을 보여 주었습니다.

○ ○ ○ ○ ○
전략적 행동

오늘날 이 음란하고 더러운 세상에서 우리 역시 구체적인 행동 전략을 만들어 사회악에 도전해야 합니다. 그러기 위해서는 먼저 우리 자신이 깨끗해야 합니다. 포르노에 중독되었습니까? 주님 앞에 회개하고 빨리 돌아서십시오. 아내나 남편 모르게 불건전한 이성 관계를 갖고 있습니까? 망하기 전에 빨리 하나님 앞에 회개하십시오. 신앙 양심으로 도무지 용납할 수 없는 좋지 못한 행동에 발을 담그고 있습니까? 주님 앞에 회개하고 빨리 돌아오십시오.

우리가 깨끗해야 세상을 구원할 수 있습니다. 그렇지 않고서 어떻게 의인 열 사람의 역할을 할 수 있겠습니까? 하나님은 오늘도 통회하고 자복하는 사람을 받아들이십니다. 예수 그리스도의 십자가를 붙들고 진심으로 회개하면 성령께서 은혜를 주셔서 나쁜 습관도 치유해 주십니다. 좋지 못한 관계도 정리해 주십니다. 우리가 하나님 앞에 뜻을 정하고, 회개하고 하나님의 은혜를 구하면 반드시 주십니다.

우리는 또한 열심히 전도해야 합니다. 부모의 잘못으로 가정이 파괴되어 홀로 남은 자식들이 오갈 데가 없어 길거리를 헤매고 있습니다. 그러다가 성매매를 알선하는 사람에게 끌려가서 지옥 같은 하루를 사는 딸들이 우리 주변에 3만 명이나 됩니다. 누가 그들을 구원할 것입니까? 예수님을 안다면, 그들은 막달라 마리아처럼 변화를 받을 수 있습니다.

돈은 많지만 인생에 대한 뚜렷한 목적이 없어, 어떻게 하면 하루를 즐기면서 오래 살 수 있을까만 생각하는 사람들, 여유만 생기면 돈을 주고 여자를 사서 자신의 욕망을 채우려는 사람들, 한국도 좁아 이제는 베트남, 캄보디아, 심지어 아프리카까지 가서 정력이 좋다면 뭐든지 먹어 대는 사람들, 이런 사람들이야말로 불쌍한 사람들입니다. 바로 이들이 예수님을 믿어야 합니다. 그리하여 하나님 앞에서 인생의 분명한 목적을 찾아 이전의 생활을 청산해야 합니다.

그리고 이제는 현대 문화에 대한 적극적인 대응 전략을 수립하고 행동에 옮겨야 합니다. 문화는 공기와도 같은 것이어서 아무리 영향을 받지 않으려고 해도 장기간 노출되어 있으면 영향을 받게 됩니다. 오염된 공기 속에서는 건강을 유지할 수 없듯이, 아무리 개인의 영성이 뛰어나다고 해도 오염된 문화 속에서는 위험에 노출될 수밖에 없습니다. 지금은 인터넷을 놓치면 모든 것을 놓치는 시대입니다. 인터넷을 통해서 음란한 정보들이 사방으로 퍼져 나가는 시대입니다. 교회가 할 일은 인터넷의 모든 더러운 정보들을 차단할 수 있는 프로그램을 개발하고, 그들과 싸울 수 있는 특공대를 길러 내는 일입니다. 현대 문화 속에 숨어 있는 독소를 찾아내어 제거하고 모두에게 유익하고 깨끗한 문화를 생산하는 인재들을 양성해야 합니다.

뿐만 아니라 시민운동도 적극적으로 해야 합니다. 세상 사람들 앞에 깃발을 들고 "이것은 나쁩니다. 이런 일은 하지 맙시다. 나라를 구합시다. 자녀들을 지킵시다"라고 소리쳐야 합니다. 얼마 전 '하이패밀리'(Hi Family) 주최로 '성매매 거절 10만 남성 서약운동'이 있었습니다. 송길원 목사, 최일도(崔一道) 목사, 김동영(金東英, 1936-1991) 국회의원, 서울 시장 등 몇 명이 발단이 되어 서명운동이 시작되었습니다. 우리가 성매매를 했기 때문에 이제부터는 안 하겠다고 다짐하는 운동이 아닙니다. 이런 일은 나쁘니까 금하자는 것입니다.

교회가 믿음이 좋은 정치가들, 믿음이 좋은 지도자들을 많이 배출해서 법적으로, 제도적으로 음란한 문화가 보급되지 않도록 차단하는 것은 중요합니다. 초등학교 정문 앞에서 불과 몇십m도 안 되는 곳에 러브호텔을 허가해 주는 몰상식한 공무원들에게 나라를 맡겨서는 안 됩니다. 우리는 롯처럼 소극적으로 신앙생활을 하지 맙시다. 적극적으로 합시다.

마지막으로 우리는 기도해야 합니다. 이 음란한 문화를 근본적으로 개혁하고 바로잡는 데 사람의 한정된 힘만으로는 불가능합니다. 하나님께서 부흥을 주셔야 합니다. 존 웨슬리(John Wesley, 1073-1791)가 벌인 부흥 운동은 당시 음란하고 포악했던 영국의 술집과 사창가를 모두 문을 닫게 했습니다. 많은 사람이 회개하고 새사람이 되었습니다. 마찬가지로 하나님의 부흥이 이 땅에 임하면 아무리 소돔과 고모라 같은 땅이라 할지라도 변화될 수 있습니다. 새로워질 수 있습니다.

이제 하나님 앞에 이렇게 기도합니다. "주여, 이 땅에 부흥을 주옵소서. 개인을 통해서든 교회를 통해서든 이 땅에 부흥을 주옵소서. 부흥을 주셔서 이 땅을 새롭게 해 주옵소서." 이 길만이 우리가 사는 길입니다.

3

불안은
극복할 수 있다

불안은 시도 때도 없이 찾아옵니다.
우리는 불안과 싸워야 하고, 불안을 다스릴 수 있는 능력을 가져야 합니다.
암에 대해서는 그렇게 신경을 곤두세우면서도,
왜 불안에 대해서는 대책을 세우지 않습니까?

요한복음 14:27

평안을 너희에게 끼치노니 곧 나의 평안을 너희에게 주노라 내가 너희에게 주는 것은 세상이 주는 것과 같지 아니하니라 너희는 마음에 근심하지도 말고 두려워하지도 말라

불안은
극복할 수 있다

불안을 느끼지 않고 세상을 사는 사람은 없습니다. 겉으로는 태연한 것 같아도 마음 한구석에는 이런저런 이유로 불안을 안고 살아갑니다. 어떤 이들은 밤낮없이 불안에 시달리면서 세상을 살아갑니다.

날마다 부딪치고 해결해야 할 문제들 대부분은 우리의 능력 이상을 요구합니다. 이렇게 우리의 힘이 미치지 못하는 경우를 만날 때 불안을 느낄 수밖에 없습니다. 뿐만 아니라 우리는 오늘이라는 시간을 뛰어넘어 내일을 볼 수 없습니다. 무슨 일이 생길지, 무슨 일이 기다리고 있을지 아무도 모릅니다. 이것이 우리에게 불안을 주는 중요한 요인입니다. 아무리 총명한 부모라도 내 자녀들이 어떻게 될지, 어떤 인생을 살게 될지 모릅니다. 내가 어떻게 죽을지, 언제 죽을지 아무도 모릅니다. 모든 것이 미지의 세계에 갇혀 있습니다.

불안, 반갑지 않은 길동무

요즘 들려오는 소문이나 주변에서 일어나는 일들을 보면 걱정이 될 때가 많습니다. 이라크 전쟁이나 북한의 핵과 관련한 향후 전망을 가늠해 볼 때 더더욱 그러합니다. 앞으로 경제가 잘 풀릴지 아니면 더 늪으로 빠질지 아무도 진단할 수 없습니다. 따라서 이런 것들이 우리를 불안하게 만듭니다. 불안은 우리가 평생 함께 걸어가야 할 반갑지 않은 길동무인지도 모릅니다.

어느 주간지에서 '한국 사회 불안감 조사'라는 제목 아래 설문 조사를 실시한 적이 있습니다. "당신은 불안을 느낍니까?"라는 질문에 많이 느낀다고 대답한 사람이 73%, 조금 느낀다고 대답한 사람은 20%가 넘었다고 합니다. 결국 90% 이상의 사람들이 불안을 안고 산다는 말입니다. 더 심각한 것은 그 가운데서 80% 이상의 사람들이 작년보다 올해가 더 불안하다고 대답했다는 것입니다. 이것은 시간이 흐를수록 불안 지수가 더 높아지고 있음을 의미합니다.

"왜 그렇게 불안을 느낍니까?"라는 질문에는 북핵 문제로 인한 전쟁 발발, 경제 침체 우려, 잦은 구조 조정으로 인한 해고, 건강에 대한 염려 등의 대답이 나왔습니다. 그러나 가장 많은 대답은 교통사고였습니다. 한국에서 태어나지 않았다면 아직도 살아 있을 사람들이 이 땅에 태어나 얼마나 많이 죽었는지 모릅니다. 교통사고는 언제 당할지 모른다는 면에서 커다란 불안의 요인입니다.

요즘 2, 30대 젊은이들이 많이 찾는 곳 중 한 곳이 점집이라고 합니다. 점을 치는 문화는 사회가 불안할수록 번창하는 경향이 있습니다. 지금 우리 사회는 젊은이들까지도 불안을 해소하고자 점집을 찾고 있는 형편입니다. 이만큼 우리는 불안이 짙게 깔린 세상에 사는 것입니다. 그러나 불안은 한 번 해결했다고 끝나는 것이 아닙니다. 한 번 불안이 해소되었다고 해서 계속해서 마음에 평화가 유지되는 것이 아니라는 말입니다. 불안은 재발합니다. 한때 은혜를 받고 하나님이 주신 평안을 누리며 찬양했지만, 어느 순간 자기도 모르게 마음이 불안해져 기도도 안 되고 밤낮없이 시달리는 자신을 발견하게 됩니다.

그러므로 불안을 다루는 데 있어서 중요한 것은 지속해서 이 불안을 처리할 수 있는 능력을 갖추는 것입니다. 한번 은혜를 받았다고 해서 불안이 사라지고, 평생 '아멘' '할렐루야' 하면서 사는 것이 아닙니다. 지속해서 이 불안을 처리할 수 있는 능력의 소유 여부에 따라 불안에 끌려다닐 수도 있고, 불안을 극복하여 평안을 누릴 수도 있습니다.

"나의 평안을 너희에게 주노라!"

지속해서 불안을 처리할 방법은 무엇입니까? 우리는 예수님을 주목할 필요가 있습니다. 그분은 평생 독특한 평안을 갖고 사신 분이십니다. 본문의 분위기에서는 예수님이 십자가에 죽으실지도 모른다는 불안감이 자욱합니다. 제자들은 이번에는 예수님이 무사할 수 없을 것 같은 불길한 예감이 들었고, 돌아가는 상황도 너무나 살벌했습니다. 자기들의 신변에도 위협을 느낄 정도였습니다. 모두가 밥맛을 잃고 잠도 제대로 잘 수 없는 형편입니다.

이런 제자들의 모습을 보신 주님께서 그들에게 말씀하셨습니다.

> 평안을 너희에게 끼치노니 곧 나의 평안을 너희에게 주노라 내가 너희에게 주는 것은 세상이 주는 것과 같지 아니하니라 너희는 마음에 근심하지도 말고 두려워하지도 말라 _요 14:27

주님의 마음에 있는 평안, 즉 자신의 평안을 제자들에게 주신다는 것입니다.

과연 이 평안은 어떤 평안입니까? 열이 날 때 아스피린 1알이면 금방 열이 떨어지듯이 "오! 주여, 주시옵소서"라는 한마디면 모든 불안이 눈 녹듯이 사라지는 특효약과 같은 것입니까? 모두 그렇다고 말할 수는 없지만, 특별히 예수님을 처음 믿은 자녀들은 이런 체험을 겪기도 합니다. 그래서 어떤 때는 신비스러운 평안이 마음에 가득하기도 하고, 어제까지 불안하고 걱정스럽던 사람이 평안을 얻어 찬송하기도 합니다. 이처럼 주님이 주시는 평안은 아스피린처럼 단번에 효과를 발휘하기도 합니다.

언젠가 한 자매가 세례를 받으면서 간증했던 내용을 기억합니다. 그는 불교 가정에서 자라나 하나님에 대해서는 전혀 몰랐습니다. 그런데 미션스쿨에 들어가서 성경을 배우고, 예수님에 관한 이야기도 듣게 되었습니다. 하지만 전혀 마음이 끌리지 않았습니다. 졸업하고 결혼도 했습니다. 푸른 꿈을 가지고 결혼 생활을 시작했지만, 이상하게도 마음에 허전함과 불안함이 떠나질 않았습니다. 아이를 낳고 키우면서도 마음속의 허전함을 채울 수 없었고, 점점 텅 비는 듯한 답답함을 느꼈습니다. 그러던 어느 추운 겨울날 창문 밖에 보이는 교회 건물을 바라보았습니다. '오늘은 저기를 한번 가 봐야지' 하고는 아이를 안고 혼자 찾아갔습니다. 처음에는 예배를 드리면서 이렇다 할 큰 감동이 없었습니다. 서너 번 계속 참석하면서 드디어 설교 말씀이 마음에 들어오기 시작했습니다. 그리고 마음에 변화가 일어났습니다. 그분의 말을 그대로 인용하면 다음과 같습니다. "참 안식과 평안이 밀려왔습니다. 그러자 저를 짓누르던 답답하고 무거운 짐이 순식간에 벗겨지는 것 같았습니다."

예수님을 만나 죄를 용서받았음을 확신하고, 영광스러운 하나님의 자녀가 되어 이후에 천국에 들어가서 영원토록 하나님과 함께 살 것이라는 놀라운 구원의 은총을 깨닫는 순간, 마음에 있던 불안이 눈 녹듯이 사라지고 평안이 가득 차는 것을 경험했을 것입니다. 물론 강하게 체험하는 사람, 약하게 체험하는 사람, 정신이 없을 정도로 체험하는 사람, 조용하게 체험하는 사람 등 정도의 차이는 있겠지만 우리가 예수님을 믿고 나면 이런 놀라운 평안을 체험하고 기쁨을 누리게 됩니다.

그러나 본문의 내용을 살펴보면 예수님이 제자들에게 주신다고 하신 평안은 그와는 조금 다른 평안임을 알 수 있습니다. 주님은 제자들에게 "나의 평안을 너희에게 주노라"라고 말씀합니다. 그러면 제자들은 즉시 마음에 금방 평안을 느껴야 하는데 그렇지 않았습니다. 본문을 보면 모두가 벌벌 떨고 있었습니다. 예수님은 물론이고 자기들의 신변을 걱정하며 두려워하고 있었습니다.

이처럼 이 말씀은 현실적인 위기로 인해 불안해하며 떨고 있는 제자들에게 하시는 말씀입니다. 이것은 구원을 받은 자에게 하늘로부터 주시는 은혜의 평안과는 다른 것입니다. 실제로 현실 문제에 부딪혀 불안해하는 사람에게 주시는 말씀입니다.

예수님이 말씀하신 '나의 평안'은 금방 얻어지는 것이 아닙니다. 제자들은 그 말씀을 듣고도 여러 날 동안 불안에서 헤어나오지 못했습니다. 나중에 부활하신 주님을 만나고서야 "아, 이분이야말로 세상을 구원하시는 하나님의 아들이시구나!" 하는 믿음이 회복되고, 주님이 말씀하신 평안을 체험하게 되었습니다. 성령이 임하고 모든 진리를 깨닫게 되며, 하나님 나라의 놀라운 비전을 보았을 때 비로소 주님이 말씀하신 평안이 무엇인지 알게 되었습니다. 그리고 그들은 일평생 그 평안을 가지고 살았습니다. 순교하는 자리에서도 그 평안을 지니고 있었습니다.

"나의 평안을 너희에게 주노라"라고 할 때 '나의 평안'은 눈 감고 기도하면 바로 받는 그런 평안이 아닙니다. 그것은 우리가 합당한 조건들을 갖추었을 때 뒤따라오는 특별한 은혜입니다. 예수님을 주목해 보십시오. 그분은 한평생을 숱한 대적자들에게 둘러싸여 사셨습니다. 자신을 향해 돌을 드는 사람들을 상대하면서 사역하셨습니다. 한때는 수많은 무리가 그분을 추종하면서 임금으로 삼으려 했지만, 나중에는 다 뿔뿔이 도망가 버리는 배신의 아픔을 맛보셨습니다. 그렇지만 그분의 마음에는 항상 평안이 있었습니다.

어떻게 이런 평안이 가능합니까? 주님의 삶을 묵상해보고 주님의 말씀을 살펴보면 어느 정도 추론할 수 있습니다. '이래서 주님은 평안을 유지하셨구나! 주님의 평안을 주신다는 말씀은 이 평안을 유지하기 위해서 내가 한 것처럼 너희도 따라 하면 이 평안이 너희 것이 될 수 있다는 뜻이구나!'

하나님을 아버지라 부를 때

주님이 말씀하시는 평안을 나의 것으로 소유하기 위해서는 몇 가지 조건이 있습니다.

첫 번째 조건은 '믿음'입니다. 예수님이 주시는 '나의 평안'은 하나님 아버지에 대한 절대적인 믿음에서 나옵니다. 이것이야말로 예수님이 항상 평안을 유지하는 비결이었습니다. 하나님을 아버지로 여기는 것은 굉장한 것입니다. 어쩌면 하나님을 아버지라 부르는 것이 뭐 그리 대단한가, 예수님이 항상 그렇게 부르지 않았느냐고 대수롭지 않게 생각할지 모릅니다.

예수님께서는 하나님을 아버지라고 부르셨습니다. 그러나 이때의 '아버지'는 격식을 차려서 부르는 호칭이 아닙니다. 주님이 겟세마네 동산에서 기도하실 때 특별히 하나님을 "아빠, 아버지여"라는 호칭으로 부릅니다.

> 아빠 아버지여 아버지께는 모든 것이 가능하오니 이 잔을 내게서 옮기시옵소서_막 14:36상

예수님이 하나님을 4, 5살 먹은 어린아이가 아버지를 부를 때 쓰는 호칭인 "아빠"(개역한글에서는 "아바", 현대 아랍어에서는 "지바")라고 부른 것입니다. 따라서 이 말의 어감을 살려서 다시 표현하면 다음과 같습니다. "아빠, 아빠! 아빠는 무엇이나 하실 수 있잖아요. 그러니 이 십자가를 안 지게 해 주세요." 완전히 어린아이와 같은 모습입니다. 주님은 하나님은 항상 아버지요 자기는 항상 어린아이라고 생각했습니다. 이런 마음으로 주님께서는 하나님을 아버지라고 부르셨던 것입니다.

신약 학자 요아킴 예레미아스(Joachim Jeremias, 1900-1979)도 이와 같은 의견을 갖고 있습니다. 그는 유대의 문학과 경전, 전통에 권위 있는 학자입니다. 그는 많은 유대 문헌들을 검토한 후 다음과 같이 결론 지었습니다.

"이것은 놀라운 이야기이다. 예수님 이전에 하나님을 아버지라고 부른 사람은 한 사람도 없었다. 예수님처럼 기도 시간에 하나님을 아빠 아버지라 부르면서 매달린 사람도 없었다."

이것은 예수님에게 하나님이 전적으로 의지할 수 있는, 그리고 함께 있으면 항상 평안을 누릴 만큼 든든한 분이셨음을 의미합니다. 주님은 하나님을 그렇게 믿었습니다. 그래서 그분의 마음에는 항상 평

안이 있었습니다. 어떤 상황에서도 불안하거나 두려워하지 않으셨습니다. 예수님께서는 우리에게도 이렇게 하라고 말씀하셨습니다. "내가 하나님을 아빠라고 부르는데 너희들도 그렇게 해라." 그래서 기도할 때 "하늘에 계신 우리 아버지여"라고 부르라고 말씀하셨습니다. 여기에서 아버지라는 말은 다 큰 자식이 자기 아버지를 점잖게 부르는 호칭이 아닙니다. 이 말에는 '아빠'라는 어감이 들어 있습니다. 로마서 8장에 보면 우리 마음에 계신 성령께서 우리가 항상 하나님을 '아빠 아버지'라고 부르게 하신다고 말씀합니다(롬 8:15 참조).

하나님이 얼마나 우리에게 친근한 분입니까? 얼마나 크신 분입니까? 얼마나 든든하신 분입니까? 얼마나 전능하신 분입니까? 그분이 내 옆에 아버지로 계시는데 무엇이 두려우며 불안하겠습니까? 예수님은 어린아이처럼 하나님을 바라보는 믿음으로 마음의 평안을 지키셨습니다. 예수님이 말씀하시는 '나의 평안'은 이런 사람에게 주어지는 것입니다.

○ ○ ○ ○ ○
평안의 비결

우리는 지난 이라크전에서 연일 계속되는 공습으로 인한 끔찍한 피해 상황들을 목격했습니다. 그런데 가끔 TV에 비치는 소년 소녀들의 얼굴들은 생각 외로 평안해 보였습니다. 마치 걱정이 없는 아이들 같았습니다. 어떤 아이들은 아주 평안하게 웃기까지 했습니다.

그런데 거기에는 다 이유가 있습니다. 이내 카메라가 옆으로 옮겨가면서 그 아이들 옆에 든든한 아버지들이 화면에 내비칩니다. 아버지가 옆에 있기 때문에 걱정할 필요가 없고 겁도 안 나는 것입니다.

예수님도 세상에 계실 때 마치 이 어린아이들처럼 하나님을 믿고 의지하면서 살았습니다. 우리도 그렇게 하면 주님이 가지신 평안을 우리 것으로 간직하고 살 수 있다고 말씀합니다. 그런데 우리가 인간이기 때문에 하나님을 항상 나의 아빠로, 내 곁에 계시는 든든한 분으로 믿기가 힘듭니다. 때문에 우리는 성경 말씀을 주야로 묵상하는 습관을 지녀야 합니다. 막연히 읽는 것이 아니라 묵상하는 것입니다.

예를 들어, 고향을 떠난 아브라함을 하나님이 얼마나 정성껏 돌보고, 사랑하고 인도하셨는지 마음으로 묵상하는 것입니다. 하나님께서 집을 떠나는 야곱을 얼마나 자상하게 인도하시고 보호하셨는가를 묵상하는 것입니다. 하나님께서 사망의 음침한 골짜기를 헤매던 다윗을 얼마나 세밀하게 간섭하고 인도하고 평안하게 하셨는지 계속 묵상하는 것입니다.

아브라함은 하나님을 아버지라고 부른 적이 없습니다. 그럼에도 하나님은 그를 책임져 주셨고 든든한 보호자가 되어 주셨습니다. 야곱도 하나님을 아버지라고 부른 적이 없습니다. 다윗 역시 하나님을 아버지라고 부른 적이 없습니다. 그러나 우리는 예수님을 따라서 하나님을 아버지라고 부릅니다. 이처럼 아버지 되시는 하나님이 내 곁에 계시는데 왜 불안해합니까?

다음의 말씀들을 마음에 담고 묵상해 보십시오.

여호와는 나의 빛이요 나의 구원이시니 내가 누구를 두려워하리요 여호와는 내 생명의 능력이시니 내가 누구를 무서워하리요_시 27:1

두려워하지 말라 내가 너와 함께 함이라 놀라지 말라 나는 네 하나님이 됨이라 내가 너를 굳세게 하리라 참으로 너를 도와 주리라 참으로 나의 의로운 오른손으로 너를 붙들리라_사 41:10

불안은 극복할 수 있다

평안을 너희에게 끼치노니 곧 나의 평안을 너희에게 주노라

_요 14:27상

무슨 일을 하든지 이 말씀들을 마음에 묵상하십시오. 특히 불안을 느낄 때 묵상하십시오. 말씀을 붙들고 하나님을 보면, 하나님이 나의 아버지가 되십니다. 마음의 불안이 힘을 잃고 쫓겨나게 됩니다. 주님이 주겠다고 약속하신 평안이 마음에 자리잡는 것을 체험하게 될 것입니다.

하지만 이런 평안은 가만히 앉아 있다고 얻어지는 것이 아닙니다. 마음이 불안하다고 어린아이들처럼 '하나님, 마음이 불안합니다'라고만 해서 해결되는 것이 아닙니다. 말씀을 묵상하십시오. 그리고 하나님이 정말 나의 아버지로 느껴지는지 자신을 점검하십시오. 5, 6살 먹은 아이가 자기 아버지를 진짜 아버지로 느끼듯이 하나님을 진짜 아버지로 느끼고 있는지 다시 한번 자신을 들여다보십시오.

○ ○ ○ ○ ○ ○ ○ ○
철저한 순종을 통해

주님이 주시는 평안을 나의 것으로 소유하기 위한 두 번째 조건은 '순종'입니다. 예수님이 주시는 '나의 평안'은 철저한 순종에서 오는 것입니다. 예수님은 항상 하나님께 순종하기를 원했습니다. 하나님 편에 서기를 원했습니다. 그래서 하나님의 뜻을 행하는 것을 생명보다도 소중하게 여겼습니다.

나를 보내신 이가 나와 함께 하시도다 나는 항상 그가 기뻐하시는 일을 행하므로 나를 혼자 두지 아니하셨느니라_요 8:29

이것이 주님의 확신이었습니다. '내가 하나님께 순종하고 하나님 편에 있는데, 어떻게 하나님이 혼자 두시겠느냐? 하나님이 나를 혼자 두지 않고 나와 함께하신다면 내가 왜 불안하겠느냐? 내가 왜 두려워하겠느냐?' 주님은 그러한 확신을 가지고 평안 가운데 사셨습니다.

우리가 불안을 느끼지 않으려면 하나님과 충돌하지 않아야 합니다. 불순종할 때 하나님과 충돌하게 됩니다. 하나님과의 사이가 서먹서먹해집니다. 하나님의 자녀인 우리가 하나님과 불편해진다면 그 마음이 평안할 수 없습니다. 우리가 평안을 유지하려면 항상 하나님과 조화로운 마음, 평안한 마음을 유지해야 합니다. 그 비결이 바로 순종하는 것입니다. 내가 하나님 편에 서는 것입니다. 하나님과의 불화는 우리 안에 불안의 씨앗을 심게 됩니다. 그러므로 항상 하나님과 평안한 관계를 맺어야 할 것입니다.

링컨(Abraham Lincoln, 1809-1865)은 역사상 가장 위대한 대통령으로 존경을 받았던 사람입니다. 링컨이 대통령으로 당선된 다음해부터 4년 동안 남북전쟁이 계속되었습니다. 전사자만 해도 북군에서 36만 명, 남군에서 25만 명, 총 60만 명이 넘는 혈전이었습니다. 전쟁을 시작한 지 1년 동안은 북군이 계속 밀렸습니다. 나중에는 굉장히 불리한 상황이 되고, 링컨은 극심한 스트레스를 받았습니다. 체중이 83㎏에서 57㎏으로 감소할 정도였습니다.

그러던 어느 날, 메릴랜드(Maryland) 주 앤티담 전투(Battle of Antietam)에서 처음으로 북군이 이겼다는 희소식이 백악관에 전달됐습니다. 그러자 옆에 있던 참모가 링컨에게 축하를 했습니다. "각하, 이제부터 아무 염려하지 마십시오. 하나님은 항상 우리 북군 편입니다." 그러자 링컨이 정색을 하면서 내뱉은 유명한 말이 있습니다.

"내가 염려하고 마음에 걱정하는 것이 하나 있는데, 그것은 내가 하나님 편에 바로 서 있는가 서 있지 않은가 하는 걸세. 하나님이 내 편에 서 있을 때 나는 걱정하지 않는다네. 내가 하나님 편에 서 있느냐가 문제이지. 내가 하나님 편에 서 있으면 하나님은 항상 내 편이 되실 수 있다네. 하나님은 성경에 나오는 다윗을 통해서 내게 이 놀라운 진리를 깨닫게 해 주셨다네."

가끔 링컨의 참모들은 링컨이 어쩜 그렇게 태평할 수 있는지 놀랐다고 합니다. 그에게는 비결이 있었습니다. 링컨에게는 항상 하나님 편에 서 있다는 확신이 있었습니다. 노예를 해방하는 것이 하나님께서 기뻐하시는 일이라는 확신이 있었습니다. 그러므로 그의 마음이 평안할 수 있었고, 그 평안 때문에 그는 흔들리지 않았던 것입니다.

정작 우리는 어떻습니까? 우리는 항상 하나님이 내 편이 되어 주기만을 기다리고 있습니다. 그러나 내가 하나님 편이 되는 것에는 별로 관심이 없습니다. 예수님처럼 하나님 편이 되기를 원한다면 순종하시길 바랍니다. 순종하는 사람은 하나님 편에 서 있는 사람입니다. 말씀을 배웠으면 지키십시오. 진리임을 확신했으면 그대로 살려고 노력하십시오. 그래서 내가 하나님 편에 서면 하나님은 항상 내 편이 됩니다. 그럴 때 내 마음에 평안이 머무는 것입니다.

○ ○ ○ ○ ○ ○ ○
간절히 기도할 때

주님이 주시는 평안을 나의 것으로 소유하기 위한 세 번째 조건은 '기도'입니다. 예수님이 주시는 '나의 평안'은 간절히 기도하는 데서 얻는 것입니다. 예수님은 일평생 기도하는 분이었습니다. 예수님께는 아버지 하나님께 기도하는 것이 불안을 극복하는 비결이었습니다.

주님이 드리신 기도 가운데 가장 감동적인 기도는 겟세마네 동산에서의 기도입니다. 그곳에서 주님은 세상 죄를 짊어진 어린양이 되셨습니다. 가장 크고 쓴 잔을 입술 가까이에 가져가고 계셨습니다. 더할 수 없는 약함, 더할 수 없는 슬픔, 더할 수 없는 고뇌가 그분을 사로잡고 그 영혼을 쇠약하게 만들고 있었습니다. 두려움과 놀라움이 그분을 떠나지 않았습니다. 그 시간은 사탄의 시간이었고, 어두움의 시간이었습니다. 그 시간에 주님은 잠깐 평안을 잃어버렸습니다.

그러나 예수님은 그때 무릎을 꿇으셨습니다. 피땀을 쏟으며 전력을 다해 "아빠 아버지여" 하고 부르짖으셨습니다. 그 결과 하나님께서는 예수님의 평안을 회복해 주셨습니다. 주님은 기도하는 자리에서 일어서 담대하게 제자들에게 말씀하셨습니다.

일어나라 함께 가자 보라 나를 파는 자가 가까이 왔느니라_마 26:46

얼마나 담대합니까? 얼마나 평안합니까? 얼마나 든든합니까? 기도로 이러한 평안을 얻으셨습니다. 그리고 우리도 주님처럼 기도하면 이 평안을 소유할 수 있다고 말씀하셨습니다.

사도 바울도 평생 많은 두려움과 불안 속에서 세월을 보냈습니다.

우리가 마게도냐에 이르렀을 때에도 우리 육체가 편하지 못하였고
사방으로 환난을 당하여 밖으로는 다툼이요 안으로는 두려움이었
노라_고후 7:5

사도 바울은 하루도 마음 놓고 쉴 수 있는 날이 없었지만, 그의 마

음에는 평안이 있었습니다.

바울은 그 비결을 빌립보서 4장 6절과 7절에 적고 있습니다.

아무것도 염려하지 말고 다만 모든 일에 기도와 간구로, 너희 구할
것을 감사함으로 하나님께 아뢰라 그리하면 모든 지각에 뛰어난 하
나님의 평강이 그리스도 예수 안에서 너희 마음과 생각을 지키시리
라_빌 4:6-7

이 말은 그냥 하는 말이 아닙니다. 자기가 두려움에 휩쓸릴 때마다
이 말씀대로 기도했더니, 실제로 평안을 유지하게 되었다는 체험적인
고백입니다.

불안을 다스리라

지금까지 우리는 예수님이 말씀하신 '나의 평안'의 세 가지 중요한 조
건을 배웠습니다. 이제 하나님이 아버지로 느껴질 때까지 말씀을 묵
상하십시오. 그러면 이 평안은 여러분의 것이 될 것입니다. 하나님 편
에 서서 순종하십시오. 그러면 이 평안은 여러분의 것이 될 것입니다.
간절히 자주 기도하십시오. 그러면 이 평안이 항상 내 안에 머물게 될
것입니다.

요즘 암 때문에 걱정들을 많이 합니다. 암으로 고생하다가 세상 떠
나는 분들이 많아서 누구나 암에 대한 공포가 있습니다. 그래서 어떻
게 하면 암에 걸리지 않을지 여러 가지 이론과 학설들을 모아 나름대
로 처방을 하면서 사는 사람들이 많습니다. 육류를 적게 먹는다, 담배
는 아예 끊는다, 되도록 스트레스를 받지 않는다, 채소를 많이 먹는

다, 생식을 많이 한다, 공기가 좋은 곳에서 산다, 되도록 웃으면서 산다, 신경을 곤두세우지 않는다, 화내지 않는다, 탄 음식은 먹지 않는다 등. 물론 건강을 지키기 위해 이런 예방 수칙이 필요합니다.

그러나 불안은 암보다 더 무서운 것입니다. 불안은 시도 때도 없이 찾아옵니다. 때문에 우리는 계속 이 불안과 싸워야 하고 불안을 다스릴 수 있는 능력을 갖추어야 합니다. 암에 대해서는 그렇게 신경을 곤두세우면서 왜 불안에 대해서는 대책을 세우지 않습니까? 왜 불안을 다스릴 수 있는 성경적인 방법이 있는데도 소홀합니까?

주님은 아무리 불안이 산적한 환경에 있더라도 그분이 주시는 '나의 평안'을 갖고 감사하며 살 수 있는 은혜를 약속하셨습니다. 불안에서 벗어나길 원하십니까? 불안을 이기고 살길 원하십니까? 그렇다면 하나님을 아버지로, 아빠로 느끼고 그분을 절대 신뢰하십시오. 하나님 편에 서서 순종하십시오. 시시때때로 간절히 기도하십시오. 그러면 불안이 우리를 절대 지배하지 못할 것입니다. 사람들이 우리를 볼 때마다 "당신은 어쩜 그렇게 평안합니까?" 하고 부러워할 것입니다. 불안을 극복한 우리를 바라보는 세상 사람들은 우리의 모습 속에서 예수님을 믿는 삶의 매력을 발견하게 될 것입니다.

불안은 극복할 수 있다

4

유혹, 반드시
이겨야 한다

우리는 다 전과범입니다. 전과자 중에서도 재범 확률이 높은 감시 대상자입니다.
항상 잘못될 가능성을 안고 사는 사람들입니다. 유혹에 지면 모든 것을 잃습니다.
설령 유혹에 넘어졌다 하더라도 넘어진 그 자리에서 좌절해선 안 됩니다.

사사기 16:15-22

15 들릴라가 삼손에게 이르되 당신의 마음이 내게 있지 아니하면서 당신이 어찌 나를
사랑한다 하느냐 당신이 이로써 세 번이나 나를 희롱하고 당신의 큰 힘이 무엇으로 말
미암아 생기는지를 내게 말하지 아니하였도다 하며 16 날마다 그 말로 그를 재촉하여
조르매 삼손의 마음이 번뇌하여 죽을 지경이라 17 삼손이 진심을 드러내어 그에게 이르
되 내 머리 위에는 삭도를 대지 아니하였나니 이는 내가 모태에서부터 하나님의 나실
인이 되었음이라 만일 내 머리가 밀리면 내 힘이 내게서 떠나고 나는 약해져서 다른 사
람과 같으리라 하니라 18 들릴라가 삼손이 진심을 다 알려 주므로 사람을 보내어 블레
셋 사람들의 방백들을 불러 이르되 삼손이 내게 진심을 알려 주었으니 이제 한 번만 올
라오라 하니 블레셋 방백들이 손에 은을 가지고 그 여인에게로 올라오니라 19 들릴라가
삼손에게 자기 무릎을 베고 자게 하고 사람을 불러 그의 머리털 일곱 가닥을 밀고 괴롭
게 하여 본즉 그의 힘이 없어졌더라 20 들릴라가 이르되 삼손이여 블레셋 사람이 당신
에게 들이닥쳤느니라 하니 삼손이 잠을 깨며 이르기를 내가 전과 같이 나가서 몸을 떨
치리라 하였으나 여호와께서 이미 자기를 떠나신 줄을 깨닫지 못하였더라 21 블레셋 사
람들이 그를 붙잡아 그의 눈을 빼고 끌고 가사에 내려가 놋 줄로 매고 그에게 옥에서 맷
돌을 돌리게 하였더라 22 그의 머리털이 밀린 후에 다시 자라기 시작하니라

유혹, 반드시
이겨야 한다

이스라엘이 40여 년 동안 블레셋의 속국이 되어 비참한 생활을 하고 있을 때, 하나님은 삼손을 이스라엘의 지도자로 세우시고 블레셋으로부터 이스라엘을 해방하여 20년 동안 사역하게 하셨습니다. 삼손은 비극적이면서도 장엄한 최후를 마친, 극적인 생을 산 인물입니다. 히브리서 11장 32절은 삼손을 믿음의 조상으로 기록하고 있습니다. 그만큼 그는 탁월했습니다.

그러나 하나님께서 이러한 삼손의 일대기를 사사기에 기록해 놓으신 이유는 다른 데에 있습니다. 간단하게 대답하면, 그것은 '유혹, 반드시 이겨야 한다. 지면 모든 것을 잃어버린다'라는 것을 교훈하기 위해서입니다.

성경은 유혹을 주로 '시험'이라고 합니다. 시험과 유혹은 똑같은 의미입니다. 마귀가 하나님의 자녀가 죄를 짓도록 유도하는 간교한 수단을 일컬어 '시험' 또는 '유혹'이라고 정의합니다. 우리는 세상을 살면서 이런 경험을 많이 합니다. '세상은 과연 유혹의 늪이구나!' 하는 생각을 많이 해 보았을 것입니다. 우리 중 마귀의 유혹을 면제받은 사람은 아무도 없습니다. 유혹을 받지 않고 사는 사람은 없습니다. 죄를 짓지 않고 자기를 지켜온 사람도 없습니다.

아담과 하와의 경우에는 죄가 무엇인지도 모르는, 오염되지 않은 완전한 상태에 있었음에도 불구하고 마귀의 유혹을 받았습니다. 하나님의 아들이 사람의 몸을 입고 이 세상에 오셨을 때, 마귀는 감히 유혹할 수 없는 존재인 줄 잘 알면서도 조금의 주저함도 없이 그를 유혹했습니다. 이처럼 마귀는 과거나 현재나 너나 할 것 없이, 즉 대상과 대상이 처한 환경을 가리지 않고 유혹합니다. 그 현장이 바로 세상입니다.

우리처럼 평범한 사람들은 마귀의 유혹이 없는 하루를 사는 것이 불가능할 정도입니다. 때문에 우리는 긴장 속에서 주변을 똑똑히 살피면서 하루하루를 살아야 합니다. 우리의 이러한 성질에 관하여 어윈 루처(Erwin W. Lutzer)는 다음과 같이 말했습니다.

"유혹, 그 자체는 죄가 아니지만 일단 내게 유혹이 다가왔다는 것은
내가 전쟁에 나서야 한다는 것을 의미한다."

루처의 말을 따라 정리하면, 신앙생활은 영적인 전쟁, 곧 유혹과의 전쟁입니다. 여기에서 지면 모든 것을 잃어버리고 맙니다. 그러나 여기에서 이기면 모든 것을 얻게 됩니다. 바로 우리는 삼손의 생애를 통해서 이런 사실을 보게 됩니다.

이제부터 삼손이 경험했던 유혹과의 전쟁을 살펴보면서, 21세기를 살아가는 우리 각자의 삶 속에서 치러 내야 할 영적 전쟁에 대한 교훈을 찾아보도록 합시다.

유혹의 목적

마귀가 우리를 유혹하는 목적은 우리의 거룩을 공격해서 죄를 범하게 하는 데 있습니다. 삼손은 블레셋 여인 들릴라를 알게 되면서 사랑에 빠졌습니다. 그러나 사사기 16장 5절을 보면 블레셋 방백들이 들릴라를 미혹의 미끼로 이용하여 삼손에게 접근한 목적이 나옵니다. "블레셋 사람의 방백들이 그 여인에게로 올라가서 그에게 이르되 삼손을 꾀어서 무엇으로 말미암아 그 큰 힘이 생기는지 그리고 우리가 어떻게 하면 능히 그를 결박하여 굴복하게 할 수 있을는지 알아보라." 결국 들릴라를 통해 삼손의 힘의 비밀을 알아내어 그를 꺾으려고 했던 것입니다.

원래 삼손은 나실인이었습니다. 나실인은 거룩한 사람, 드려진 사람, 헌신한 사람을 의미하는 구약 용어입니다. 그래서 삼손은 민수기 6장 1절에서 21절에 있는 말씀대로 머리카락에 칼을 대지도, 술을 마시지도, 죽은 자의 몸을 만지지도 않아야 했습니다. 이렇게 일정 기간 자기를 거룩하게 구별해서 하나님께 특별히 헌신하기로 약속한 사람을 일컬어 나실인이라고 합니다. 가령 '내가 이번 일주일 동안 하나님께 나 자신을 거룩하게 드리고 싶다'라는 마음이 생기면, 머리카락도 안 깎고, 술도 안 마시면서 일주일 동안 거룩한 약속을 지키는 것입니다.

그런데 삼손은 보통의 나실인과는 또 다른 점이 있었습니다. 삼손은 어머니 태중에 있을 때부터 하나님께서 거룩하게 구별하셨습니다. 그래서 삼손이 태어나면 절대로 머리카락에 칼을 대지 말고 포도주도 마시지 말라고 하셨습니다. 그것도 일평생을 그렇게 살도록 하셨습니다.

그 머리 위에 삭도를 대지 말라 이 아이는 태에서 나옴으로부터 하
나님께 바쳐진 나실인이 됨이라_삿 13:5중

따라서 그가 나실인이라는 것은 특별한 의미를 갖습니다. 삼손은
평생 나실인으로 하나님 앞에 거룩하게 바쳐졌기에 만일 그의 머리카
락에 칼을 대면 하나님과의 약속을 어기고 거룩을 범하는 것이 되어
하나님이 주시는 초자연적인 힘을 빼앗기고 마는 것입니다. 그러므로
그에게 있어서 거룩을 지키는 것은 자기 생명을 지키는 것과 같았습
니다. 그런데 블레셋 사람들은 들릴라를 앞세워 이 비밀을 캐내려고
했습니다. 오늘날 마귀가 우리를 유혹하는 목적도 똑같습니다. 우리
는 하나님께 평생 바쳐진 나실인입니다. 이를 위해 우리 자신을 지켜
하나님 앞에 거룩한 사람으로 구별하여 드려야 합니다.

○ ○ ○ ○ ○ ○
거룩한 나실인

어느 목사님이 자신이 섬기는 교회의 남자 교인들 몇십 명을 앞혀 놓
고 다음과 같은 질문을 했다고 합니다. "여러분은 자신이 거룩하다고
생각합니까?" 그러자 한 사람도 긍정하지 않았다고 합니다. 목사님이
놀라서 "왜 자신이 거룩하지 않다고 생각합니까?" 하고 물었더니 "거
룩하다는 말은 목사, 선교사, 순교자 아니면 이름 앞에 '성'(聖, Saint)이
란 글자가 붙은 성자에게나 해당하는 것이지, 우리처럼 날마다 회사
에 나가서 아침부터 저녁까지 정신없이 일에 쫓기는 사람이 어떻게
거룩하겠습니까? 이다음에 천국에 가면 거룩해질지 모르지만, 이 세
상에서는 아닙니다"라고 대답했다고 합니다.
　　우리는 거룩한 나실인입니다. 신약의 표현으로 우리는 거룩한 성

도입니다. 왜냐하면 하나님께서 창세 전부터 우리를 거룩한 하나님의 아들로 선택하셨기 때문입니다. 에베소서 1장 4절은 창세 전에 우리를 아들로 부르사 거룩하게 하셨다고 기록하고 있습니다. 고린도전서 1장 2절은 그리스도 예수 안에서 거룩하여지고 성도라 부르심을 받는 자가 바로 우리라고 분명하게 가르치고 있습니다. 그렇습니다. 우리는 거룩합니다. 우리는 거룩한 하나님의 성령을 마음에 모시고 사는 거룩한 성령의 사람입니다.

> 너희는 너희가 하나님의 성전인 것과 하나님의 성령이 너희 안에 계
> 시는 것을 알지 못하느냐 … 하나님의 성전은 거룩하니 너희도 그러
> 하니라_고전 3:16-17

우리 모두는 거룩한 성전, 하나님의 전입니다. 날마다 우리의 삶을 하나님 앞에 거룩한 제사로 드리는 제사장들입니다.

> 너희 몸을 하나님이 기뻐하시는 거룩한 산 제물로 드리라_롬 12:1중

우리의 가정생활도, 직장 생활도, 심지어 여가를 즐기는 시간도 거룩한 제사입니다. 젊었을 때도 거룩한 제사요, 늙었을 때도 거룩한 제사입니다. 우리의 삶이 날마다 하나님 앞에 거룩하게 드리는 제사이기 때문에 우리는 거룩합니다. 세상의 더러운 죄를 멀리하고, 거룩하게 살려고 노력하기 때문에 우리는 거룩합니다. "하나님을 두려워하는 가운데서 거룩함을 온전히 이루어 육과 영의 온갖 더러운 것에서 자신을 깨끗하게 하자"(고후 7:1). 바로 이 말씀대로 살려고 노력하기 때문에 우리 모두는 거룩합니다. 우리는 거룩한 나실인이요, 거룩한

성도요, 거룩한 제자요, 거룩한 하나님의 아들과 딸들입니다.

레오나드 레이븐힐(Leonard Ravenhill, 1907-1994)은 "하나님이 하실 수 있는 가장 큰 기적은 거룩하지 않은 사람을 거룩하지 않은 세상에서 데려와 거룩한 사람으로 만들고, 다시 거룩하지 않은 세상에 남겨 두어 그를 그 속에서 거룩하게 지키는 것이다"라고 말했습니다. 우리가 하나님의 자녀로서 누리고 있는 영광, 행복, 능력은 다 거룩에서 나오는 것입니다.

우리가 왜 세상이 싫어하는 예수님을 생명을 걸고 믿고, 존귀하게 여기며 경배하려고 합니까? 우리가 거룩하기 때문입니다. 우리가 믿음을 지키기 위해 이해할 수 없는 희생과 대가를 치르는 이유가 뭡니까? 거룩하기 때문입니다. 우리가 왜 세상 사람들이 좋아하는 일을 거부하면서 경건하게 살려고 노력합니까? 거룩하기 때문입니다. 우리가 왜 세상 사람들이 알지 못하는 신비한 기쁨을 우리 영혼에 간직하며 하나님을 찬양합니까? 거룩하기 때문입니다. 우리가 왜 멸시나 천대를 받으면서 이 세상에 복음을 전합니까? 거룩하기 때문입니다.

마귀는 이 사실을 너무나 잘 알기 때문에 우리를 미혹합니다. 어떻게 하든지 우리의 거룩에 흠집을 내어 우리에게 있는 영광이나 힘을 빼앗으려고 노력합니다. 셰익스피어(William Shakespeare, 1564-1616)는 유혹을 가리켜 '내 팔꿈치에 있는 마귀'라고 했습니다. 유혹은 항상 우리 가까이에 있습니다. 그러므로 마귀가 어떤 계획을 가지고 우리를 유혹하는지 정확하게 꿰뚫어 보아야 합니다. 곧 우리의 거룩을 더럽혀서 죄를 범하게 하려는 마귀의 목적을 간파해야 합니다.

○ ○ ○ ○ ○

영적 방심

영적으로 방심하면 반드시 유혹이 찾아옵니다. 우리는 삼손이 들릴라의 유혹을 거절하지 못하는 것을 보면서 한심하다고 생각합니다. 들릴라가 무엇을 노리고 접근하는지 삼손이 모를 리 없습니다. 그럼에도 불구하고 삼손은 방심했습니다. 들릴라는 요염한 자세를 취하며 삼손을 유혹했을 것입니다.

"자기, 그 신비하고 놀랍고 엄청난 힘, 정말 매력 만점이에요. 당신 같은 사람이 천하에 어디 있겠어요? 그런데 그 힘이 어디에서 나오는지 나한테만 말해 줘요. 날 사랑한다고 그랬잖아요." 그러면 순간 '뭔가 나를 노리고 있구나!' 하고 삼손이 정신을 바짝 차렸어야 합니다. 그러나 그는 들릴라가 요염한 자세로 자신을 추켜세우면서 힘의 출처를 물어오자, 그만 우쭐해져서 자신의 거룩을 갖고 장난하기 시작했습니다.

"내 힘? 어디서 나오냐고? 마르지 않은 새 활줄 7개를 가지고 와서 나를 한번 묶어 봐. 그러면 알 거야." 그러고 며칠이 지났습니다. "내 힘 말이야? 한 번도 쓰지 않은 새 밧줄을 가지고 나를 묶어 봐, 그러면 내 힘이 없어질 거야." 그러고 또 며칠이 지났습니다. "내 머리털 일곱 가닥을 베틀의 날실에 섞어서 직조해봐. 그러면 내 힘이 다 날아가 버릴거야." 정신을 차린 사람은 이런 말을 할 수 없습니다. 그러다가 결국 삼손은 머리카락을 다 밀리고 말았습니다.

영적인 방심은 영혼이 졸고 있다는 증거입니다. 쉽게 말해, 신앙이 미지근해졌다는 것입니다. 신앙생활의 매력을 잃어버렸다는 것입니다. 세상 맛에, 세상의 재미에 마음이 자꾸 끌린다는 말입니다. 그래서 기도에 점점 게을러집니다. 하나님의 말씀도 점점 멀리합니다. 예수님을 믿는 사람과의 교제도 점점 뜸해집니다. 그리고 하나님과 거리를 두고 싶다는 생각에 마음을 엉뚱한 데로 돌립니다.

영적으로 방심하면, 대신 육신의 정욕이 힘을 얻게 됩니다. 거룩의 힘이 약해지면 탐심이 강해집니다. 삼손이 방심하자 나실인이 된 자신의 거룩을 팔아서라도 여인의 사랑을 얻고자 하는 욕망에 사로잡히기 시작했습니다. 무슨 유혹이든지 탐욕, 욕망의 단계로 접어들면 헤어나오기가 어렵습니다.

하와도 마찬가지였습니다. 전에는 날마다 선악과나무 옆을 지나다녀도 전혀 유혹을 받지 않았는데, 마음에 탐심이 생기자 그 나무를 보는 눈이 달라졌습니다. 먹음직도 하고 보암직도 하고, 지혜롭게 할 만큼 탐스러워 보였습니다. 저것만 먹으면 굉장한 일이 벌어질 것 같은 유혹을 느꼈습니다. 이처럼 방심하는 사람의 마음에는 탐심이 일어납니다. 탐심이 힘을 얻습니다. 기도도 안 하고 성경도 가까이하지 않으면 반드시 우리 마음에 어떤 이상한 것이 고개를 들고 있음을 느끼게 될 것입니다.

당시 삼손은 사사로서 사역의 절정기에 있었습니다. 자기 백성들을 블레셋으로부터 해방시키고, 그의 나라는 수년간 평화를 누리며 살고 있었습니다. 그리고 그는 한창때인 30대 후반에서 40대 초의 건장한 남성이었습니다. 그는 백성으로부터 존귀와 칭찬을 받고 있는 이스라엘의 자랑이요 소망이었습니다. 이렇게 정상에 섰을 때 사람은 자칫 방심할 수 있습니다. 자기도 모르게 긴장을 풀 수 있습니다. 이럴 때가 가장 조심해야 할 때입니다. 고린도전서 10장 12절은 "그런즉 선 줄로 생각하는 자는 넘어질까 조심하라"라고 경고합니다. 정상에 섰을 때가 가장 위험한 때입니다. 혹자는 역경을 견뎌내는 사람이 백 명 있다면 성공과 번영을 견뎌낼 수 있는 사람은 1명에 지나지 않는다고 말합니다.

지금 삼손이 서 있는 자리는 굉장히 위험한 자리입니다. 자칫 긴장을 풀고 방심하면 엉뚱한 데로 눈 돌릴 수 있는 상황입니다. 마귀는 역시 이때를 놓치지 않았습니다. 들릴라를 이용해 삼손을 유혹했습니다. 그리고 결국 삼손은 넘어가 버렸습니다. 이런 삼손의 모습에 대해 초대 교회 교부였던 암브로시우스(Sanctus Ambrosius, 340?–397)는 "삼손은 사자의 목을 조여 죽일 수 있었으나 자신의 정욕을 죽이지 못한 사람이었고, 원수의 쇠사슬을 쉽게 끊을 수 있었으나 자신의 정욕의 쇠사슬을 끊지 못한 사람이었다. 삼손은 원수의 곡식밭에 불을 지를 수 있었으나 자신은 한 여인이 지른 정욕의 불에 타 죽어 버린 사람이다"라고 말했습니다. 삼손이 방심하자마자 거룩의 힘은 떠나고, 정욕의 힘이 서서히 그를 사로잡았습니다.

○ ○ ○ ○ ○ ○ ○ ○
당신의 영적 상태는?

하지만 이것은 비단 삼손 한 사람의 이야기가 아닙니다. 여러분의 이야기이기도 합니다. 여러분이 영적으로 깨어 있지 못하고 방심하고 있다면 말입니다.

신앙생활이 미지근해집니까? 신앙생활에 매력을 느끼지 못합니까? 다른 것에 마음이 끌립니까? 그래서 점점 영적 어두움이 짙어집니까? 석양이 가까워지는 듯한 영적 상태를 느낍니까? 그렇다면 굉장히 위험한 때입니다. 이런 위기와 시험은 대부분 생활이 안정을 찾았을 때, 매사에 형통하여 자신감을 가질 만한 때 자주 일어납니다.

이처럼 정욕이 우리 마음을 서서히 지배하기 시작할 때 우리 안에서 일어나는 현상에 대해 독일의 유명한 신학자요 순교자였던 본회퍼

(Dietrich Bonhoeffer, 1906-1945)는 이렇게 말했습니다.

"우리에게는 잠자고 있는 듯하지만 갑작스럽고도 맹렬하게 욕망을 향해 달려가는 성향이 있습니다. 욕망은 저항할 수 없는 힘으로 육신을 사로잡아 정복합니다. 이것이 성적인 욕망이든, 야망이든, 허영심이든, 복수심이든, 명성과 권력에 대한 사랑이든, 돈에 대한 욕심이든 혹은 세상이나 자연의 아름다움에 대한 야릇한 갈망이든 상관이 없습니다. 하나님 안에서의 기쁨이 사라지는 대신 피조물 안에서 모든 기쁨을 찾기 시작합니다. 하나님에 대한 의식은 사라지고, 피조물에 대한 갈망만이 내 안에 남습니다. 이렇게 일어난 욕망은 가장 깊은 어두움으로 사람의 마음과 의지를 덮어버립니다. 내 안에 있는 모든 것이 하나님의 말씀에 대항하여 일어나는 때가 바로 이때입니다."

여러분의 영적 상태는 어떻습니까? 방심하고 있지 않습니까? 들릴라의 집 앞에서 서성거리고 있지 않습니까? 믿음보다 정욕이, 거룩보다 탐욕이 마음을 지배하고 있지 않습니까? 그렇다면 위험합니다. 하나님께서 급하게 외치는 목소리를 들으십시오.

근신하라 깨어라 너희 대적 마귀가 우는 사자 같이 두루 다니며 삼킬 자를 찾나니 너희는 믿음을 굳건하게 하여 그를 대적하라
_벧전 5:8-9상

하나님께서는 이 순간 방심하고 있는 자들을 향해 외치십니다, 영적으로 잠자고 있는 자들을 향해 외치십니다. 신앙의 재미를 못 느끼

는 자, 미지근한 자, 게으른 자, 세상에 대해 눈을 돌리는 자를 향해 외치십니다. 기억하십시오. 이런 위험한 순간에 이르지 않으려면 영적 긴장을 풀지 말아야 합니다.

○ ○ ○ ○ ○ ○ ○ ○ ○
단호하게 외쳐라 NO!

삼손은 유혹을 피할 수 있는 결정적인 기회가 있었음에도 불구하고 그 기회를 놓치고 말았습니다.

> 날마다 그 말로 그를 재촉하여 조르매 삼손의 마음이 번뇌하여 죽을
> 지경이라_삿 16:16

지금 그가 왜 번뇌하고 죽을 지경입니까? 무엇 때문에 갈등합니까? 무엇 때문에 고민합니까? 무엇 때문에 잠 못 자고 씨름합니까? 그의 마음에 하나님의 음성이 들렸던 것입니다. 양심이 가책을 받았던 것입니다.

"나는 하나님 앞에 거룩하게 구별된 나실인이야. 내가 이 여인의 말대로 그 비밀을 가르쳐 줘서 나의 힘이 없어지면 어떻게 하지? 나는 하나님 앞에 서약한, 하나님 앞에 드려진 거룩한 사람인데 이것을 실토해 버리고 나면 뒷일을 어떻게 책임질 수 있을까? 내가 잘못되면 이 백성들이 어떻게 될까? 하나님께서 이 일을 기뻐하실까? 내가 지금 어떻게 해야 할까?"

이런 하나님의 소리, 양심의 소리가 마음에서 들려왔기 때문에 그가 고민하고 갈등하는 것입니다.

우리도 유혹을 받을 때 '이것은 아닌데, 내가 이렇게 따라가서는 안

되는데, 내가 자꾸 이 사람과 만나서는 안 되는데' 하는 내면의 음성을 들을 것입니다. 마음에 갈등이 일어납니까? 괴로움이 생깁니까? 잠을 이루지 못하고 고민합니까? 아직 신앙이 제 기능을 하고 있다는 증거입니다. 하나님의 말씀이 양심을 통해 지금 들리고 있는 것입니다. 이럴 때 정신을 차려야 합니다. 자다가도 일어나서 무릎을 꿇고 "하나님 아버지, 살려 주세요. 제가 지금 벼랑에 서 있습니다" 하고 부르짖어야 합니다. 그러면 하나님께서 맞닥뜨린 유혹 앞에 "안 돼!"라고 외치며 도망칠 수 있도록 은혜를 주실 것입니다. 하지만 이 기회를 놓치면 아무 일도 일어나지 않습니다. 결국은 파멸에 이르고 마는 것입니다.

불행하게도 삼손은 유혹 앞에서 번민하고 갈등하는 이 소중한 기회를 제대로 이용하지 못했습니다. 여러분의 경우는 어떻습니까? 지금 남모르는 마귀의 유혹 앞에서 고민하고 있습니까? 마음 한구석에 하나님의 세미한 음성이 자꾸 들립니까? 양심의 가책이 있습니까? 이것은 하나님께서 여러분을 사랑하신다는 증거입니다. 이럴 때 유혹 앞에서 "안 돼!"라고 소리칠 수 있어야 합니다.

요셉은 자기 주인 보디발의 아내로부터 많은 유혹을 받았습니다. 성경은 간단하게 기록하고 있지만 요셉에게는 매우 어려운 시련이었을 것입니다. 당시 노예들은 조금도 자신의 권리를 주장할 수 없었습니다. 그 역시 유혹 앞에서 고민하고 갈등했을 것입니다. 그럼에도 불구하고 그는 자기 주인의 아내의 집요한 유혹을 거부했습니다. 유혹의 현장에서 단호하게 "안 돼!"라고 소리쳤습니다.

◦ ◦ ◦ ◦ ◦ ◦ ◦ ◦ ◦ ◦
유혹을 이기는 두 가지 약속

유혹 앞에서 고민하고 갈등한다는 것은 하나님 앞에 우리 자신의 내면세계가 노출되고 있다는 것을 말합니다. 그분 앞에서 우리 자신을 보는 순간 이래서는 안 된다는 생각이 드는 것입니다. 하지만 이런 시간이야말로 우리가 돌아설 수 있는 중요한 시간입니다.

이 순간 우리가 주님 앞에 엎드려 구하기만 하면, 주님께서는 약속하신 대로 우리를 도와주십니다.

> 사람이 감당할 시험 밖에는 너희가 당한 것이 없나니 오직 하나님은 미쁘사 너희가 감당하지 못할 시험 당함을 허락하지 아니하시고 시험 당할 즈음에 또한 피할 길을 내사 너희로 능히 감당하게 하시느니라 _고전 10:13

하나님께서는 유혹과 관련해서 두 가지를 약속하셨습니다.

첫째, 우리가 감당할 수 없는 유혹은 우리에게 접근하지 못하도록 막아 주신다고 약속하셨습니다. 그렇다면 평소에 이런저런 모양으로 당하는 유혹과 시험은 하나님께서 보실 때 우리가 능히 감당할 수 있기 때문에 허락하셨다고 볼 수 있습니다. 그러므로 하나님 앞에 바로 서기만 하면, 하나님의 은혜에 바로 기대기만 하면 반드시 시험과 유혹을 이길 수 있습니다. 요셉을 비롯한 성경의 위대한 인물들이 시험에서 이긴 이유도, 이길 수 없는 시험을 하나님께서 허락하지 않으셨기 때문입니다.

둘째, 우리가 유혹을 만나더라도 하나님께서 피할 길을 만들어 주시겠다고 약속하셨습니다. 돌파구를 만들어 주시겠다는 것입니다. 이때 길이라는 말 앞에 부정관사 'a'가 붙어 있지 않습니다. 곧 하나의 길이 아니라 'the way', '그 길'입니다. 이처럼 하나님께서 만들어 주시는 길이 있습니다.

'이래서는 안 되겠구나!' 하는 양심의 가책과 마음의 갈등이 생기면 '하나님 도와주세요' 하고 기도하십시오. 그 순간 우리는 하나님이 열어 보여 주시는 돌파구, 'the way'를 향해서 달려갈 수 있습니다. 피할수 있습니다. 이길 수 있습니다. 그러나 삼손은 그 기회를 놓침으로 결국 유혹의 희생물이 되고 말았습니다.

○ ○ ○ ○ ○ ○
실패자의 결말

유혹에 지면 비참해집니다. 결국 삼손은 들릴라에게 자신만이 가지고 있던 거룩의 비밀을 다 털어놓았습니다. 그 결과 머리카락이 밀리면서 하나님이 떠나고, 삼손의 힘도 사라졌습니다. 그리고 두 눈이 뽑혀 감옥에서 맷돌을 돌리는 소와 같은 신세가 되어 버렸습니다. 한마디로 비참한 최후를 맞이하게 된 것입니다.

마찬가지로 우리도 유혹에 지면 거룩의 머리카락이 밀립니다. 거룩의 힘이 떠납니다. 그리고 두 눈이 뽑혀 영적인 시각 장애를 갖게 됩니다. 영적으로 분별하지 못하는 사람이 되는 것입니다. 유혹에 져서 죄를 범하게 되면 우리 어깨에 무거운 짐을 얹힙니다. 밤낮없이 우리의 영혼이 쉬지 못해 고통받는 사람이 됩니다.

주변을 살펴보십시오. 한 번의 실수로 눈이 뽑힌 사람들이 많습니다. 한 번의 실수로 머리카락이 밀려 버린 사람들이 많습니다. 가정이 깨지고 자녀들이 고통받으며 헤맵니다. 몸에 병을 얻습니다. 명예를 잃어버립니다. 재산을 날립니다. 사회로부터 냉대를 받습니다. 결국은 앞날에 소망을 잃어버립니다. 한두 번의 유혹을 이기지 못해 망한 사람이 1, 2명이 아닙니다.

그런데 더욱 안타깝게 하는 것은 오늘날 많은 성도가 죄짓는 것을 그리 심각하게 여기지 않는다는 것입니다. 죄가 얼마나 무서운지 실감하지 못합니다. "사람인데 한 번쯤 이런 잘못도 범할 수 있지. 죄를 범해도 하나님 앞에 회개하면 또 용서받을 텐데." 심지어 이런 태도를 보이기도 합니다. "나는 이미 구원을 받은 사람이기 때문에 그래도 천국은 갈 거야." 하나님의 말씀에 비추어 보면 이것은 정상적인 생각이 아닙니다.

어느 남자 집사의 이야기입니다. 아내 모르게 몇 년 동안 다른 여자와 살면서 나중에 그것이 들통이 났는데도 전혀 회개하지 않았습니다. 하나님 앞에, 아내 앞에, 자식 앞에 참회해야 하는데도 불구하고 오히려 전혀 잘못한 게 없다는 식이었습니다. 그럴 수도 있지, 뭐가 그렇게 문제냐며 가정을 파괴하고도 마음에 아픔과 가책을 느끼지 않았습니다. 오늘날 이런 사람들이 교회 안에 많습니다. 죄를 무서워해야 합니다. 유혹에 빠지면 결국 비참해진다는 것을 명심해야 합니다.

◦ ◦ ◦ ◦ ◦ ◦ ◦ ◦
다시 일어날 수 있다

마지막으로 삼손의 밀린 머리털이 다시 자라기 시작한 것을 주목해야 합니다.

> 그의 머리털이 밀린 후에 다시 자라기 시작하니라_삿 16:22

머리카락이 밀리고 눈이 뽑힌 채 맷돌을 돌리면서 감옥 생활을 하고 있을 때 삼손은 무엇을 했겠습니까? 회개했습니다. 히브리서 기자가 그를 위대한 믿음의 조상으로 적어 놓은 이유도 바로 여기에 있습니다. 그는 맷돌을 돌리면서 피눈물을 쏟고 가슴을 치며 철저히 하나님 앞에 회개했던 것입니다. 하나님께서는 이런 그의 눈물을 외면하지 않으셨습니다. 그의 부르짖는 소리를 들으셨습니다. 마침내 그의 머리카락이 자라기 시작하자 다시금 힘을 돌려주셨습니다. 그를 다시 치유하고 회복시키셨습니다. 그의 생애 마지막에 사사로서의 위대한 일을 남기고 생을 마감하도록 해 주셨습니다.

우리 가운데 죄를 한 번도 안 지어 본 사람이 있습니까? 죄 앞에 한 번도 안 넘어진 사람이 있습니까? 우리는 다 전과자입니다. 전과자 중에서도 재범 확률이 높은 감시 대상자에 해당합니다. 항상 잘못할 가능성을 안고 사는 사람들입니다. 우리 중 이미 죄에 빠진 사람도 있을 것입니다. 그렇다면 철저히 하나님 앞에 회개하십시오. 십자가 앞에서 눈물을 흘리면서 회개하십시오. 그러면 하나님께서 깎인 머리카락을 다시 자라나게 하십니다. 우리의 거룩을 다시 회복해 주십니다. 우리의 상처를 치유해 주십니다. 우리의 가정을 치유해 주십니다. 우리의 모든 삶을 정상으로 돌려주십니다.

그리고 이제부터는 다시 유혹에 빠지지 않도록 날마다 주님 앞에 기도하고 주야로 주의 말씀을 묵상하며, 하나님의 일에 더 마음을 두고, 하나님의 이름과 영광을 높이기 위해 우리 자신을 헌신하려고 노력하십시오. 그러면 마귀도 감히 우리를 꺾지 못할 것입니다. 한번 넘어졌다고 해서 좌절하지 마십시오. 다시 삼손처럼 회개하고 일어나십시오. 그러면 하나님께서 회복시켜 주시고 영광을 받으십니다. "만일 우리가 우리 죄를 자백하면 그는 미쁘시고 의로우사 우리 죄를 사하시며 우리를 모든 불의에서 깨끗하게 하실 것이요"(요일 1:9). 이것이 하나님의 약속입니다.

이제 우리도 삼손처럼 강하게 무장하여 이 세상을 하나님의 나라로 바꾸는 거룩한 제자가 되어야 합니다. 그러기 위해서는 먼저 유혹에 대해서 단호해야 합니다. 유혹에 지면 모든 것을 잃습니다. 그러나 설령 우리가 유혹에 넘어졌다고 하더라도, 넘어진 그 자리에서 좌절해서는 안 됩니다. 삼손처럼 철저하게 회개하여 치유를 받고 힘을 회복함으로 하나님 앞에 쓰임을 받아야 할 것입니다.

5

다름이 주는
감동

실패를 보는 눈도, 고통을 바라보는 눈도 달라야 합니다.
그들이 우리에게서 별 차이를 느끼지 못한다면 아무런 감동을 하지 못합니다.
감동이 없는 곳에는 어떤 역사도 일어나지 않습니다.

골로새서 3:1-11

1 그러므로 너희가 그리스도와 함께 다시 살리심을 받았으면 위의 것을 찾으라 거기는 그리스도께서 하나님 우편에 앉아 계시느니라 2 위의 것을 생각하고 땅의 것을 생각하지 말라 3 이는 너희가 죽었고 너희 생명이 그리스도와 함께 하나님 안에 감추어졌음이라 4 우리 생명이신 그리스도께서 나타나실 그때에 너희도 그와 함께 영광 중에 나타나리라 5 그러므로 땅에 있는 지체를 죽이라 곧 음란과 부정과 사욕과 악한 정욕과 탐심이니 탐심은 우상숭배니라 6 이것들로 말미암아 하나님의 진노가 임하느니라 7 너희도 전에 그 가운데 살 때에는 그 가운데서 행하였으나 8 이제는 너희가 이 모든 것을 벗어 버리라 곧 분함과 노여움과 악의와 비방과 너희 입의 부끄러운 말이라 9 너희가 서로 거짓말을 하지 말라 옛사람과 그 행위를 벗어 버리고 10 새사람을 입었으니 이는 자기를 창조하신 이의 형상을 따라 지식에까지 새롭게 하심을 입은 자니라 11 거기에는 헬라인이나 유대인이나 할례파나 무할례파나 야만인이나 스구디아인이나 종이나 자유인이 차별이 있을 수 없나니 오직 그리스도는 만유시요 만유 안에 계시니라

다름이 주는
감동

미국은 기독교 사상에 뿌리를 둔 기독교 국가입니다. 헌법 정신을 비롯한 모든 가치관이 성경에 기초하고 있습니다. 그런데 감리교, 장로교, 회중 교회 등과 같은 미국 내 대형 교단들은 6, 70년대부터 쇠퇴기를 맞고 있습니다.

이에 대해 로버트 핑크는 왜 큰 교단들로부터 성도들이 계속 빠져나가 힘을 잃어 가고 있는지를 연구하여 책을 발간했습니다. 그 책에 의하면 이유는 아주 간단합니다. 교인들에게 너무 적은 것을 요구했기 때문에 쇠퇴했다는 것입니다. 바꾸어 말하면, 교회들이 세상 사람들에게 거부감을 주지 않는 예수님을 믿는 사람의 모습을 보여 주려고 애를 썼다는 말입니다. 만일 교인들에게 더 많은 것을 요구했다면 세상 사람들과는 구별된 신자가 될 수 있었을 것입니다. 그러나 적게 요구함으로써 세상 사람과 비슷해지는 결과를 초래하고 만 것입니다. 교회 나름대로는, 세상 사람들에게 신사적인 이미지를 심으면 교회에 대해서 매력을 느끼게 될 것이고 언젠가는 교회를 찾을 것으로 생각했을 겁니다. 그런데 결과는 정반대로 나타났습니다. 교인들이 세상 사람들과 모습이 비슷해지자, 교인들이 먼저 교회를 빠져나가기 시작했고 세상 사람들도 교회에 대한 매력을 잃어버리게 되었습니다. 회중 교회의 경우에는 1987년 한 해 동안에만 170만 명의 성도가 빠져나갔습니다. 물론 이런 현상은 지금도 계속되고 있습니다.

반면 1990년대에 들어와 미국 내에서 괄목할 만한 성장을 이룬 5백여 교회를 조사한 결과, 이 교회들은 성도들에게 많은 것을 요구하고, 강하게 요구함으로 부흥했다는 공통점이 있음을 확인할 수 있었습니다. 다시 말하면, 교회가 성도들에게 세상에 나가서 크리스천의 색깔을 분명히 나타내면서 살도록 가르쳤다는 것입니다. 거부반응을 일으킬 수도 있겠지만, 성도답게 살도록 성도들을 바로 세우는 데 온 힘을 집중했더니 교회가 강해졌다는 것입니다. 달라진 성도들의 모습이 세상 사람들에게 감동을 주어 교회에 찾아오게 함으로 자연히 교회가 부흥했다는 것입니다.

주목해야 할 중요한 연구 결과입니다. '교회의 생명'은 '세상과 다름'에 있습니다. 예수님을 믿는 그리스도인들의 능력은 세상 사람과 얼마나 다르냐에 달려 있습니다. 창세기 12장을 보면 아브라함이 하나님의 부름을 받아 자기 고향을 떠나는 이야기가 나옵니다. 왜 하나님께서 그를 고향 땅에서 불러내셨습니까? 세상과 구별된 거룩한 사람이 되라고 불러내신 것입니다. 왜 하나님께서 이방인이었던 우리가 예수님을 믿도록 불러내셨습니까? 왜 세상으로부터 부름을 받은 하나님의 백성으로 만드셨습니까? 역시 세상과 구별된 거룩한 백성이 되라고 불러내신 것입니다.

창세기로부터 요한계시록까지 성경 전체에 흐르는 모든 사상의 주제는 거룩한 사람이 되라는 데 있음을 알 수 있습니다. 거룩하라는 말은 바꾸어 말하면 다른 사람이 되라는 말입니다. '거룩'의 의미는 '다르다'입니다. 믿는 사람과 세상 사람은 하늘과 땅처럼 다릅니다. 예수 님을 믿는 사람과 믿지 않는 사람은 빛과 어두움이 다르듯 철저하게 다릅니다. 만일 교회가 세상과 비슷하거나 같다면, 그날로부터 교회 는 죽음을 자초하게 될 것이고 성도의 삶은 의미를 잃어버리게 될 것 입니다.

○ ○ ○ ○ ○ ○

옛사람은 죽었다

사도 바울은 우리가 왜 세상 사람과 근본적으로 달라야 하는지에 대 해 네 가지 근거를 들어 설명하고 있는데, '그리스도와 함께'라는 말로 정리하고 있습니다. 첫째, 우리가 '그리스도와 함께' 죽었기 때문입니 다. 둘째, 우리는 '그리스도와 함께' 살았기 때문입니다. 셋째, 우리가 '그리스도와 함께' 우리의 생명이 하나님 안에 감추어져 있기 때문입 니다. 넷째, 우리는 '그리스도와 함께' 장차 영광 중에 나타날 것이기 때문입니다.

우리가 왜 세상 사람과 근본적으로 달라야 하는가에 대해 바울이 들고 있는 첫 번째 근거는, 우리가 예수 그리스도와 함께 십자가에서 죽었다는 것입니다. 골로새서 3장 3절의 '이는 너희가 죽었고'라는 말 에는 '그리스도와 함께'라는 말이 포함되어 있지 않지만, 전체적인 문 맥으로 볼 때 '그리스도와 함께 너희가 죽었고'라는 말씀입니다. 로마 서 6장 6절은 이것을 보완하고 있습니다.

우리가 알거니와 우리의 옛사람이 예수와 함께 십자가에 못 박힌 것 은 죄의 몸이 죽어 다시는 우리가 죄에게 종노릇 하지 아니하려 함 이니_롬 6:6

예수님이 십자가에 죽으셨을 때, 죄를 짓고 하나님을 거역하던 우리의 옛사람도 십자가에서 함께 죽었다는 말씀입니다. 여기에서 죽었다는 말의 의미는 끝이 났다는 이야기입니다. 누구든지 죽으면 끝입니다. 아무리 사랑하는 아내라도 죽으면 끝입니다. 아무리 애지중지하던 아기라도 죽으면 끝나는 것입니다. 시신을 끌어안고 몸부림치며 울어도 아무런 소용이 없습니다.

예수님께서 십자가에 못 박혀 우리를 대신해 죽으셨습니다. 그런데 그분이 십자가에 죽으셨을 때, 혼자 죽으신 것이 아닙니다. 하나님을 거역하고 죄를 범하던 나 자신과 함께 십자가에 달리셨습니다.

> 그리스도 예수의 사람들은 육체와 함께 그 정욕과 탐심을 십자가에 못 박았느니라_갈 5:24

육체의 정욕과 탐심으로 살던 나의 옛 자아, 옛사람은 예수님과 함께 완전히 십자가에 못 박히고 끝이 났다는 말입니다. 더 이상 내 안에서 옛 자아가 살아 움직일 수 없게 된 것입니다.

우리는 본질적으로 세상 사람들과 삶의 모습이 다릅니다. 그들은 죄를 짓는 자아, 옛사람이 살아 있는 사람들입니다. 그들은 옛사람으로 숨 쉬고 있습니다. 옛사람으로 한생을 달려가고 있습니다. 그러나 우리의 옛사람은 십자가에서 죽었습니다. 죽은 자와 산 자의 차이는 엄청납니다. 결코 우리는 세상 사람들과 같을 수 없습니다.

> 그러므로 땅에 있는 지체를 죽이라 곧 음란과 부정과 사욕과 악한 정욕과 탐심이니 탐심은 우상숭배니라_골 3:5

우리는 이런 것들을 행하면서 살 수 없습니다, 왜냐하면 이런 것을 좋아하던 내 자아는 예수님과 함께 이미 십자가에 장사를 지낸 지 오래되었기 때문입니다. 내가 예수님을 나의 구주라고 고백하면서 눈물을 흘리고 감격하는 순간, 내 옛 자아는 십자가에서 완전히 죽었습니다. 우리는 세상 사람과 다릅니다.

새사람을 입었다

우리가 왜 세상 사람과 근본적으로 달라야 하는가에 대해 바울이 들고 있는 두 번째 근거는, 우리가 그리스도와 함께 다시 살아났다는 것입니다. 골로새서 3장 1절을 보면 "그러므로 너희가 그리스도와 함께 다시 살리심을 받았다"라고 말씀합니다. 예수 그리스도는 사흘 만에 부활하셨습니다. 죄와 사망의 권세를 이기고 부활하셨습니다.

그분은 오늘도 살아 계십니다. 또한 예수님이 부활하실 때 그분과 함께 십자가에 죽었던 우리도 새 생명을 갖게 되었습니다. 이는 예수님의 생명이 나의 생명이 되어 새롭게 살아난 것입니다.

> 그러므로 우리가 그의 죽으심과 합하여 세례를 받음으로 그와 함께 장사되었나니 이는 아버지의 영광으로 말미암아 그리스도를 죽은 자 가운데서 살리심과 같이 우리로 또한 새 생명 가운데서 행하게 하려 함이라_롬 6:4

예수님은 부활과 함께 자신의 새 생명을 우리에게 주셨고, 그 생명을 소유한 우리는 예수님과 함께 새로운 삶을 시작하게 되었습니다. 우리의 육신은 이후에 부활하겠지만, 우리의 영혼은 이미 부활했습니

다름이 주는 감동

다. 갈라디아서 2장 20절은 "이제는 내가 사는 것이 아니요 오직 내 안에 그리스도께서 사시는 것이라"고 선언하고 있습니다.

우리의 이런 모습은 세상 사람과 확연히 다릅니다. 세상 사람들에게는 예수님이 주신 새 생명이 없습니다. 그들은 새로운 피조물이 아닙니다. 거듭난 하나님의 자녀가 아닙니다. 예수님과 함께 사는 사람들이 아닙니다. 그러기에 우리와는 너무나 다릅니다. 그래서 혹자는 이런 말을 합니다. "예수님을 안 믿는 사람에게 우리와 같이 되라고 말하는 것은 마치 물고기에게 천사가 되라고 말하는 것과 같다."

뿐만 아니라 예수님과 함께 새 생명을 가지고 다시 사는 사람들은 지향하는 목표부터 다릅니다.

> 새사람을 입었으니 이는 자기를 창조하신 이의 형상을 따라 지식에
> 까지 새롭게 하심을 입은 자니라_골 3:10

예수님의 생명이 내 안에 있으니, 우리를 창조하신 하나님, 우리에게 새 생명을 주신 예수님을 닮아 주님처럼 변해 가는 것입니다.

이것을 일컬어 성경에서는 영광에서 영광으로 변해 간다고 말씀합니다. 비록 겉 사람은 낡아져서 젊었을 때의 아름다웠던 얼굴이 변해 가긴 하지만 그런 것은 문제가 아닙니다. 우리의 속사람은 예수님의 생명을 가졌기 때문에 계속해서 예수님처럼 영광스럽게 변해 갈 것입니다(고후 4:16 참조). 바로 이것이 우리의 모습인데 어떻게 세상 사람과 비교할 수 있겠습니까?

○ ○ ○ ○ ○ ○ ○ ○ ○ ○ ○

하늘에 앉아 세상을 사는 사람들

우리가 왜 세상 사람과 근본적으로 달라야 하는가에 대해 바울이 들고 있는 세 번째 근거는, 그리스도와 함께 우리 생명이 하나님 안에 감추어져 있다는 것입니다.

> 이는 너희가 죽었고 너희 생명이 그리스도와 함께 하나님 안에 감추어졌음이라_골 3:3

예수님은 죽으시고 사흘 만에 부활하셔서 승천하신 후에는 하나님 우편에 앉으셨습니다. 하나님 우편이란 우주적인 권세를 가진 상징적인 자리입니다. 예수님께서는 십자가에서 승리하신 다음 하나님으로부터 하늘과 땅의 모든 권세를 받아 전능자, 만왕의 왕이 되셨습니다(마 28:18 참조). 그리고는 재림하실 때까지 권세의 상징인 하나님의 우편에 앉아 계실 것입니다.

그런데 놀라운 사실은 예수님이 하나님 우편에 앉으실 때 우리도 함께 그 자리에 앉는다는 것입니다. 에베소서 2장 6절은 이 사실에 대해 다음과 같이 기록하고 있습니다.

> 또 함께 일으키사 그리스도 예수 안에서 함께 하늘에 앉히시니_엡 2:6

우리를 예수님과 함께 살아난 자, 부활한 자가 되게 하셨습니다. 뿐만 아니라 예수님이 하나님 우편에 앉으실 때 우리를 예수님과 함께 그 자리에 앉히신다고 말씀하십니다. 우리가 예수님을 믿고 지금 이 세상에 살고 있지만, 따지고 보면 하늘에 앉아 세상을 사는 사람들

다름이 주는 감동

●

입니다. 하늘에 앉아 세상을 사는 사람들!

지금 우리의 모습은 진짜 모습이 아닙니다. 솔직히 우리가 예수님을 믿고, 예수님과 함께 살았고, 예수님과 함께 하나님 우편에 앉았다고 말은 하지만 세상 사람들이 볼 때는 달라진 게 하나도 없습니다. 우리가 예수님을 믿고 새사람이 되었다고 해서 국적이 바뀐 것도 아니고 피부색이 변한 것도 아닙니다. 못난 얼굴이 잘생겨졌다거나, 못살던 사람이 잘살게 된 일도 없습니다. 믿기 전의 모습이나 믿은 후의 모습이 다를 바가 없습니다. 이유가 어디에 있습니까? 그것은 우리의 진짜 생명이 예수님 안에 감추어져 있어 지금은 잘 드러나지 않기 때문입니다. 약간만 보여질 뿐입니다. 세상 사람이 볼 수 있는 우리의 모습은 우리의 감추어진 생명의 한 부분에 지나지 않습니다.

예수님의 경우를 생각해 보십시오. 예수님은 세상에 오셔서 33년을 사셨습니다. 그러나 세상 사람들은 그분을 하나님으로 인정하지 않았습니다. 그분은 하나님이심에도 불구하고 평범한 남자의 모습으로 세상에 오셨고, 가난한 사람들이 걸치는 외투를 걸친 채 평범하게 사셨습니다. 사람들과 함께 다니시고, 때로는 사람들로부터 욕도 들으면서 사셨습니다. 세상 사람들은 예수님에게서 하나님의 아들이라는 영광을 발견할 수 없었습니다. 한낱 변두리 나사렛 출신의 시골 청년쯤으로 보았습니다. 그리고 나중에는 서슴지 않고 십자가에 못 박아 죽였습니다. 오직 소수의 사람만이 예수님이 하나님의 아들이심을 믿었습니다. 세상 사람들이 우리를 볼 때도 마찬가지입니다. 우리의 진짜 모습은 하나님 우편에 앉아 있는 영광스러운 모습인데, 세상에서 살 동안은 그 모습이 감추어져 있어 사람들 눈에 잘 띄지 않습니다.

이 사실을 믿는다면 자신을 보는 눈도 달라질 것입니다. 지금의 모습을 탓하지 않을 것입니다. 지금의 초라한 신분을 탄식하지 않을 것입니다. 우리는 하나님 우편에 앉아 있는 존재이지만 세상에서는 평범한 시민으로 보입니다. 하나님 나라의 부요를 다 소유한 자이지만 세상에서는 가난한 사람으로 살고 있습니다. 영원한 생명을 소유한 하나님의 자녀이지만 세상에서는 병도 들고 남보다 먼저 죽기도 합니다. 그러나 이 세상에서 보이는 모습만이 우리의 전부가 아닙니다. 우리의 진짜 모습은 하나님 안에 감추어져 있습니다.

진짜 아름다운 생명의 비밀을 갖고 있는 우리가 그렇지 않은 세상 사람들과 어떻게 같을 수 있겠습니까? 세상 사람들은 땅에서 보이는 게 전부입니다. 그래서 할 수 있는 대로 더 예쁘게 치장하기 위해 온갖 방법을 사용합니다. 그것이 전부이기 때문입니다. 돈이나 모아서 남에게 으스대면서 살고 싶은 것이 전부입니다. 남을 짓밟고서라도 성공해 조금이나마 사람들에게 더 인정받고 싶은 것이 전부입니다. 여기에 생명을 겁니다. 그러나 우리는 세상 사람과 같을 수 없습니다. 아무리 같아지고자 몸부림을 쳐도 같을 수가 없습니다.

영광의 미래가 우리에게

우리가 왜 세상 사람과 근본적으로 달라야 하는가에 대해 바울이 들고 있는 네 번째 근거는, 그리스도와 함께 우리의 영광이 나타난다는 것입니다.

> 우리 생명이신 그리스도께서 나타나실 그때에 너희도 그와 함께 영광 중에 나타나리라_골 3:4

이처럼 지금은 감추어져 있는 영광스러운 모습이 예수님이 재림하시는 그날 환하게 드러날 것입니다.

우리가 우리 자신을 보고 스스로 놀랄 날이 옵니다. 세상 사람들이 우리를 보고 까무러칠 날이 옵니다. 주님이 재림하시는 그날, 우리의 진짜 모습이 나타날 것이고 예수님과 함께 영원한 나라에 들어가서 주님과 영원한 교제를 나누며 살 것입니다. 그날이 되면 육체의 방해를 전혀 받지 않고, 말로 표현할 수 없는 친밀감 속에서 예수님과 함께 영광 중에 살게 될 것입니다. 그리고 환희를 영원히 맛보며 살 것입니다. 불확실성의 안개는 걷힐 것입니다. 의심과 어두움의 시간은 끝이 날 것입니다. 그때가 되면 믿음도 소용이 없습니다. 일부러 믿으려고 하지 않아도 눈으로 보고 귀로 듣고 믿게 되기 때문에 믿음이 필요 없을 것입니다. 그런 영광스러운 자리에서 우리는 영원히 주님과 함께 살 것입니다.

이 세상을 전부이자 마지막으로 생각하여 여기에 마음을 쏟는 사람과, 예수 그리스도와 함께 생명과 영광이 나타날 그날에 대한 소망을 가지고 사는 우리는 도저히 같을 수 없습니다. 미래가 없는 존재와 미래를 안고 있는 존재는 본질적으로 다릅니다. 과거에 죽었다가 살아나고, 현재에 주님의 생명 안에 감추어져 있고, 장차 그리스도와 함께 나타날 우리는 세상 사람과 근본적으로 다릅니다.

이런 근본적인 차이로 인해 세상을 보는 눈, 세상을 판단하는 기준, 모든 것을 평가하는 가치관이 다를 수밖에 없습니다. 본문에서는 이렇게 다른 가치관을 가진 우리를 '위의 것을 생각하는 사람'이라고 표현하고 있습니다.

위의 것을 찾으라_골 3:1중

그래서 항상 위의 것을 생각하고 찾는, 곧 하나님의 나라를 생각하고 하나님의 나라를 찾는, 예수님을 먼저 생각하고 예수님을 먼저 사모하는 사람이 되라는 것입니다. 이것이 우리의 가치관입니다.

땅의 것과 하늘의 것 중 어떤 것이 더 좋습니까? 두말할 필요 없이 하늘의 것이 좋습니다. 당연히 우리의 관심은 하늘에 있을 수밖에 없습니다. 일시적인 것과 영원한 것 중 어떤 것이 더 귀합니까? 당연히 영원한 것이 귀합니다. 때문에 우리의 마음은 자연히 영원한 것에 머무를 수밖에 없습니다. 억지로 되는 일이 아닙니다. 우리가 세상 사람과 달리 영원한 것, 하나님 나라의 것, 미래에 관한 것, 예수 그리스도를 안다면 그것은 땅의 것과 비교가 되지 않으므로 자연히 위의 것, 영원한 것에 우리의 마음이 향하게 됩니다. 세상 것들을 볼 때마다 참으로 소중하게 여기는 위의 것, 하나님 나라에 관한 것, 영원한 것을 기준으로 본다는 말입니다.

어떻게 돈을 보는 눈이 같을 수 있습니까? 어떻게 명예를 보는 눈이 같을 수 있습니까? 어떻게 세상의 고난과 슬픔을 보는 눈이 같을 수 있습니까? 절대 같을 수 없습니다. 마음을 하늘에 두고 사는 사람과 땅에 두고 사는 사람의 차이를 아십니까? 마음을 영원에 두고 사는 사람과 육신에 두고 사는 사람의 차이를 아십니까? 마음을 하나님께 두고 사는 사람과 자기에게 두고 사는 사람의 차이를 압니까? 마음을 영원한 것에 두고 사는 사람과 일시적인 것에 두고 사는 사람의 차이를 아십니까? 알아야 합니다.

신분에 맞는 가치관

C. S. 루이스(Clive Staples Lewis, 1898-1963)는 "영원하지 않는 것은 영원히 무용지물이다"라고 말했습니다. 예수님을 믿는 사람이라면 이런 가치관을 가져야 합니다. 젊음이 얼마나 아름다운지 모릅니다. 제 나이 정도가 되어서 젊은 사람을 쳐다보면 어떤 때는 샘이 날 정도로 아름답게 보입니다. 그러나 그 젊음도 영원하지 않습니다. 이 땅에 영원한 것은 하나도 없습니다. 예수님을 믿는 사람의 마음은 하늘에, 영원한 것에 있습니다. 때문에 영원하지 않은 것은 다 무용지물입니다.

저는 사진 찍기를 좋아하는데 특별히 자연 풍경을 찍길 좋아합니다. 사진에 관심이 있는 사람이 제일 중요하게 여기는 것은 햇살입니다. 구름이 낀 날씨에서도 햇살을 주시해야 합니다. 햇살에 따라 피사체가 다르게 보이기 때문입니다. 꽃 모양도 색깔도 다릅니다. 따라서 카메라를 들고 있는 사람은 항상 햇살을 염두에 두고 모든 것을 평가합니다.

마찬가지로 예수님을 믿는 사람은 항상 생각이 위의 것에 있기 때문에 위에 있는 것, 영원한 것을 염두에 두고 모든 것을 평가해야 합니다. 따라서 세상 사람과 같을 수 없습니다. 하나님 나라를 모르는 사람들, 영원한 것에 대해 관심도 없는 사람들과 우리가 똑같이 본다는 것은 있을 수 없는 일입니다.

16세기의 설교자이자 순교자였던 존 브래드포드(John Bradford, 1510-1555)의 웅변적인 이야기를 통해 우리가 얼마나 복된 존재인지 깨달을 수 있습니다.

"내 영혼아! 일어나 고개를 들라. 하늘과 하늘에 있는 것들을 생각하며 날아올라라. 여기는 수고와 시련과 슬픔과 재앙과 불행과 죄의 문제와 두려움과 모든 기만과 파괴적 허영밖에 없는 곳이니, 이 초라한 곳을 더 이상 네 거처로 삼지 마라. 네 모든 사랑을 저 위 아름다운 곳으로 보내라. 거기는 네 구주께서 사시며 다스리는 곳이다. 보고에 기쁨이 쌓여 있는 곳이다. 그분의 공로가 네 공로가 되고, 그분의 온전함이 네 온전함이 되고, 그분의 죽음이 네 영생이 되고, 그분의 부활이 네 구원이 되는 곳이다."

다름, 감동의 시작

결론적으로, 기독교의 감동은 우리가 얼마나 세상 사람과 다른가에서 드러납니다. 우리가 무엇이 어떻게 다른가를 보여 줄 때 세상이 반응합니다. 그리고 세상이 감동을 합니다. 세상 사람들이 우리에게서 이질감이나 거부감을 느낀다고 해서, 그들과 접촉할 수 없다는 이유 때문에 비슷해져야 합니까? 그것은 마귀의 소리입니다. 우리가 세상과 비슷해지거나 같아지면 기독교는 망합니다. 역사적으로 보면 이런 때의 교회는 문을 닫았습니다. 크리스천의 생명은 죽어버립니다.

우리 모두가 예수님과 함께 죽고, 예수님과 함께 살고, 예수님과 함께 감추어져 있고, 예수님과 함께 나타날 사람이라면 달라야 합니다. 다를 수밖에 없습니다. 돈을 보는 눈이 달라야 합니다. 명예를 보는 눈이 달라야 합니다. 좋은 집에서 사는 것을 보는 눈이 달라야 합니다. 세상에서 유명해지는 것을 보는 눈이 달라야 합니다. 세상의 모든 가치를 평가하는 눈이 달라야 합니다.

심지어 우리가 당하는 실패를 보는 눈도 달라야 합니다. 고통을 보는 눈도 달라야 합니다. 이처럼 모든 것이 달라야 합니다. 그럴 때 사람들이 감동을 합니다. 만일 우리와 접촉하면서도 그들이 자신과 별 차이를 느끼지 못한다면 아무런 감동을 하지 못할 것입니다. 감동이 없는 곳에는 어떤 역사도 일어날 수 없습니다. '정말 다르구나. 정말 무언가 달라' 하고 느낄 때는 이미 감동을 하는 것입니다. 다름이 있을 때 감동이 있습니다.

21세기는 다른 어느 때보다도 복음을 듣는 것만으로는 전도가 안 되는 시대입니다. 사람들은 눈으로 보기를 원합니다. 귀로 듣기를 원합니다. 마음으로 느끼기를 원합니다. 그래서 눈으로 보고 귀로 듣고 마음으로 느끼는 기독교, 성도, 교회를 원합니다.

수년 전 한국의 대학생 천여 명에게 이런 질문을 했다고 합니다. "지금 당장 받고 싶은 것이 무엇입니까?" 자동차, 텔레비전, 컴퓨터 등일 것이라는 우리의 예측과 달리, 정작 그들의 대답은 "나는 감동을 하고 싶다"였습니다. 이것은 지난 대선에서 증명된 사실이기도 합니다. 노무현(盧武鉉, 1946-2009)이라는 정치인에게 그렇게 많은 젊은이가 열광한 이유가 어디에 있습니까? 그에게서 감동을 하는 이유가 무엇입니까? 이유는 하나, 다르다는 것입니다. 입으로는 나라를 위한다고 하면서 사실은 자기 배만 채우는 일반 정치인들과 다르다는 것입니다. 출세하기 위해 여기저기 줄 서기 바쁜 정치인들과는 근본적으로 다르다는 것입니다. 그 다르다는 것이 젊은이들의 마음에 깊은 감동을 주었습니다. 그래서 이 선거에 혁명이 일어나게 된 것입니다.

1981년 부림사건(釜林事件)에 대해, 노무현 씨는 "내 삶의 가장 큰 전환점이었다"라고 이야기한 바 있습니다. 온몸에 시퍼런 멍 자국이 남고, 변호사인 자기조차도 믿지 못해 공포에 질린 눈으로 슬금슬금 눈치를 보는 사람들의 모습을 보면서 그는 피가 거꾸로 솟는 것 같은 느낌을 받았다고 합니다. 그 후 '바르게 살아야겠다. 비겁하게 살지 말자'라고 스스로 다짐하고는, 그 즐기던 요트도 청산하고 돈 잘 버는 조세 전문 변호사의 길도 접은 채 세상에서 억울하고 고통을 당하는 사람들과 함께 살기로 결심했다는 것입니다. 물론 그로 인해 많은 불이익과 고통을 당했지만, 그는 오랫동안 외길을 달려왔습니다. 이처럼 그가 다르게 사는 모습에서 젊은이들이 감동을 하는 것입니다.

우리는 예수님과 함께 죽었습니다. 예수님과 함께 살고 있습니다. 예수님과 함께 우리의 생명이 하나님 앞에 감추어져 있습니다. 예수님과 함께 우리의 생명이 하나님 안에 감추어져 있습니다. 예수님과 함께 우리의 영광이 나타나는 날이 있을 것입니다. 이처럼 우리의 다른 모습을 세상 사람 앞에 보여 줌으로써, 위의 것을 생각하고 위의 것을 찾는 가치관을 그들에게 보여 줌으로써 세상에 감동을 준다면 주님의 나라가 이 땅에 하루빨리 임할 것입니다.

국제제자훈련원은 건강한 교회를 꿈꾸는 목회의 동반자로서 제자 삼는 사역을 중심으로
성경적 목회 모델을 제시함으로 세계 교회를 섬기는 전문 사역 기관입니다.

옥한흠 전집 주제 **09**

예수 믿는 가정 무엇이 다른가 | 전쟁을 모르는 세대를 위하여

초 판 1쇄 인쇄 2021년 9월 10일
초 판 1쇄 발행 2021년 9월 20일

지은이 옥한흠
디자인 참디자인 (02.3216.1085)

펴낸이 오정현
펴낸곳 국제제자훈련원
등 록 제2013-000170호 (2013년 9월 25일)
주 소 서울시 서초구 효령로68길 98 (서초동)
전 화 02.3489.4300
팩 스 02.3489.4329
이메일 dmipress@sarang.org

ISBN 978-89-5731-844-7 04230
978-89-5731-835-5 04230(세트)

* 책값은 뒷 표지에 있습니다. 잘못된 책은 구입하신 곳에서 교환해드립니다.